Adrian Vega

La Cruz Revelada
El Testimonio de Bernabé Sobre la Crucifixión

Título original: La Cruz Revelada
Copyright © 2023 por *Adrian Vega*
Todos los derechos reservados a Booklas.com
Este libro está destinado al desarrollo personal y espiritual. La información y las prácticas descritas aquí están basadas en estudios, conocimientos tradicionales y experiencias de autores y especialistas en este campo. Este contenido no sustituye el consejo médico ni las terapias convencionales, y sirve únicamente como un recurso complementario para el bienestar y el crecimiento personal.
Editor
Luiz Antonio dos Santos
Corrección de Estilo
Mariana Sousa
Carlos Almeida
Ana Ribeiro
Diseño Gráfico y Maquetación
Juliana Costa
Portada
Renato Fernandes

La Otra Cara de la Cruz / *Adrian Vega*.
Booklas, 2024.
Textos apócrifos. 2. Evangelios. 3. Estudios bíblicos. I. Sousa, Mariana. II. Título.
09-3652
DDC 229
UDC 27-58

Todos los derechos reservados por
Editora Booklas
Rua José Delalíbera, 962
86.183-550 – Cambé – PR
Email: soporte@booklas.com
www.booklas.com

Contenido

Adrian Vega 1
La Cruz Revelada *El Testimonio de Bernabé Sobre la Crucifixión*
.... 1
Prólogo 6
Capítulo 1 Quién Fue Bernabé 8
Capítulo 2 Contexto Histórico 13
Capítulo 3 Cristianismo Primitivo 18
Capítulo 4 Textos Apócrifos 23
Capítulo 5 Evangelio de Bernabé 28
Capítulo 6 Estructura del Evangelio 33
Capítulo 7 Mensaje Central 38
Capítulo 8 Jesús en el Evangelio de Bernabé 43
Capítulo 9 La Figura de Dios 48
Capítulo 10 María y el Espíritu Santo 53
Capítulo 11 Tradiciones Judías 58
Capítulo 12 Relato de la Crucifixión 63
Capítulo 13 Análisis de la Resurrección 68
Capítulo 14 Profecías sobre el Profeta 73
Capítulo 15 Perspectiva Islámica 78
Capítulo 16 Examinando el Lenguaje 83
Capítulo 17 Manuscritos Existentes 88
Capítulo 18 Autenticidad Cuestionada 93
Capítulo 19 Autoría del Evangelio 98
Capítulo 20 Datar el Texto 103

Capítulo 21 Diferencias Teológicas 108
Capítulo 22 Comparaciones con el Nuevo Testamento 113
Capítulo 23 Rechazo por la Iglesia 118
Capítulo 24 Apropiación Musulmana 123
Capítulo 25 Debate Académico 128
Capítulo 26 Interpretación Simbólica 133
Capítulo 27 Polémica sobre Jesús y Muhammad 138
Capítulo 28 Misticismo en el Texto 143
Capítulo 29 Comparación con Evangelios Gnósticos 147
Capítulo 30 Influencia Medieval 152
Capítulo 31 Propósitos y Motivaciones 157
Capítulo 32 Impacto en el Islam y Cristianismo 161
Capítulo 33 Perspectiva Filosófica 166
Capítulo 34 El Concepto de Profecía 170
Capítulo 35 Representación de los Apóstoles 174
Capítulo 36 Papel de Judas 178
Capítulo 37 Análisis Lingüístico Detallado 183
Capítulo 38 Elementos de Controversia 188
Capítulo 39 Evidencias de Falsificación 193
Capítulo 40 Perspectivas del Cristianismo Moderno 198
Capítulo 41 Relevancia en el Diálogo Interreligioso 203
Capítulo 42 Análisis Comparativo con el Corán 208
Capítulo 43 Implicaciones Éticas 213
Capítulo 44 Influencia en la Cultura Islámica 218
Capítulo 45 Relevancia Contemporánea 223
Capítulo 46 Perspectivas Seculares 228
Capítulo 47 Críticas al Evangelio 233

Capítulo 48 Defensores y Adversarios 238
Capítulo 49 Textos Apócrifos Comparables 243
Capítulo 50 Implicaciones Históricas 248
Capítulo 51 Teorías Conspirativas 253
Capítulo 52 Síntesis de los Análisis 258
Epílogo 266

Prólogo

Al abrir estas páginas, te encuentras ante una invitación singular – un viaje que pocos se atreven a emprender. Lo que aquí se despliega es un testimonio que trasciende las palabras impresas, atravesando siglos de historia, de silencio, de fe y de duda. Como un visitante en un santuario secreto, te aproximas a una figura poco conocida, casi oculta en los márgenes de las narrativas oficiales: Bernabé. Sin embargo, no te engañes; hay mucho más de lo que parece a simple vista. Estas palabras contienen el eco de un pasado que vibra hasta hoy, pulsando en cada línea, esperando ser revelado.

Aquí encontrarás fragmentos de una verdad que se ha retorcido a lo largo del tiempo. Lo que Bernabé presenció, lo que él guardó en su espíritu, nunca fue una historia destinada a ojos desprevenidos. Este hombre, marcado por un linaje ancestral, inmerso en una tradición de devoción y coraje, no es simplemente una figura marginal. Es un enigma, una clave, un puente que conecta el presente con el pasado más profundo de la fe y de la búsqueda de la verdad. Lo que él vivió, lo que él presenció y defendió, sigue reverberando hasta hoy en los debates y en los pasillos de la tradición.

Al lado de los primeros apóstoles, Bernabé llevaba una misión que trascendía los límites de las palabras; era una travesía de alma, de fe y de compromiso con algo mayor que él mismo. En una época en que la creencia enfrentaba la espada, la persecución y la duda, él mantuvo una mirada fija en el propósito divino, abriendo un espacio para que surgiera una nueva perspectiva. Su voz, sin embargo, casi silenciada por las narrativas predominantes, susurra aquí, de forma clara y poderosa, lista para aquellos que tienen el coraje de escuchar.

Al adentrarte en las páginas que siguen, estarás embarcándote no solo en un viaje al pasado, sino también en una reflexión sobre el presente, sobre el acto de creer y sobre lo que significa abrirse a aquello que desafía la comprensión. Las tradiciones y las certezas establecidas pueden parecer rocas firmes en un río, pero las aguas de la curiosidad y del descubrimiento son incansables, desgastando cada ángulo, cada certeza hasta que el núcleo de la verdad emerge.

En este relato, Bernabé nos presenta una visión de Jesús y de su misión que escapa a la interpretación más convencional. Su mensaje no es un dogma; es una experiencia espiritual que exige valentía, una fuerza silenciosa que te conduce a reconsiderar, a cuestionar y a abrirte a la posibilidad de que lo conocido no sea, necesariamente, lo verdadero. Al seguir su trayectoria, te verás transportado al centro de las disputas espirituales y teológicas que moldearon la fe cristiana y que, en cierto modo, siguen repercutiendo en nuestras propias preguntas sobre el propósito de la vida, la naturaleza de la fe y la búsqueda de la trascendencia.

Lo que Bernabé registró, lo que él experimentó junto a figuras como Saulo de Tarso, es como un tesoro raro – un fragmento de algo mayor, una pieza de un mosaico que solo comienza a revelarse. Sus palabras, más que un mero testimonio, te invitan a trascender las limitaciones de lo conocido y a explorar la espiritualidad de una manera que pocas veces ha sido permitida. Este libro es, en definitiva, una ventana a una comprensión más profunda, a una sabiduría que no se alinea con lo cómodamente aceptado, sino con lo que realmente transforma.

Al pasar cada página, te verás inmerso en un universo donde lo sagrado y lo mundano se cruzan, donde las sombras de la duda conviven con los brillos intensos de la fe, y donde las preguntas son tan importantes como las respuestas. Permítete, entonces, absorber lo que está frente a ti. Cada palabra es una promesa de una visión más amplia, de una comprensión más profunda, y tal vez, al final, de una revelación inesperada.

Capítulo 1
Quién Fue Bernabé

La historia del cristianismo, como un vasto tapiz tejido con hilos de misterio y revelación, esconde figuras cuya influencia se percibe en las sombras de los relatos canónicos. Uno de estos personajes es Bernabé, una presencia que, aunque menos conocida, se alza con una relevancia que merece ser explorada. Mientras los ecos de su vida y obra resuenan tenuemente en los textos históricos, el propósito de descubrir quién fue realmente Bernabé invita a una búsqueda entre pasajes apenas revelados y detalles omitidos en las Escrituras. Este hombre, tan cercano a los primeros apóstoles y a la expansión del cristianismo, parece haber sostenido con firmeza una misión que va más allá de los registros oficiales, dejando una huella que aún hoy se debate y analiza en círculos académicos y religiosos.

Según la tradición, Bernabé nació en Chipre, una isla que florecía en medio del Mar Mediterráneo, lugar de convergencia entre culturas y pensamientos diversos. Chipre era un punto de contacto entre las tradiciones judías y el vasto imperio grecorromano, un espacio donde los límites de lo sagrado y lo profano se desdibujaban constantemente. En este contexto, Bernabé creció en una familia judía perteneciente a la tribu de Leví, lo que lo conectaba con una herencia ancestral ligada al servicio en el Templo de Jerusalén. Este linaje levítico implicaba una vida dedicada al conocimiento y respeto por las Escrituras y las tradiciones de su pueblo, proporcionando a Bernabé una sólida formación religiosa y cultural desde una edad temprana. Era común que los levitas se involucraran profundamente en la enseñanza y transmisión de la ley mosaica, y Bernabé no fue la excepción. Su educación le permitía comprender no solo los aspectos rituales, sino también el espíritu profético que nutría el antiguo Israel, una característica que se vería reflejada en su futuro rol dentro de la naciente fe cristiana.

El nombre de Bernabé, que significa "hijo de la consolación" o "hijo de la profecía", parece evocar una personalidad destinada a un papel de liderazgo y apoyo. La consolación, en el sentido bíblico, no implica solo la ayuda al necesitado, sino una capacidad de fortalecer el espíritu de quienes enfrentan adversidades y persecuciones. Al mismo tiempo, la profecía alude a una conexión con la voluntad divina, una percepción de las verdades ocultas que solo pueden revelarse a través de la fe y la devoción. Así, desde su propio nombre, Bernabé se perfila como alguien destinado a ser mucho más que un seguidor; era un puente entre las creencias antiguas y las nuevas enseñanzas que emergían en torno a la figura de Jesús de Nazaret.

En algún momento crucial de su vida, Bernabé encontró el mensaje de Jesús, una doctrina que probablemente percibió como la culminación de las promesas mesiánicas que los profetas de Israel habían proclamado siglos antes. Los textos sugieren que Bernabé fue uno de los primeros en aceptar las enseñanzas de Jesús, y su conversión no fue solo una adhesión a una doctrina nueva, sino una transformación que impactó profundamente su vida. Se unió a la comunidad cristiana de Jerusalén y, en un acto de entrega total, vendió sus propiedades y entregó el dinero a los apóstoles para el sostenimiento de la comunidad, un gesto que simbolizaba no solo su desapego de las riquezas materiales, sino también su compromiso absoluto con la causa. Este acto de generosidad consolidó su reputación entre los primeros cristianos, quienes lo reconocían como un hombre de fe, dispuesto a sacrificarlo todo por el bien de la nueva comunidad de creyentes.

Uno de los momentos más destacados en la vida de Bernabé fue su papel en la incorporación de Saulo de Tarso, conocido posteriormente como el apóstol Pablo, al círculo de los cristianos. Saulo, ferviente perseguidor de los seguidores de Jesús, experimentó una conversión dramática en el camino a Damasco y comenzó a predicar con la misma intensidad con la que antes había perseguido a los cristianos. Sin embargo, debido a su pasado, los discípulos en Jerusalén dudaban de la sinceridad de su conversión, temiendo que fuera una estrategia para infiltrarse en la comunidad y destruirla desde adentro. En ese momento, Bernabé asumió un rol de mediador y defensor, llevándolo ante los apóstoles y garantizando su transformación. Su intervención fue crucial para la integración de Pablo en la misión cristiana, y desde ese momento, una relación de compañerismo y colaboración comenzó a desarrollarse entre ambos, aunque no sin momentos de tensión.

Bernabé y Pablo emprendieron juntos uno de los primeros viajes misioneros relatados en los textos cristianos. En Antioquía, lugar en el que los seguidores de Jesús fueron llamados "cristianos" por primera vez, su mensaje encontró un terreno fértil. Antioquía era una ciudad cosmopolita, un punto de confluencia entre judíos y gentiles, lo que reflejaba la diversidad de creencias y prácticas que coexistían en el Mediterráneo oriental. Bernabé, con su espíritu conciliador y su apertura, comprendió que el cristianismo debía adaptarse para incluir a los gentiles sin imponerles las estrictas normas de la ley judía. Este enfoque inclusivo, que fue motivo de controversia en la comunidad de Jerusalén, posicionó a Bernabé como un defensor de una visión universal del cristianismo, en la que las barreras étnicas y culturales quedaban subordinadas a la fe en Jesús. Sin embargo, esta postura generó tensiones con aquellos que consideraban que la observancia de la ley mosaica era indispensable para todos los creyentes, un debate que se intensificó con el tiempo.

La relación entre Bernabé y Pablo, aunque sólida en un inicio, no estuvo exenta de diferencias. Durante un segundo viaje misionero, surgió una disputa entre ambos relacionada con Juan Marcos, primo de Bernabé y quien los había acompañado en su primer viaje. Pablo consideraba que Marcos, quien los había abandonado en una etapa anterior de su misión, no era un acompañante confiable, mientras que Bernabé abogaba por darle una segunda oportunidad. Esta diferencia de opiniones llevó a una separación entre los dos, marcando un momento significativo en la historia del cristianismo temprano. Bernabé continuó su labor junto a Marcos, mientras que Pablo emprendió su viaje con Silas. Esta ruptura, aunque dolorosa, revela la profundidad de las convicciones de ambos apóstoles y la dificultad de sostener una visión unificada en medio de una expansión tan diversa y compleja como la que enfrentaban.

Después de su separación de Pablo, los relatos sobre Bernabé se vuelven fragmentarios y ambiguos. Algunas tradiciones sugieren que regresó a Chipre, su tierra natal, donde continuó predicando hasta encontrar la muerte como mártir. Según una versión, Bernabé fue asesinado por judíos que se oponían a su predicación y fue enterrado en las cercanías de Salamina, la principal ciudad de Chipre. Sin embargo, otras tradiciones plantean que su vida y obra se extendieron más allá de las fronteras conocidas, en tierras donde la historia no dejó registros claros. Esta incertidumbre sobre sus últimos años añade una capa de misterio a su figura, envolviéndolo en un halo de santidad que trasciende los detalles históricos y lo convierte en un símbolo de dedicación y fe incansable.

El nombre de Bernabé también ha sido asociado, de manera enigmática, con el Evangelio de Bernabé, un texto apócrifo cuya autenticidad y origen han sido objeto de debate durante siglos. Este evangelio, que presenta una versión de la vida y enseñanzas de Jesús que difiere significativamente de los relatos canónicos, ha sido relacionado en algunos círculos islámicos como un testimonio a favor de la visión de Jesús como profeta y no como Hijo de Dios, en línea con la interpretación islámica de Jesús. Sin embargo, los estudiosos han encontrado múltiples evidencias que sugieren que el Evangelio de Bernabé es en realidad un texto de origen medieval, escrito en un contexto muy posterior al tiempo de los apóstoles. Las referencias lingüísticas, anacronismos y ciertos elementos doctrinales que aparecen en el texto apuntan a un origen en la Europa medieval, posiblemente en un intento por construir puentes teológicos entre el cristianismo y el islam.

La posible atribución de este evangelio a Bernabé plantea múltiples interrogantes: ¿por qué fue su nombre el elegido para firmar un texto tan controvertido y en qué medida refleja su pensamiento o sus enseñanzas reales? Una teoría sugiere que Bernabé, por su carácter inclusivo y su apertura hacia los gentiles, representaba un símbolo ideal para un texto que buscaba validar una perspectiva particular sobre Jesús, una perspectiva que resonaba más con la interpretación islámica que con la doctrina cristiana ortodoxa. Sin embargo, no existen pruebas concluyentes que demuestren que Bernabé haya tenido alguna relación directa con este texto, y su vinculación parece más un recurso estratégico para dotar de autoridad a un mensaje que, en su esencia, desafía los pilares del cristianismo tradicional.

Así, Bernabé se presenta como una figura paradójica, un hombre comprometido con la expansión del cristianismo, pero cuya memoria y legado parecen encontrarse en una encrucijada entre la ortodoxia y la heterodoxia. Fue un apóstol cuya vida encarnó la tensión entre la fidelidad a las raíces judías y la necesidad de abrir las puertas a todos los pueblos, una visión que, aunque generosa, generó divisiones y conflictos internos en los primeros círculos cristianos. La figura de Bernabé invita a reflexionar sobre las complejidades de los primeros años del cristianismo, cuando las creencias y prácticas no estaban aún definidas con claridad, y cada discípulo aportaba una interpretación única al mensaje de Jesús.

Hoy, la historia de Bernabé sigue despertando el interés de quienes buscan entender no solo la expansión del cristianismo, sino también las raíces de las divisiones y debates que marcaron sus primeros siglos. En el silencio de los manuscritos antiguos y en los ecos de tradiciones fragmentadas, Bernabé permanece como un símbolo de fe, de unidad y de controversia, un testimonio viviente de las luchas y dilemas que enfrentaron los primeros seguidores de Cristo.

Capítulo 2
Contexto Histórico

En los albores del siglo I d.C., el mundo que rodeaba a la naciente fe cristiana se encontraba inmerso en una red compleja de tensiones políticas, creencias religiosas y una mezcla cultural que definiría el curso de la historia. Las tierras de Palestina, bajo el dominio del vasto Imperio Romano, eran un crisol de tradiciones antiguas y nuevas corrientes filosóficas. El control de Roma se sentía en cada rincón de estas tierras, desde el Templo de Jerusalén hasta las más remotas aldeas, donde el poder imperial parecía omnipresente, encarnado en las figuras de soldados, recaudadores de impuestos y gobernantes que imponían el orden y las leyes del César. Pero, a pesar de la influencia de Roma, la identidad judía se mantenía firme, resistiéndose a diluirse en un mundo que intentaba absorber y asimilar a todos sus habitantes.

En este escenario, las creencias judías, con su firme monoteísmo y su rica tradición de leyes y profecías, contrastaban notablemente con las costumbres religiosas y culturales de Roma. Mientras los romanos adoraban a un panteón de dioses, los judíos defendían la fe en un único Dios, invisible y omnipotente, al que servían con devoción y en cuyo nombre resistían cualquier intento de sincretismo religioso. Las prácticas de adoración en el Templo de Jerusalén, los sacrificios y las festividades judías se desarrollaban en una atmósfera cargada de simbolismo, que para el resto del imperio resultaba difícil de comprender y, a menudo, objeto de recelo. Roma toleraba en cierta medida estas diferencias, siempre y cuando no interfirieran con la lealtad al emperador, pero la tensión entre la autonomía religiosa judía y el control imperial era una constante que mantenía el equilibrio en un frágil hilo.

El surgimiento de textos y enseñanzas que se apartaban de la doctrina judía tradicional o que reinterpretaban sus fundamentos provocaba inquietud en ambas partes: para los judíos, representaban una amenaza interna, y para los romanos, una posible subversión del orden. Los primeros cristianos se encontraban, por tanto, atrapados en esta dualidad; inicialmente, su fe surgía como una rama del judaísmo, pero con el tiempo, la creencia en Jesús como el Mesías comenzó a separarlos y a conferirles una identidad propia, un proceso que causó divisiones tanto dentro como fuera de su comunidad.

La expansión del cristianismo en sus etapas iniciales no fue sencilla. Roma veía con desconfianza cualquier movimiento que pudiera desafiar su autoridad. La crucifixión misma de Jesús era una señal de advertencia para sus seguidores: el destino de aquellos que sembraban ideas que pudieran desestabilizar la paz pública estaba sellado en los métodos de ejecución romana, donde la cruz simbolizaba la disuasión frente a cualquier forma de insurrección. Los cristianos, sin embargo, adoptaron esta cruz como símbolo de sacrificio y redención, en una transformación que Roma no podía prever. Este gesto convertía lo que Roma pretendía fuera un recordatorio de derrota en una señal de esperanza y resistencia, un signo que unía a los creyentes en torno a la promesa de vida más allá de la muerte.

En la Judea del siglo I, la llegada de una nueva doctrina no solo traía desafíos teológicos, sino también repercusiones sociales. La sociedad judía estaba profundamente estructurada y arraigada en la Ley Mosaica, y la aparición de Jesús como maestro y luego como Mesías era percibida con escepticismo, especialmente entre las élites religiosas. Grupos como los fariseos, los saduceos y los esenios representaban diferentes posturas sobre cómo vivir y practicar la fe judía en un contexto de ocupación extranjera y pérdida de autonomía. Los fariseos se aferraban a una interpretación estricta de la Ley y a la observancia de rituales detallados, mientras que los saduceos, una élite sacerdotal, buscaban en cambio mantener una posición de poder a través de la colaboración con Roma. Los esenios, por su parte, preferían la vida apartada y austera, convencidos de que la corrupción del Templo y de la sociedad en general solo se redimiría con una purificación radical. Cada grupo veía en la figura de Jesús, y luego en el movimiento cristiano, una amenaza a sus creencias y a sus intereses.

La entrada de los gentiles en la comunidad cristiana, iniciada con la misión de apóstoles como Pablo y Bernabé, incrementó aún más la distancia entre cristianismo y judaísmo. La predicación a los no judíos era revolucionaria en sí misma, porque implicaba la universalidad del mensaje de Jesús y rompía con la exclusividad de la Alianza entre Dios e Israel. En este proceso, Roma, que observaba cautelosamente cualquier novedad religiosa, comenzó a percibir la fe cristiana como una religión con características propias, algo más que una secta judía, y que podía atraer a aquellos que buscaban respuestas más allá del panteón oficial. Al integrar a los gentiles, el cristianismo desafió el concepto mismo de la comunidad religiosa cerrada, invitando a todos, sin importar su origen, a formar parte del "pueblo de Dios".

En los años que siguieron a la crucifixión de Jesús, el cristianismo comenzó a esparcirse por el Imperio, no a través de ejércitos ni imposiciones, sino por la predicación y el testimonio de aquellos que, como Bernabé, llevaban el mensaje con convicción y sin temor a los sacrificios. Las ciudades, con su vida agitada y su diversidad de habitantes, se convirtieron en puntos de encuentro y de intercambio, donde la nueva fe podía tomar raíces. En lugares como Antioquía, Alejandría y Roma, se formaron comunidades cristianas que compartían no solo la adoración a Jesús, sino también el ideal de una vida basada en la moralidad, la caridad y el amor al prójimo. Estas comunidades representaban un cambio en las normas sociales de la época, desafiando la rigidez de las clases y el individualismo, lo cual atrajo tanto a los marginados como a aquellos que buscaban un sentido más profundo en sus vidas.

Sin embargo, la difusión del cristianismo trajo consigo la creación de textos y doctrinas que comenzaban a dividirse entre lo aceptado y lo heterodoxo. La falta de un canon oficial permitía que ciertos escritos y evangelios circularan libremente, y algunos textos que hoy se consideran apócrifos eran leídos y venerados en diferentes comunidades. Los textos apócrifos, aquellos que no fueron finalmente incluidos en el canon bíblico, reflejan una variedad de perspectivas y creencias que existían en los primeros años de la iglesia. Estos escritos no siempre estaban alineados con lo que sería la doctrina oficial, y en algunos casos presentaban ideas que podrían haberse interpretado como contradictorias o subversivas. La inclusión o exclusión de ciertos textos respondía no solo a criterios teológicos, sino también a la necesidad de unidad y coherencia en la fe.

El contexto histórico que rodeaba el surgimiento del cristianismo fue, sin duda, un factor determinante en la manera en que esta nueva fe fue moldeada. La presión de Roma, la herencia del judaísmo y la introducción de los gentiles crearon un entorno en el que el cristianismo debía definirse y defenderse simultáneamente. Las controversias y disputas internas eran inevitables, pues cada comunidad y cada predicador podía interpretar las enseñanzas de Jesús de forma diferente, y esto quedaba reflejado en los textos que produjeron. Así, surgieron evangelios y cartas que contenían visiones alternativas sobre la figura de Jesús, y entre estos textos, eventualmente, apareció el Evangelio de Bernabé, un documento cuya autenticidad y origen han sido cuestionados y debatidos a lo largo de la historia.

El Evangelio de Bernabé es un testimonio de la complejidad de esta época y de los conflictos que se entrelazaban en torno a la identidad de Jesús y el mensaje que predicó. Si bien el texto de Bernabé sería escrito mucho después de los eventos originales, refleja el eco de estas tensiones y de la necesidad de algunos grupos de encontrar una interpretación coherente con sus creencias particulares. Este evangelio apócrifo muestra cómo el cristianismo, desde sus comienzos, no fue una doctrina homogénea, sino un conjunto de ideas y convicciones que se enfrentaban en la búsqueda de una verdad trascendental. Roma, con su poder y sus límites impuestos, y el judaísmo, con sus antiguas promesas, eran los marcos dentro de los cuales el cristianismo debía encontrar su camino.

Mientras el cristianismo avanzaba, las divisiones entre ortodoxia y heterodoxia se volvieron más pronunciadas. Los apóstoles y líderes de la iglesia temprana, como Pablo, Pedro y Bernabé, luchaban no solo por expandir la fe, sino también por mantener una coherencia en la enseñanza. Cada predicador enfrentaba el desafío de interpretar los eventos y las palabras de Jesús en un mundo que, por un lado, estaba inmerso en tradiciones paganas y, por otro, seguía atado a la ley judía. Esta lucha por la identidad y la autenticidad es la que permitió que el cristianismo se consolidara, pero también es la que generó controversias y debates que se reflejan en los textos de la época.

Así, el contexto histórico del siglo I d.C. no solo influyó en la forma en que el cristianismo se desarrolló, sino que también dejó marcas en los escritos y doctrinas que circularon por las comunidades. Este tiempo de transición y conflicto fue el terreno donde figuras como Bernabé se movieron, predicando y defendiendo una fe que intentaba abrirse paso en medio de las amenazas y desafíos que planteaba tanto Roma como la ortodoxia judía. Cada texto y cada enseñanza que surgieron en este tiempo llevan la impronta de un mundo en ebullición, donde lo divino y lo humano se entrelazaban en una lucha por la verdad y la redención.

Capítulo 3
Cristianismo Primitivo

En los primeros años del cristianismo, antes de que se consolidaran las doctrinas y se definieran los cánones, la diversidad era la esencia de esta fe en construcción. Cada comunidad cristiana que surgía en ciudades y aldeas del Imperio Romano adoptaba su propia manera de vivir y entender las enseñanzas de Jesús. La fe cristiana no tenía aún un formato único ni un conjunto de prácticas inamovibles; era un mosaico de creencias, interpretaciones y modos de vida que coexistían en una tensa armonía. A la sombra del Imperio, los seguidores de Jesús enfrentaban no solo la persecución y el rechazo externo, sino también el reto de mantenerse unidos en una visión común, uniendo su mensaje con los principios de las escrituras judías, de donde partían, y los valores de los gentiles, a quienes aspiraban a acoger. La historia del cristianismo primitivo es la historia de estos hombres y mujeres intentando equilibrar lo antiguo y lo nuevo, resistiendo las divisiones y buscando una comprensión más profunda de lo que significaba seguir a Cristo.

En este cristianismo inicial, los caminos de judeocristianos y gentiles se cruzaban y, a menudo, chocaban. Los primeros seguidores de Jesús, en su mayoría judíos, consideraban que la fe en él no eliminaba la necesidad de cumplir la Ley mosaica. En sus ojos, las enseñanzas de Jesús eran una continuación, e incluso la culminación, de las profecías y mandamientos establecidos en las Escrituras. Pero a medida que el mensaje se expandía, incluyendo a los gentiles —quienes no compartían estas tradiciones—, surgía la pregunta de si estos nuevos creyentes debían también sujetarse a las estrictas leyes alimenticias, rituales y morales del judaísmo. Para muchos judeocristianos, la respuesta era afirmativa: la circuncisión, el Sabbat y las prácticas dietéticas eran partes indivisibles de su fe. Sin embargo, para los gentiles, estas normas resultaban ajenas e innecesarias, y algunos consideraban que el mensaje de Jesús los liberaba de tales restricciones. Esta disparidad de opiniones generó intensas discusiones, que se reflejaron tanto en las cartas de los apóstoles como en las controversias que dividían a las comunidades.

Uno de los principales puntos de tensión entre estos grupos fue la figura de Pablo, cuyo ministerio a los gentiles lo llevó a afirmar que la fe en Jesús era suficiente para la salvación, sin la necesidad de cumplir con las normas rituales judías. Para Pablo, el mensaje de Cristo era una llamada universal que debía trascender las leyes de una nación y extenderse a todos los pueblos y culturas. Su postura generó enfrentamientos con los apóstoles y líderes judeocristianos, especialmente en Jerusalén, donde algunos lo consideraban un radical que, al simplificar las exigencias de la fe, ponía en peligro la santidad y la identidad de la misma. En este contexto, hombres como Bernabé jugaron un papel crucial como mediadores, buscando reconciliar ambas perspectivas y promover un entendimiento común que permitiera a la fe crecer sin fragmentarse. Bernabé, en particular, entendía la importancia de la inclusión de los gentiles, pero no de una manera que los distanciara completamente de la tradición judía; su ideal era el de una comunidad unida, capaz de reconocer tanto sus raíces como su destino en expansión.

Las prácticas de culto y organización en las comunidades cristianas variaban notablemente. En algunas, los creyentes se reunían en las sinagogas y seguían las tradiciones judías, incluyendo la lectura de la Torá y el respeto por las festividades religiosas. En otras, especialmente en ciudades cosmopolitas como Antioquía, los cristianos adoptaban costumbres de las culturas helénicas que los rodeaban, desarrollando nuevas formas de culto y oración que resonaban con sus prácticas anteriores, pero adaptadas a los principios de la fe en Jesús. Los cristianos se reunían en hogares privados, en catacumbas o lugares discretos, donde podían compartir sus experiencias, interpretar las enseñanzas de los apóstoles y celebrar la eucaristía en memoria de la última cena de Jesús con sus discípulos. En estos encuentros, la humildad y el amor mutuo eran valores fundamentales, y se fomentaba la ayuda a los más necesitados, una práctica que diferenciaba a los cristianos y atraía a nuevos seguidores.

El papel de la mujer en las primeras comunidades cristianas también merece una mención. En una sociedad donde las mujeres generalmente ocupaban una posición secundaria, el cristianismo primitivo les brindó una participación sin precedentes. Aunque las interpretaciones y limitaciones varían, en muchos relatos y cartas, mujeres como Priscila, Febe y Lidia aparecen como líderes, maestras y benefactoras de la comunidad. Este reconocimiento de las mujeres en roles activos de la fe no solo fortaleció a las comunidades cristianas, sino que también las hacía atractivas para aquellos que buscaban un sentido de igualdad y dignidad. Sin embargo, con el paso del tiempo, algunas de estas funciones fueron restringidas conforme la iglesia se institucionalizaba y buscaba unificar sus prácticas.

El cristianismo primitivo era también una fe dinámica y adaptable, capaz de integrar elementos de otras tradiciones religiosas con las que entraba en contacto. En ciudades como Alejandría y Roma, donde el cristianismo interactuaba con la filosofía griega, el pensamiento gnóstico y el misticismo oriental, surgieron interpretaciones de Jesús y su mensaje que reflejaban influencias diversas. El gnosticismo, en particular, introdujo una visión de la salvación como un proceso de iluminación interior, y algunos cristianos incorporaron estas ideas, creando interpretaciones que diferían notablemente de las enseñanzas originales de los apóstoles. Esta diversidad de creencias fue al mismo tiempo una riqueza y una fuente de conflicto. La iglesia, aún en formación, debía decidir qué enseñanzas y textos podían considerarse auténticos y cuáles no, un proceso que culminaría siglos después en la consolidación del canon bíblico y las doctrinas oficiales.

Además de las disputas teológicas, el cristianismo primitivo enfrentaba persecuciones que afectaban profundamente a sus seguidores. Los cristianos no solo desafiaban las creencias religiosas del Imperio Romano, sino que también cuestionaban el sistema de valores sobre el cual se fundamentaba la sociedad. Rechazaban la adoración a los dioses romanos y se negaban a rendir culto al emperador, un acto que Roma consideraba subversivo. Los emperadores veían en esta negativa una amenaza directa a su autoridad, y en consecuencia, los cristianos fueron acusados de traición, de prácticas mágicas y de crímenes imaginarios que justificaban las represalias. Las persecuciones no eran continuas, pero cuando estallaban, se cobraban la vida de numerosos creyentes y dejaban marcas profundas en la comunidad. En medio de estas persecuciones, los relatos de mártires fortalecían la fe de los cristianos y consolidaban su identidad como un pueblo elegido, dispuesto a dar su vida por una verdad que, para ellos, trascendía cualquier miedo terrenal.

A medida que el cristianismo se expandía, comenzaban a surgir preguntas sobre la naturaleza de Jesús y su relación con Dios. La doctrina de la Trinidad, que ahora es una piedra angular de la fe cristiana, aún no estaba completamente formulada, y diferentes grupos desarrollaban sus propias ideas sobre quién era Jesús. Para algunos, era un profeta y un hombre iluminado; para otros, era el Hijo de Dios en un sentido literal. El misterio de la encarnación y la divinidad de Jesús desafiaba la lógica de muchos creyentes y generaba interpretaciones conflictivas. Estas discusiones, aunque a menudo dividían a las comunidades, eran esenciales para el desarrollo teológico del cristianismo y para la consolidación de una identidad compartida que permitiera a los cristianos reconocerse mutuamente en medio de un mundo hostil.

En esta época de diversidad y tensiones, los apóstoles y líderes como Bernabé desempeñaban un papel fundamental en la orientación de la fe y en la resolución de los conflictos. Bernabé, con su carácter conciliador, buscaba unir las comunidades y fomentar la paz, incluso cuando las diferencias doctrinales amenazaban con fragmentarlas. En sus viajes misioneros,

Bernabé llevaba consigo no solo el mensaje de Jesús, sino también el espíritu de reconciliación que era necesario para construir una iglesia que pudiera sobrevivir a las pruebas externas e internas. A su lado, hombres como Pablo y Pedro se esforzaban por mantener el equilibrio entre el rigor doctrinal y la apertura a nuevas interpretaciones, un equilibrio que se mantendría inestable durante siglos, pero que permitía al cristianismo adaptarse y crecer.

El cristianismo primitivo fue una época de experimentación espiritual, donde la fe se enfrentaba constantemente con preguntas sobre su propia naturaleza. Las divisiones entre judeocristianos y gentiles, las disputas sobre la ley y la gracia, y las diferentes interpretaciones de las enseñanzas de Jesús, eran desafíos que moldeaban el carácter de la iglesia. Esta pluralidad de ideas no solo muestra la riqueza del pensamiento cristiano, sino también la complejidad de su historia, en la que la unidad y la disensión, la fe y la duda, se entrelazaban en un movimiento que, desde sus inicios, ya era global. Los primeros cristianos fueron pioneros de una fe que, desde entonces, siempre se ha mantenido en movimiento, en búsqueda de una verdad que, aunque inmutable, exige constantemente ser redescubierta en cada generación y en cada contexto.

Capítulo 4
Textos Apócrifos

Los textos apócrifos emergen en la historia del cristianismo primitivo como documentos intrigantes y, en muchos casos, polémicos. Se desarrollaron al margen de los escritos canónicos que eventualmente conformarían el Nuevo Testamento, y en ellos se encuentran visiones alternativas, misteriosas y, a menudo, subversivas sobre la figura de Jesús, sus enseñanzas y los eventos fundamentales de su vida y muerte. Para muchos de los primeros cristianos, estos textos ofrecían perspectivas adicionales, respuestas a preguntas que los evangelios oficiales no siempre abordaban, y a veces, un consuelo espiritual que resonaba con las inquietudes particulares de comunidades o grupos que sentían la fe de un modo distinto. Su exclusión del canon, sin embargo, no fue un acto inmediato, sino un proceso que refleja las tensiones y los debates sobre qué constituía la verdadera doctrina cristiana y quién tenía la autoridad para definirla.

La palabra "apócrifo", en su sentido etimológico, significa "oculto" o "escondido". Pero este significado ha evolucionado, y en el contexto cristiano, se refiere a textos que, aunque presentaban enseñanzas sobre Jesús y sus seguidores, fueron considerados como no inspirados por el Espíritu Santo y, por lo tanto, no aptos para ser incluidos en el canon sagrado. Los motivos de esta exclusión no siempre fueron claros o uniformes. Algunos textos fueron rechazados por su contenido teológico, ya que planteaban ideas que chocaban frontalmente con las doctrinas que la Iglesia intentaba establecer. Otros, como algunos evangelios gnósticos, proponían visiones sobre la divinidad y la salvación que se apartaban de la narrativa de los cuatro evangelios canónicos. Sin embargo, algunos de estos escritos continuaron circulando en comunidades cristianas durante siglos, resistiendo el olvido, como secretos escondidos dentro de una fe en consolidación.

La Iglesia primitiva se enfrentaba al desafío de unificar las creencias y prácticas en un contexto donde la diversidad de ideas podía fácilmente llevar a divisiones profundas. Ante esto, los primeros concilios cristianos comenzaron a establecer criterios para definir qué escritos podían considerarse parte del Nuevo Testamento y cuáles quedaban fuera. El proceso no era meramente una cuestión de selección; requería un análisis profundo de cada texto, considerando su autenticidad, su coherencia con la enseñanza de los apóstoles y su aceptación en las comunidades. La autoridad apostólica era uno de los criterios primordiales: los textos debían haber sido escritos por los apóstoles o por discípulos directos para que fueran considerados genuinos y auténticos. Esto, sin embargo, no impidió que ciertos textos apócrifos se atribuyeran a figuras apostólicas para ganar legitimidad, como es el caso del Evangelio de Tomás, el Evangelio de Pedro y, mucho más tarde, el Evangelio de Bernabé.

El Evangelio de Tomás, por ejemplo, es uno de los textos apócrifos más conocidos y, para algunos, uno de los más polémicos. A diferencia de los evangelios canónicos, que narran la vida de Jesús de manera narrativa, el Evangelio de Tomás es una colección de dichos y enseñanzas atribuidas a Jesús, algunos de los cuales coinciden con los registrados en los evangelios canónicos, mientras que otros son enigmáticos y, en algunos casos, contradictorios. Este evangelio refleja una visión de la fe influenciada por el gnosticismo, una corriente espiritual que veía la salvación como un proceso de autoconocimiento y revelación interior. Para los gnósticos, el conocimiento oculto, o "gnosis", era el camino a la verdad, y Jesús era un guía que ayudaba a los creyentes a descubrir esta verdad escondida. La visión gnóstica de Jesús difería de la ortodoxia cristiana en su negación de la encarnación y su énfasis en la salvación a través del conocimiento, lo que llevó a la Iglesia a considerar este texto como herético y peligroso.

Otro texto relevante es el Evangelio de Pedro, que ofrece una narración de la pasión y la resurrección de Jesús desde una perspectiva notablemente diferente. En este evangelio, la crucifixión y la muerte de Jesús son descritas con un dramatismo y simbolismo que lo asemejan más a una tragedia épica que a un relato histórico. El Evangelio de Pedro muestra influencias de la cultura helenística y una cierta tendencia a embellecer los eventos para enfatizar la divinidad de Jesús. Aunque algunos fragmentos de este evangelio coinciden con los eventos narrados en los textos canónicos, otros presentan detalles que difieren considerablemente y plantean una teología que no fue aceptada por la Iglesia oficial. A pesar de ello, este texto fue popular en ciertas comunidades cristianas y demuestra cómo la figura de Jesús podía ser reinterpretada y adaptada según las necesidades y el contexto de cada grupo.

En el contexto de la consolidación del cristianismo como religión oficial del Imperio Romano, la necesidad de definir un conjunto de textos sagrados se volvió urgente. La presencia de textos apócrifos y pseudoepigráficos generaba incertidumbre, y la iglesia no podía permitirse que sus doctrinas fundamentales fueran diluidas o tergiversadas. Los concilios eclesiásticos, como el de Nicea y el de Cartago, entre otros, no solo discutieron cuestiones teológicas, sino que también delinearon el contenido del canon bíblico. A medida que se establecían los límites de la ortodoxia, los textos apócrifos comenzaron a ser proscritos, y se ordenó su retirada de las comunidades. Sin embargo, estos textos no desaparecieron; en lugar de ello, continuaron circulando en secreto, copiados y transmitidos por grupos que encontraban en ellos una inspiración espiritual o una alternativa a la doctrina oficial.

El Evangelio de Bernabé, aunque de origen posterior, representa un ejemplo de cómo los textos apócrifos se utilizaron también como herramientas para sostener perspectivas teológicas específicas. Su contenido presenta una narrativa que resuena de forma sorprendente con la visión islámica de Jesús, planteándolo como un profeta y no como el Hijo de Dios. En este evangelio, la crucifixión de Jesús es negada, y en cambio se sugiere que otro tomó su lugar en la cruz, un relato que coincide con las enseñanzas del Corán. La mayoría de los estudiosos coinciden en que el Evangelio de Bernabé no fue escrito por el apóstol del siglo I, sino que es un documento medieval, posiblemente creado en un contexto de diálogo o disputa teológica entre cristianos y musulmanes. La existencia de este texto y su atribución a Bernabé reflejan cómo el nombre de un apóstol podía ser utilizado para conferir autoridad a un mensaje que buscaba ganar credibilidad y aceptación.

A pesar de los esfuerzos de la Iglesia por limitar la circulación de los textos apócrifos, muchos de ellos lograron sobrevivir a través de los siglos y resurgieron en épocas posteriores. Durante el Renacimiento y la Reforma, el interés por los textos antiguos y alternativos llevó a que algunos de estos escritos volvieran a ser copiados, traducidos y difundidos. Para algunos, representaban una visión más pura y auténtica de la fe cristiana, libre de las interpretaciones impuestas por siglos de institucionalización. En ciertos casos, estos textos apócrifos también fueron vistos como una fuente de misticismo y esoterismo, una vía de acceso a secretos divinos que solo unos pocos podían comprender. Aunque la Iglesia continuaba rechazándolos oficialmente, el interés por los textos apócrifos nunca desapareció del todo y, con el tiempo, algunos se convirtieron en objeto de estudios académicos e investigaciones sobre el cristianismo primitivo.

Los textos apócrifos ofrecen una ventana a la diversidad de ideas que existían en los primeros siglos de la fe, un recordatorio de que el cristianismo no fue una religión homogénea desde su inicio, sino una amalgama de creencias, visiones y experiencias que a veces chocaban entre sí. Estos textos capturan fragmentos de una espiritualidad en evolución, una fe que aún estaba definiéndose y que permitía múltiples interpretaciones. Para algunas comunidades, estos escritos eran más que simples documentos; eran guías espirituales y vehículos de revelación que les brindaban una perspectiva única sobre Jesús y sus enseñanzas.

El estudio de los textos apócrifos nos recuerda también la dificultad de establecer una verdad única en un contexto de tanta riqueza intelectual y cultural. La iglesia optó por un canon que, aunque reducido y definido, representaba solo una fracción del pensamiento cristiano. Los textos apócrifos continúan planteando preguntas: ¿qué habrían creído los cristianos si estos textos hubieran sido aceptados como canónicos? ¿Cómo habrían cambiado los dogmas y las doctrinas si la visión gnóstica, por ejemplo, hubiera prevalecido? Estas interrogantes son parte del legado apócrifo, un legado que, aunque marginado, sigue iluminando aspectos de una fe que, en su esencia, siempre ha sido plural y compleja.

Así, los textos apócrifos permanecen como testimonios de una fe que nació en la diversidad y que, aunque se unificó en un canon, nunca perdió las voces alternativas que marcaron sus primeros pasos.

Capítulo 5
Evangelio de Bernabé

Entre los textos apócrifos que han sobrevivido a lo largo de los siglos, uno de los más enigmáticos y controvertidos es el Evangelio de Bernabé. Su existencia plantea un desafío no solo para los estudiosos de la Biblia y de la historia del cristianismo, sino también para el diálogo interreligioso entre cristianos y musulmanes. Este evangelio, que narra una versión de la vida y enseñanzas de Jesús distinta de la que ofrecen los evangelios canónicos, ha sido objeto de intensos debates sobre su origen, su autenticidad y su propósito. Algunos lo ven como un documento genuino, una revelación oculta que ofrece una perspectiva alternativa sobre Jesús. Otros consideran que es una falsificación, un texto construido con la intención de legitimar ciertos argumentos teológicos en un contexto posterior al de los primeros siglos de la fe cristiana. En cualquier caso, el Evangelio de Bernabé sigue siendo un misterio fascinante que se sitúa en la frontera entre la historia, la fe y la polémica.

El Evangelio de Bernabé es atribuido a Bernabé, el apóstol y compañero de Pablo, quien jugó un papel significativo en la expansión del cristianismo en sus primeros años. La figura de Bernabé, como alguien cercano a los acontecimientos originales y a la misión de Jesús, confiere al texto una autoridad que de otra forma no tendría. La tradición describe a Bernabé como un hombre generoso y firme en su fe, que entregó su fortuna a la comunidad cristiana y se dedicó de lleno a la predicación del mensaje de Cristo. Su relación con Pablo, aunque inicialmente cercana, eventualmente sufrió una ruptura debido a diferencias en sus enfoques misioneros. Este distanciamiento ha dado pie a especulaciones sobre la posibilidad de que Bernabé desarrollara su propia interpretación del mensaje de Jesús, una interpretación que, según algunos, podría estar reflejada en el evangelio que lleva su nombre.

El manuscrito más conocido del Evangelio de Bernabé fue descubierto en el siglo XVI, aunque se cree que existen menciones anteriores que sugieren su circulación en siglos anteriores. Sin embargo, la mayoría de los estudiosos coinciden en que el texto fue escrito en la Europa medieval, posiblemente en un contexto donde el cristianismo y el islam interactuaban intensamente, ya fuera en tierras bajo dominio musulmán o en zonas de contacto cultural como el sur de Europa. Esto ha llevado a la teoría de que el evangelio podría haber sido creado con la intención de servir como puente entre ambas religiones, presentando una versión de Jesús que se aproxima más a la visión islámica que a la cristiana. Esta hipótesis se ve reforzada por el contenido del texto, en el cual Jesús es representado como un profeta y se niega explícitamente a ser llamado Hijo de Dios, una afirmación que armoniza con la teología islámica.

Uno de los aspectos más intrigantes del Evangelio de Bernabé es su estructura y estilo, que, aunque en ciertos pasajes recuerda a los evangelios canónicos, contiene diferencias notables en su enfoque y en su narrativa. El texto se divide en capítulos y relata la vida de Jesús de una manera que, en algunos momentos, parece fusionar elementos de los evangelios canónicos y apócrifos, mientras que en otros se desvía radicalmente. Jesús, en este evangelio, no solo niega su divinidad, sino que también profetiza la llegada de Muhammad, el profeta del islam, señalando que su mensaje será continuado por otro enviado de Dios. Este aspecto es uno de los que más controversia ha generado, ya que plantea la posibilidad de que el texto fuera creado específicamente para respaldar la creencia islámica en Muhammad como el último profeta.

La cuestión de la autenticidad del Evangelio de Bernabé ha sido objeto de numerosos estudios académicos. Entre las pruebas que sugieren su origen medieval se encuentran ciertos anacronismos que serían difíciles de justificar si el texto hubiera sido escrito en el siglo I. Por ejemplo, el evangelio describe detalles de la vida y las costumbres que parecen reflejar una comprensión medieval de la Palestina de Jesús, más que una descripción exacta de la época en la que vivió. Además, en su lenguaje y estilo, el texto muestra influencias de las lenguas y culturas europeas, lo cual indica que, aunque pretende representar una perspectiva cercana al tiempo de los apóstoles, es probable que haya sido elaborado mucho después. Estas evidencias han llevado a la conclusión de que el Evangelio de Bernabé es una creación posterior, una obra que intenta retrotraerse a la época apostólica con fines particulares.

La circulación del Evangelio de Bernabé en ciertos círculos islámicos ha contribuido a su popularidad, especialmente en contextos donde se busca un fundamento para el diálogo entre el cristianismo y el islam. Para algunos musulmanes, el evangelio es una prueba de que Jesús predijo la llegada de Muhammad, lo cual sería una confirmación de la doctrina islámica sobre la sucesión de los profetas. De hecho, en algunos países de mayoría musulmana, el Evangelio de Bernabé ha sido promovido y difundido como un testimonio auténtico de la visión islámica de Jesús. Este uso del texto ha generado tensiones en el diálogo interreligioso, ya que, desde la perspectiva cristiana, el Evangelio de Bernabé no tiene el mismo valor histórico ni teológico que los evangelios canónicos, y su aceptación por parte de algunos sectores islámicos puede ser vista como una apropiación de la figura de Jesús en términos ajenos al cristianismo.

Por otro lado, el Evangelio de Bernabé también ha encontrado defensores en ciertos círculos cristianos heterodoxos, particularmente en aquellos que sostienen que la iglesia oficial ha suprimido o distorsionado aspectos del mensaje original de Jesús. Para algunos de estos grupos, el evangelio representa una versión de la fe cristiana que no fue aceptada por el establishment religioso y que, por lo tanto, conserva una autenticidad alternativa. Sin embargo, esta interpretación es objeto de escepticismo entre la mayoría de los estudiosos, quienes argumentan que el texto refleja más una construcción teológica de la Europa medieval que una expresión de las enseñanzas originales de Jesús y los apóstoles.

La autoría del Evangelio de Bernabé es otro enigma que ha generado múltiples teorías. Aunque el texto se atribuye a Bernabé, la evidencia histórica y estilística sugiere que esta atribución es más un recurso para conferir autoridad que una realidad. La práctica de atribuir textos a figuras apostólicas era común en la antigüedad y en la Edad Media, especialmente en el caso de textos que necesitaban legitimidad para ser aceptados o valorados. Al utilizar el nombre de Bernabé, el autor del evangelio lograba presentarlo como un testimonio directo de uno de los primeros seguidores de Jesús, un hombre cercano a los eventos de la vida de Cristo y, por lo tanto, con una supuesta autoridad para narrar su verdadera historia. Sin embargo, hasta la fecha, no existe ninguna prueba definitiva que vincule el Evangelio de Bernabé con el Bernabé histórico, y la mayoría de los estudiosos coinciden en que la autoría es, en el mejor de los casos, incierta y, en el peor, deliberadamente ficticia.

El Evangelio de Bernabé también plantea cuestiones profundas sobre la naturaleza de los textos sagrados y el proceso de canonización en el cristianismo. ¿Qué es lo que hace que un evangelio sea considerado inspirado, y quién tiene la autoridad para definirlo? Estos interrogantes se hacen aún más complejos si consideramos que el proceso de canonización no fue inmediato ni universal. Durante siglos, los cristianos de diversas regiones leían y veneraban textos que no fueron finalmente incluidos en el Nuevo Testamento. La exclusión del Evangelio de Bernabé del canon, como la de otros textos apócrifos, muestra cómo la iglesia buscaba definir una ortodoxia que pudiera ser transmitida sin divisiones, pero también pone de relieve las voces y perspectivas que quedaron fuera de la historia oficial. En este sentido, el Evangelio de Bernabé es un recordatorio de que la fe cristiana, en sus primeros siglos, era plural y diversa, y de que la búsqueda de la verdad puede llevar a caminos inesperados.

Hoy en día, el Evangelio de Bernabé sigue siendo un objeto de estudio y de controversia, una puerta a un pasado alternativo que nos invita a reflexionar sobre la naturaleza de la fe y la historia. Aunque la mayoría de los estudiosos coinciden en que el texto no es un evangelio apostólico, su influencia en ciertos contextos religiosos y su capacidad para provocar debate y reflexión son innegables. En su ambigüedad, el Evangelio de Bernabé se convierte en un símbolo de las preguntas sin respuesta que rodean los orígenes del cristianismo, y en un testimonio de cómo los textos religiosos pueden ser interpretados, reutilizados y reinterpretados en función de las necesidades y aspiraciones de cada época.

El Evangelio de Bernabé, entonces, no es solo un texto antiguo; es una provocación a la manera en que comprendemos la tradición, la autoridad y la verdad en el ámbito de lo sagrado. Nos recuerda que la historia de la fe no es una línea recta, sino un entrelazado de voces y silencios, de escritos y omisiones que conforman el complejo legado de una religión que, desde sus inicios, se encontró en la encrucijada entre lo divino y lo humano.

Capítulo 6
Estructura del Evangelio

El Evangelio de Bernabé, en su forma y estructura, se presenta como una obra que parece familiar en ciertos aspectos a los evangelios canónicos, pero que al mismo tiempo revela un trasfondo literario y cultural propio. Esta dualidad le da un aire de autenticidad para algunos, mientras que para otros es precisamente este intento de imitación lo que delata su carácter apócrifo y posiblemente posterior. La disposición de los capítulos, el estilo narrativo y el uso del lenguaje sugieren una composición cuidadosamente estructurada, con intenciones que van más allá de una simple recopilación de eventos y enseñanzas. Examinar la estructura de este evangelio abre un camino de interpretación que permite descubrir las posibles influencias culturales y religiosas que moldearon su contenido, además de los objetivos que su autor o autores podrían haber tenido en mente.

El Evangelio de Bernabé se organiza en más de doscientos capítulos breves, en los que se narra la vida de Jesús, sus enseñanzas, su relación con los apóstoles y otros eventos importantes, tales como los milagros y su enfrentamiento con los fariseos y las autoridades religiosas de la época. Esta estructura recuerda en cierto sentido a los evangelios de Mateo, Marcos, Lucas y Juan, en los cuales los relatos de Jesús están organizados en secciones bien definidas, como si buscaran ofrecer al lector una visión completa y cohesionada de su vida y misión. Sin embargo, a diferencia de los evangelios canónicos, el Evangelio de Bernabé extiende y en ocasiones modifica el contenido de los eventos descritos, introduciendo detalles y matices que sugieren una interpretación teológica única.

Uno de los aspectos más llamativos de la estructura del Evangelio de Bernabé es el enfoque en ciertos temas que parecen estar diseñados para desafiar las doctrinas establecidas en el cristianismo ortodoxo. La figura de Jesús es presentada de manera diferente, con un énfasis en su rol como profeta y maestro, y no como el Hijo de Dios. A lo largo del evangelio, Jesús niega explícitamente ser divino y anticipa la venida de otro mensajero, lo cual se interpreta como una referencia al profeta Muhammad. Esta narrativa parece intencionada, estructurada para armonizar con la teología islámica y para confrontar la idea cristiana de la divinidad de Jesús. Esta organización temática y doctrinal sugiere que el autor no solo pretendía narrar la vida de Jesús, sino también reconfigurarla, dotándola de un mensaje que resonara en un contexto de interacciones entre el cristianismo y el islam.

El estilo literario del Evangelio de Bernabé también presenta características peculiares. El lenguaje es directo y utiliza frases sencillas, como si el autor buscara que sus enseñanzas fueran accesibles y comprensibles para un amplio público. Sin embargo, a medida que uno avanza en la lectura, se detecta una mezcla de referencias a la cultura judía y expresiones que son más comunes en el islam. Las parábolas y los diálogos de Jesús están impregnados de un tono moralizador que se asemeja a la ética islámica, abordando temas como la humildad, la obediencia a Dios y la importancia de la ley divina. En muchas ocasiones, el lenguaje adquiere un carácter casi legalista, como si quisiera transmitir no solo un mensaje espiritual, sino también un código de conducta preciso y riguroso, característico de las enseñanzas islámicas.

Otro elemento estructural distintivo es la división de los capítulos. La mayoría de los capítulos del Evangelio de Bernabé son breves y contienen una idea central o un evento específico, lo que facilita su lectura y memorización. Esta estructura parece diseñada para un lector que, quizás, no estaba familiarizado con los evangelios canónicos o que prefería un formato de lectura que permitiera la reflexión en pequeñas dosis. A diferencia de los relatos más extensos que aparecen en los evangelios de Lucas o Juan, aquí se opta por una narrativa ágil, directa y centrada en aspectos de enseñanza y moralidad, como si el objetivo fuera presentar una guía espiritual más que una crónica detallada de la vida de Jesús. Este formato facilita también la circulación oral del contenido, lo que podría ser una indicación de que el texto fue destinado a un público que valoraba la transmisión oral tanto como la escrita.

Además, el evangelio hace uso frecuente de referencias al Antiguo Testamento, aunque de una forma que a menudo difiere de los evangelios canónicos. Estas citas y alusiones tienen una función particular: el autor parece utilizar las escrituras judías para establecer una continuidad con la tradición profética de Israel, pero lo hace de una manera que, en ciertos puntos, desvía la interpretación hacia una visión que se aproxima más al islam. Por ejemplo, las referencias a Moisés y a los profetas del Antiguo Testamento están impregnadas de una narrativa que enfatiza la sumisión total a Dios, concepto que en el islam se conoce como "Islam" en sí mismo, y Jesús es mostrado como uno de estos profetas, en lugar de la figura central de una nueva alianza. Este enfoque crea una estructura narrativa en la que la misión de Jesús se interpreta como un eslabón más en la cadena de profetas que culminaría con Muhammad.

El Evangelio de Bernabé incluye también extensos pasajes que son desconocidos en los evangelios canónicos, y en estos pasajes se encuentran algunas de las afirmaciones teológicas más controvertidas. En un punto del evangelio, Jesús afirma que no es el Mesías, sino que el verdadero Mesías vendrá después de él, una afirmación que desafía directamente la doctrina cristiana y que ha sido interpretada por algunos como una alusión a Muhammad. Este tipo de afirmaciones, integradas en la estructura narrativa, parecen haber sido escritas con una intención de corregir o reinterpretar los conceptos que se encuentran en los evangelios oficiales, posicionando al Evangelio de Bernabé como una especie de "contracanon" que ofrece una versión alternativa de los eventos y enseñanzas centrales del cristianismo. La estructura del texto, entonces, no es solo una organización de capítulos y episodios; es un entramado cuidadosamente diseñado para guiar al lector hacia una conclusión que difiere radicalmente de la enseñanza cristiana ortodoxa.

Asimismo, en el Evangelio de Bernabé se observa una tendencia a enfatizar los valores de la justicia y la moralidad. Jesús habla de manera extensiva sobre la necesidad de vivir en obediencia a los mandamientos y de evitar el pecado, presentando un mensaje que parece enfocarse más en el cumplimiento de normas que en la redención a través de la fe. Este enfoque contrasta con el mensaje de gracia y salvación que se encuentra en los evangelios de Pablo y los demás textos del Nuevo Testamento. La moralidad que se presenta en el Evangelio de Bernabé es estricta y se asemeja a la estructura legal de las religiones basadas en la ley divina, como el judaísmo y el islam. Esta insistencia en un cumplimiento legal riguroso se observa en toda la narrativa y parece ser un intento de orientar la práctica cristiana hacia una interpretación de la fe que no solo se centra en el amor y la redención, sino también en la sumisión total y el cumplimiento de la ley.

La estructura del Evangelio de Bernabé revela, en última instancia, la intención de su autor de crear una obra que no solo enseñe, sino que también guíe. Cada capítulo, cada afirmación y cada elección estilística parecen haber sido concebidos para que el lector se aleje de la visión de Jesús como el Hijo de Dios y abrace en su lugar la imagen de un profeta entre muchos, un hombre santo cuya misión era recordar a la humanidad su obligación de obedecer y someterse a Dios. Esta visión tiene una clara resonancia en el islam, en el que Jesús es respetado como un profeta importante, pero sin la divinidad que le confiere el cristianismo. La estructura del Evangelio de Bernabé parece, así, diseñada para desafiar las interpretaciones cristianas y acercarse a una perspectiva islámica de Jesús, ofreciendo una narrativa que invita al lector a reconsiderar el carácter y el propósito de su misión.

Este estudio de la estructura del Evangelio de Bernabé nos muestra cómo un texto puede ser construido no solo como un relato de eventos, sino como una obra que en cada palabra y cada elección de estilo está destinada a persuadir. El Evangelio de Bernabé no es un evangelio en el sentido convencional; es un mensaje cuidadosamente configurado que, aunque basado en la vida de Jesús, reinterpreta su figura y sus enseñanzas para proponer una visión particular de la verdad. En este sentido, la estructura del texto es tan significativa como su contenido, ya que su disposición revela tanto las creencias de su autor como su propósito de construir un relato que, aunque apócrifo, busca erigirse como una versión auténtica y alternativa de la fe cristiana.

Capítulo 7
Mensaje Central

El Evangelio de Bernabé ofrece un mensaje central que se distingue tanto por sus temas recurrentes como por la reinterpretación de las enseñanzas tradicionales de Jesús, una reinterpretación que desafía las doctrinas cristianas establecidas y se alinea en varios aspectos con la visión islámica de la figura de Cristo. A través de sus capítulos, el texto presenta una serie de valores y preceptos que buscan delinear un camino de vida marcado por la moralidad estricta, la virtud y, sobre todo, la obediencia absoluta a Dios. Esta sumisión, o "islam", parece impregnar cada enseñanza, cada milagro y cada exhortación atribuida a Jesús en este evangelio, lo cual sitúa al lector en un marco ético y espiritual que contrasta profundamente con los valores y principios establecidos en los evangelios canónicos.

Uno de los temas predominantes en el Evangelio de Bernabé es la negación de la divinidad de Jesús. En este texto, Jesús rechaza cualquier pretensión de ser el Hijo de Dios y, en múltiples pasajes, insiste en que él es simplemente un profeta enviado por Dios, cuyo papel es guiar a la humanidad hacia el cumplimiento de la voluntad divina. Este énfasis en la humanidad de Jesús aparece en oposición directa a la doctrina de la Trinidad y a la naturaleza divina de Cristo, tal como la presentan los evangelios canónicos y la teología cristiana ortodoxa. En lugar de una figura que encarna la divinidad en la tierra, el Evangelio de Bernabé lo presenta como un hombre justo y obediente, quien reconoce su lugar dentro de la línea de los profetas, similar a

Moisés o Elías, y quien ve su misión como la de recordar a los hombres sus obligaciones espirituales.

El concepto de virtud en este evangelio se aborda desde un enfoque que recuerda la tradición profética del Antiguo Testamento. Las enseñanzas de Jesús en el Evangelio de Bernabé resaltan la importancia de la humildad, la compasión y la justicia. Estas virtudes no solo son recomendadas, sino exigidas como una prueba de fidelidad a Dios. Para el lector, el camino de la virtud es un sendero de sacrificio y esfuerzo continuo, en el que cada acto de bondad y cada renuncia al ego se consideran necesarios para acercarse a la pureza. Sin embargo, el énfasis en el cumplimiento de la ley y la moralidad tiene un carácter particularmente intenso, casi austero, que va más allá de la comprensión de la gracia y el amor divino que caracterizan los evangelios canónicos. Aquí, la virtud no es tanto un camino de perfección espiritual por gracia, sino una muestra constante de la sumisión del ser humano a la voluntad de Dios.

La noción de recompensa y castigo en el Evangelio de Bernabé refleja también una visión de la justicia divina que difiere en gran medida de la perspectiva cristiana ortodoxa. El texto describe el juicio final y la recompensa en términos que recuerdan la escatología islámica: un juicio severo en el que cada acción será medida con rigor, y en el cual los pecadores enfrentarán el castigo eterno, mientras que los justos alcanzarán la recompensa en el paraíso. La misericordia de Dios, aunque mencionada, no ocupa el mismo lugar que en los evangelios canónicos, donde el perdón divino y la redención por medio de la fe en Jesús se presentan como aspectos esenciales de la relación entre Dios y el hombre. En el Evangelio de Bernabé, la salvación parece depender más de la obediencia y el cumplimiento estricto de la ley, subrayando así la importancia de la justicia como medida última de la vida humana.

Otro aspecto fundamental del mensaje central de este evangelio es la profecía de la llegada de otro mensajero, que sigue el patrón profético que Jesús niega ser el Mesías esperado y anticipa la llegada de alguien más, a quien se refiere en términos que muchos estudiosos interpretan como una referencia al profeta Muhammad. En el Evangelio de Bernabé, Jesús declara explícitamente que su papel no es el de redentor o salvador en un sentido divino, sino el de precursor de un profeta que completará la revelación divina. Esta declaración desafía de manera directa la teología cristiana y sitúa al texto en una posición en la que su mensaje central parece alinearse con la creencia islámica sobre la sucesión de profetas que culmina con Muhammad. Esta profecía refuerza el mensaje de humildad y obediencia a Dios y presenta la fe como un viaje colectivo de la humanidad, que se desarrolla a través de distintos guías que señalan el camino hacia la verdad definitiva.

En este contexto, la visión de la vida humana que se desprende del Evangelio de Bernabé es la de una existencia temporal y de prueba, en la cual el ser humano debe demostrar su lealtad a través de la pureza, la sumisión y el rechazo de todo ídolo o falsa creencia. La vida en la tierra se describe como una preparación para el juicio, una oportunidad para que el individuo muestre su compromiso con la ley de Dios. Esta visión se refuerza en las numerosas parábolas y discursos de Jesús, quien exhorta a sus seguidores a mantenerse alejados de las tentaciones del mundo, a rechazar la riqueza y a vivir en una constante entrega a la voluntad divina. La espiritualidad que promueve el Evangelio de Bernabé se basa en el desapego y la austeridad, una vida marcada por el rechazo a los deseos terrenales y la devoción total a Dios.

La idea de Jesús como profeta y no como hijo de Dios se refleja también en su relación con los apóstoles y con aquellos a quienes predica. En el Evangelio de Bernabé, Jesús aparece como un guía moral, un maestro cuya autoridad proviene de su sabiduría y de su cercanía a Dios, pero no de su divinidad. Los apóstoles son instruidos a seguir sus enseñanzas, pero no se les pide que lo adoren. Esta diferencia es fundamental para comprender el mensaje central del texto, pues marca una clara distancia respecto a la interpretación cristiana, donde Jesús es objeto de fe y devoción. En cambio, en este evangelio, el respeto y la obediencia que Jesús demanda son los de un profeta cuya función es preparar el camino para el mensaje final, más que la de un ser divino al que se debe adoración.

El Evangelio de Bernabé presenta una interpretación de la redención que contrasta marcadamente con la del cristianismo ortodoxo. Mientras que en los evangelios canónicos la crucifixión y resurrección de Jesús son el núcleo de la redención y la reconciliación entre Dios y el hombre, en el Evangelio de Bernabé, la crucifixión misma es rechazada. En este texto, Jesús no muere en la cruz; en su lugar, se sugiere que alguien más toma su lugar, lo cual elimina la noción de sacrificio y redención que se encuentra en la doctrina cristiana. Esta idea refuerza el mensaje de que Jesús no es más que un profeta y no el salvador de la humanidad. Sin la crucifixión y la resurrección, la base de la salvación cristiana queda desmantelada, y en su lugar surge una visión donde la obediencia y la sumisión a Dios constituyen el verdadero camino de salvación.

El mensaje central del Evangelio de Bernabé también subraya la idea de una comunidad de fe unida en la devoción y en el cumplimiento de la voluntad divina, sin distinciones entre etnias o grupos. Jesús enseña que todos los creyentes, judíos y gentiles, deben vivir bajo la misma ley y evitar las divisiones que podrían separarlos. En este sentido, el evangelio promueve una forma de igualdad espiritual que se basa en el sometimiento total a Dios, quien es el único que puede juzgar y recompensar a los seres humanos. Esta visión de comunidad y de igualdad tiene resonancias en el concepto de "umma" o comunidad de creyentes en el islam, donde todos los seguidores deben vivir según las leyes de Dios, sin importar su origen. El mensaje central de este evangelio, por tanto, sugiere una unidad basada en la fe, no en la identidad cultural o religiosa.

El Evangelio de Bernabé se convierte así en una obra que no solo transmite enseñanzas morales, sino que también presenta un desafío directo a los pilares fundamentales del cristianismo ortodoxo. Al reinterpretar la figura de Jesús, al rechazar su divinidad y al proponer una visión de la fe como un proceso continuo de revelación, el texto invita a sus lectores a considerar una perspectiva en la que el cristianismo se transforma en una religión más cercana al islam, una religión centrada en el cumplimiento de la ley y en la adoración de un Dios único y sin intermediarios divinos. En este sentido, el mensaje del Evangelio de Bernabé trasciende su valor como texto apócrifo y se erige como una propuesta teológica que resuena en un contexto interreligioso, proponiendo una narrativa alternativa que cuestiona y reinterpreta el legado de Jesús de una manera que ha provocado, y probablemente continuará provocando, profundas reflexiones y debates.

En conclusión, el mensaje central del Evangelio de Bernabé nos invita a explorar una versión de la vida y enseñanzas de Jesús que desafía la tradición cristiana, enfatizando en su lugar una visión de obediencia estricta, de virtud moral y de espera por un profeta que completará el ciclo de la revelación divina.

Capítulo 8
Jesús en el Evangelio de Bernabé

En el Evangelio de Bernabé, la figura de Jesús aparece como un personaje profundamente humano y profético, alejado de la imagen de divinidad que caracteriza los evangelios canónicos. Esta representación rompe con las nociones cristianas tradicionales y redefine su misión y naturaleza de una manera que parece diseñada para armonizar con la perspectiva islámica sobre Jesús, o Isa, quien en el islam es reconocido como un profeta, pero no como el Hijo de Dios. A través de los episodios narrados y las enseñanzas incluidas en este evangelio, se dibuja un retrato de Jesús que enfatiza la humildad, el cumplimiento de la ley divina y la obediencia absoluta a Dios, marcando su rol como un profeta que anuncia la llegada de un nuevo mensajero en lugar de alguien que personifica la salvación.

Desde los primeros capítulos, el Evangelio de Bernabé subraya la naturaleza humana de Jesús, quien es presentado como un guía espiritual, un líder moral y un profeta honrado, pero sin ningún indicio de la divinidad que los evangelios canónicos le atribuyen. Jesús mismo rechaza, de manera enfática, ser adorado o llamado Hijo de Dios. En múltiples ocasiones, el texto muestra a Jesús exhortando a sus discípulos a no considerarlo como algo más que un siervo de Dios, alguien enviado para predicar la palabra de su Señor y para guiar a la humanidad hacia una vida de pureza y de sumisión a la ley divina. Esta insistencia en su humanidad y en su carácter subordinado a Dios es uno de los elementos fundamentales que configuran la representación de

Jesús en este evangelio, diferenciándolo radicalmente de la teología cristiana y acercándolo a la perspectiva islámica.

El rechazo de Jesús a la adoración y a cualquier forma de veneración que lo posicione como Hijo de Dios es un tema recurrente en el Evangelio de Bernabé. En varios pasajes, Jesús se dirige a sus discípulos y seguidores, aclarando que su misión no es atraer la adoración hacia su persona, sino dirigir las almas hacia Dios. En esta línea, el evangelio despliega una serie de enseñanzas en las que Jesús se describe a sí mismo como un mero instrumento del Todopoderoso, alguien cuya vida y acciones son una muestra de obediencia y humildad ante la grandeza divina. La repetición de este mensaje dentro de la narrativa sugiere que el autor del texto buscaba intencionalmente reafirmar esta imagen de Jesús como profeta y evitar cualquier interpretación que pudiera sugerir su divinidad. Este enfoque no solo contrasta con el mensaje de los evangelios canónicos, sino que también parece destinado a provocar una reflexión sobre la verdadera naturaleza de la adoración y la pureza en la fe.

El Evangelio de Bernabé, además, relata una serie de milagros realizados por Jesús, pero lo hace de una manera que los presenta como actos de misericordia divina, no como una manifestación de un poder inherente a Jesús. Estos milagros, que incluyen la curación de enfermos y la resurrección de muertos, son descritos en un tono de modestia, con Jesús declarando que su capacidad para realizarlos proviene únicamente de Dios y que él no tiene autoridad o poder propio. En cada milagro, Jesús se muestra consciente de su rol como mediador y se distancia de cualquier indicio de poder divino autónomo. Esta visión de los milagros sirve para reforzar la imagen de Jesús como un profeta que actúa en nombre de Dios y que, al igual que otros profetas, recibe su poder y autoridad de una fuente superior.

Uno de los episodios más significativos en el Evangelio de Bernabé es el rechazo explícito de Jesús a la idea de ser el Mesías. Este rechazo es especialmente controvertido, ya que la identificación de Jesús como el Mesías es una de las bases del cristianismo. En el evangelio canónico de Mateo, Jesús es referido como el "Cristo", que significa "el ungido" o "el Mesías" en griego, y esta identificación es central en las enseñanzas cristianas sobre su papel redentor. Sin embargo, en el Evangelio de Bernabé, Jesús declara que él no es el Mesías y anticipa la venida de otro mensajero que cumplirá esa misión. Esta afirmación es radical, ya que niega la conexión mesiánica de Jesús con el pueblo de Israel y reinterpreta su papel en un contexto donde su misión es la de anunciar la llegada de un profeta que completará la revelación. La identidad de este futuro mensajero es presentada de forma ambigua, pero muchos interpretan esta figura como una referencia a Muhammad, lo cual alinea el mensaje del texto con las creencias islámicas.

    El Evangelio de Bernabé destaca también la sumisión absoluta de Jesús a la ley de Dios y su cumplimiento de las normas que la misma establece. Este énfasis en la obediencia a la ley divina se refleja en las enseñanzas de Jesús sobre el pecado, el arrepentimiento y la vida moral. Jesús exhorta a sus discípulos a vivir en una estricta observancia de la ley, recordándoles la importancia de seguir cada mandamiento y evitar cualquier transgresión que pueda alejarlos de la gracia divina. Esta insistencia en la ley y la moralidad resalta la idea de Jesús como un profeta que no trae una nueva ley, sino que reafirma la necesidad de observar la antigua, una característica que lo vincula más con las tradiciones proféticas del Antiguo Testamento que con el mensaje de renovación espiritual y de gracia que predican los evangelios de Pablo y Juan. En esta representación, el rol de Jesús se acerca más al de Moisés o Elías, reforzando la idea de continuidad profética que culminará en un último enviado de Dios.

    Otro aspecto interesante de la figura de Jesús en este evangelio es su papel como maestro de virtudes y valores. En sus enseñanzas, Jesús enfatiza la humildad, la pobreza, la caridad y el sacrificio como cualidades indispensables para acercarse a Dios. Su vida y sus palabras son una constante invitación al desapego de los bienes materiales, a la austeridad y a la renuncia de todo aquello que pueda distraer a sus seguidores de la adoración y de la obediencia a Dios. Este enfoque en las virtudes recuerda a las enseñanzas de otros profetas y filósofos morales que consideraban la vida terrenal como una etapa de preparación para el juicio final. En el Evangelio de Bernabé, Jesús enseña que el verdadero creyente debe mantenerse libre de la avaricia, del orgullo y de los placeres mundanos, y debe vivir siempre con la conciencia de que el objetivo último es servir a Dios y alcanzar la vida eterna.

La enseñanza de la humildad también se extiende a la relación de Jesús con sus apóstoles. A diferencia de la figura centralizada que ocupa en los evangelios canónicos, aquí se muestra como un guía que comparte sus enseñanzas con humildad y exhorta a sus seguidores a no idolatrarlo. La interacción de Jesús con sus discípulos es la de un maestro que muestra el camino, sin demandar reverencia o devoción hacia su persona. Los apóstoles, a su vez, son presentados en este evangelio como discípulos que están en constante aprendizaje y cuyo rol principal es difundir las enseñanzas morales y religiosas de Jesús. Este enfoque le resta importancia a la figura de Pedro como "la roca" de la iglesia, y presenta una comunidad de creyentes donde Jesús es un líder espiritual, pero no la figura central de un culto de adoración. Esta forma de relación entre Jesús y sus discípulos parece responder a la intención del autor de evitar cualquier forma de idolatría o veneración que pudiera interpretarse como una desviación del monoteísmo estricto.

La figura de Jesús en el Evangelio de Bernabé también refleja una visión del sacrificio y del sufrimiento humano que, si bien resuena con los temas de los evangelios canónicos, toma un giro distinto al negar su papel como redentor sacrificial. En este evangelio, Jesús no muere en la cruz; en cambio, se sugiere que alguien más fue crucificado en su lugar, en un relato que contradice abiertamente el núcleo de la fe cristiana. Al evitar la crucifixión y la resurrección, el texto elimina la idea de Jesús como salvador y redentor, y propone en su lugar una imagen en la que Jesús es preservado de la muerte y elevado por Dios, en línea con la doctrina islámica. Este detalle redefine el propósito de la vida de Jesús y su misión, alejándose de la interpretación cristiana que lo presenta como el redentor de la humanidad y acercándolo más a una figura profética que, habiendo cumplido su misión, es llamado de regreso por Dios.

A lo largo del Evangelio de Bernabé, Jesús se presenta como una figura de paz y reconciliación, alguien que busca unir a los creyentes en una comunidad de fe y obediencia. Aunque se enfrenta a los fariseos y a las autoridades religiosas de la época, su mensaje es uno de sumisión a Dios y de rechazo a las divisiones. Jesús se muestra como un profeta que llama a la humanidad a evitar las guerras y los conflictos, a abrazar una vida de piedad y a esperar la revelación completa que vendrá a través del profeta final. Este enfoque en la paz y en la unidad entre los creyentes también es un reflejo de las enseñanzas islámicas, en las cuales Jesús es visto como un profeta de moralidad y compasión, y no como el fundador de una fe distinta.

La representación de Jesús en el Evangelio de Bernabé desafía así las nociones establecidas en el cristianismo ortodoxo y propone una visión alternativa que se acerca al islam en su concepción de los profetas y de la relación entre Dios y el hombre. Este evangelio ofrece una figura de Jesús profundamente humana y humilde, cuya misión es recordar a la humanidad su compromiso con la ley divina y su dependencia total de Dios. Al alejarse de la divinidad y del rol de redentor, el Evangelio de Bernabé propone una narrativa en la que Jesús es el profeta que prepara el camino para el mensajero final, un mensaje que continúa generando reflexiones y controversias, y que revela las complejas interpretaciones que han acompañado la figura de Jesús desde los primeros siglos del cristianismo.

Capítulo 9
La Figura de Dios

En el Evangelio de Bernabé, la figura de Dios se despliega de una manera que se aparta de las representaciones tradicionales cristianas y se acerca a una concepción más propia de las creencias judía e islámica. Este texto describe a Dios como la única y suprema divinidad, el Creador eterno que gobierna todo el universo y cuyas características fundamentales son la justicia, la omnipotencia y la misericordia. Esta concepción de Dios marca una clara línea de separación respecto a las doctrinas cristianas que describen una naturaleza divina trinitaria, ya que en el Evangelio de Bernabé no hay espacio para la coexistencia de múltiples personas en una sola deidad. Dios es presentado como un ser absoluto e indivisible, a quien se debe adoración sin intermediarios y cuya voluntad es el principio y el fin de todas las cosas.

El evangelio enfatiza la unicidad de Dios de una manera que resuena profundamente con el concepto de *tawhid* en el islam, que se refiere a la creencia en la unidad absoluta de Dios y en su indivisibilidad. Para el lector de este evangelio, Dios no comparte su esencia ni su poder con ningún ser o figura. Cualquier intento de asociar a alguien, incluso a Jesús, con la naturaleza divina es visto no solo como un error, sino como una herejía. En repetidos pasajes, el texto muestra a Jesús rechazando cualquier título o honor que pudiera sugerir su divinidad, subrayando así la relación de sumisión que él mismo mantiene hacia Dios. Esta separación absoluta entre lo divino y lo humano es un pilar fundamental en el mensaje teológico del Evangelio de

Bernabé, y sirve como base para todo el esquema de fe y adoración que propone.

Dios es representado en este evangelio como un juez justo y misericordioso, pero también como una entidad con un rigor que exige el cumplimiento estricto de sus mandamientos. La justicia de Dios es una constante en las enseñanzas de Jesús, quien recuerda a sus discípulos que todas las acciones humanas serán juzgadas y recompensadas o castigadas según su mérito. Esta visión de Dios como juez enfatiza la importancia de la moralidad y de una vida de obediencia. En este contexto, la justicia divina es inquebrantable; Dios, quien todo lo sabe y todo lo ve, actuará conforme a sus normas inmutables y se asegura de que cada ser humano reciba lo que merece. En las enseñanzas de Jesús sobre el juicio final, el evangelio pinta un retrato de Dios como el soberano que preside un tribunal eterno, donde el destino del alma dependerá de su fidelidad a los mandatos divinos.

La misericordia de Dios, aunque presente en el texto, está enmarcada dentro de una visión de justicia que se diferencia de la idea cristiana de gracia y redención. En los evangelios canónicos, Dios se muestra como un Padre amoroso que ofrece la salvación a través del sacrificio de Jesús. Sin embargo, en el Evangelio de Bernabé, la misericordia divina se percibe como algo que se concede a quienes han vivido en sumisión y han evitado el pecado, más que como un acto gratuito de gracia. La relación entre Dios y el ser humano es presentada en términos de mérito; aquellos que se esfuerzan por cumplir con los preceptos divinos serán recompensados, mientras que aquellos que rechacen la obediencia enfrentarán las consecuencias. Este enfoque en el mérito y en la justicia refleja un sistema de valores que busca promover la responsabilidad y el esfuerzo constante por alcanzar la pureza ante Dios.

El Evangelio de Bernabé también presenta a Dios como una entidad trascendente y completamente distinta de su creación, lo cual refuerza la idea de un monoteísmo absoluto. A diferencia de algunas interpretaciones cristianas que enfatizan la cercanía de Dios a través de la figura de Jesús como un puente entre lo divino y lo humano, en este evangelio no hay ninguna representación o figura que pueda actuar como intermediario. Jesús es un profeta que actúa en nombre de Dios, pero su rol es claramente el de un mensajero y guía, no el de un redentor ni el de un mediador divino. La relación del ser humano con Dios en este evangelio es directa y no permite la adoración de ningún intermediario, un principio que refleja nuevamente el concepto islámico de la adoración pura y de la total subordinación a la voluntad divina.

El evangelio enfatiza, además, la incomprensibilidad de Dios, una característica que subraya la distancia entre lo humano y lo divino. Dios es descrito como un ser cuya naturaleza y pensamientos están más allá de la capacidad humana de entender, una afirmación que resuena en la creencia judía e islámica de que Dios es incognoscible en su totalidad. Jesús, en el Evangelio de Bernabé, enseña que los creyentes deben aceptar esta limitación y no tratar de explicar o comprender la esencia divina, sino someterse a su voluntad. Este misterio que rodea a Dios genera un sentimiento de reverencia y temor, y enfatiza la pequeñez del ser humano frente al Creador. La actitud de sumisión, humildad y temor reverencial que el evangelio promueve en sus seguidores es una característica esencial en su relación con Dios, y fortalece la idea de un monoteísmo puro y sin divisiones.

La relación de Dios con Jesús en el Evangelio de Bernabé se establece como una de creador y criatura, de amo y siervo, y no como una de Padre e Hijo, como se describe en los evangelios canónicos. Este vínculo se manifiesta a lo largo del texto en la actitud de respeto y obediencia que Jesús muestra hacia Dios, a quien se refiere siempre con un profundo sentido de reverencia y humildad. La subordinación de Jesús a Dios se destaca en cada enseñanza, en cada milagro y en cada acto de compasión, pues él reconoce constantemente que su poder y su sabiduría provienen únicamente de Dios. Para el lector, esta representación de la relación entre Jesús y Dios refuerza la noción de que Jesús no es más que un instrumento de la voluntad divina y que toda gloria y honor deben dirigirse exclusivamente a Dios, sin ninguna excepción.

Otro aspecto notable es la forma en que Dios es descrito como un ser cuya voluntad es absoluta e incuestionable. Las enseñanzas de Jesús en este evangelio enfatizan que Dios tiene un plan perfecto y que el ser humano debe aceptar y someterse a este plan sin cuestionarlo. Las pruebas y dificultades que enfrentan los creyentes son vistas como parte del diseño divino, y Jesús enseña que la verdadera fe implica aceptar la voluntad de Dios, incluso cuando esta parece incomprensible o difícil de soportar. Esta aceptación del destino divino refuerza la importancia de la paciencia, la resiliencia y la humildad como virtudes que los seguidores de Dios deben cultivar. En esta visión, la relación con Dios no es una de negociación o de búsqueda de consuelo, sino de entrega total, de confianza ciega y de disposición para aceptar cualquier circunstancia como una expresión de la voluntad divina.

El concepto de amor en el Evangelio de Bernabé, aunque presente, se expresa de una manera que refleja más la grandeza y la bondad de Dios que una relación afectiva entre Dios y el ser humano. En este evangelio, el amor de Dios se manifiesta en su disposición a enviar a los profetas y a ofrecer guía a los hombres para que puedan vivir en conformidad con su ley. Sin embargo, el amor divino no implica la misma cercanía o intimidad que se observa en el concepto cristiano de Dios como Padre. En cambio, el amor se entiende más como una manifestación de la generosidad y la magnanimidad de Dios, quien ofrece a la humanidad las herramientas necesarias para alcanzar la salvación, pero sin disminuir la distancia que separa a la divinidad de su creación. Este amor es, entonces, una muestra de la compasión de Dios, pero no elimina el respeto y el temor reverencial que el creyente debe mantener.

La concepción de Dios en el Evangelio de Bernabé redefine así la relación del ser humano con la divinidad, promoviendo una visión en la que la adoración se basa en la obediencia y en la pureza de intención. Dios es el centro absoluto de la fe, un ser eterno e indivisible cuya gloria y majestuosidad son incomparables. Jesús, en este texto, actúa como un profeta que recuerda a sus seguidores la importancia de vivir en sumisión, rechazando cualquier idea que pudiera sugerir una proximidad excesiva entre Dios y el hombre. En esta visión, el ser humano es llamado a reconocer su posición de criatura y a vivir una vida de humildad, aceptando que su propósito es cumplir con la voluntad de un Dios cuya grandeza excede toda comprensión humana.

    La figura de Dios en el Evangelio de Bernabé, entonces, no solo representa un rechazo a las nociones cristianas de la Trinidad y de la encarnación, sino que establece un modelo de relación en el que la reverencia, el temor y la obediencia total se convierten en los pilares de la espiritualidad. La divinidad es un misterio impenetrable, un poder sin igual que exige adoración pura y sin intermediarios. Este concepto se alinea con el monoteísmo estricto del islam, y plantea una reflexión sobre la esencia de la fe y la pureza en la adoración, proponiendo un retorno a un Dios sin forma, sin divisiones y sin comparación, el único digno de recibir el honor y la devoción de toda la creación.

Capítulo 10
María y el Espíritu Santo

En el Evangelio de Bernabé, tanto María, la madre de Jesús, como el Espíritu Santo son tratados de manera diferente a como aparecen en los evangelios canónicos y en la tradición cristiana ortodoxa. La figura de María y la interpretación del Espíritu Santo en este evangelio ofrecen una visión particular que se aleja de la concepción cristiana tradicional, subrayando el énfasis en el monoteísmo y la subordinación de todos los seres a la autoridad divina única. Esta reconfiguración de ambas figuras proporciona pistas sobre los objetivos teológicos del Evangelio de Bernabé, que busca establecer una estructura de creencias en la cual todo acto de devoción y toda reverencia se dirijan exclusivamente hacia Dios, evitando cualquier forma de veneración que pudiera interpretarse como idolatría o desviación del monoteísmo.

La figura de María, en el Evangelio de Bernabé, es representada con respeto y honor, aunque carece del papel exaltado que se le otorga en la tradición cristiana. En los evangelios canónicos, María es vista no solo como la madre de Jesús, sino como la "llena de gracia" y la "bendita entre todas las mujeres," atributos que han sido fundamentales para la veneración mariana en la Iglesia católica y en otras denominaciones cristianas. Su rol en los evangelios de Lucas y Mateo es central y se relaciona con su aceptación y obediencia a la voluntad de Dios, una disposición que la convierte en un modelo de fe y en la madre de Dios encarnado, lo cual la sitúa en un lugar de especial reverencia. Sin embargo, en el Evangelio de

Bernabé, su importancia parece reducida al papel de madre terrenal de un profeta, sin ninguna indicación de divinidad o intercesión.

María, en este evangelio, es una figura de pureza y obediencia, pero no se le atribuyen las cualidades o los títulos que sugieran un rol sobrenatural o intermediario. Su relación con Jesús es destacada desde un punto de vista humano y respetuoso, enfatizando su papel como madre de un profeta, no de un ser divino. No existen menciones a la virginidad perpetua de María ni alusiones a su papel como "Madre de Dios," ya que esto implicaría una elevación de su estatus que entraría en conflicto con la visión estrictamente monoteísta del texto. La falta de atributos extraordinarios o de un papel intercesor en el Evangelio de Bernabé parece alinearse con la intención del autor de limitar la veneración a Dios únicamente, evitando cualquier exaltación de figuras humanas, por más respetadas que sean.

Esta representación de María también sugiere que el autor del Evangelio de Bernabé quería distanciarse de las prácticas cristianas de veneración que podrían interpretarse como devociones desviadas. La veneración mariana, común en las tradiciones católica y ortodoxa, es vista en el Evangelio de Bernabé como una práctica innecesaria y potencialmente problemática. En esta obra, cualquier forma de devoción o reverencia que no esté dirigida exclusivamente a Dios es descartada. Este enfoque es congruente con el mensaje central de sumisión total a un Dios único y la evitación de cualquier figura que pudiera interpretarse como digna de adoración o intermediación espiritual.

La visión del Espíritu Santo en el Evangelio de Bernabé es igualmente distintiva. En el cristianismo ortodoxo, el Espíritu Santo es considerado la tercera persona de la Trinidad, un miembro de la unidad divina junto al Padre y el Hijo. Se le reconoce como el inspirador de los profetas, el consolador de los creyentes y el poder de Dios que actúa en el mundo, obrando milagros y guiando a los seguidores de Cristo. Sin embargo, en el Evangelio de Bernabé, el Espíritu Santo no tiene un papel claramente definido ni se le atribuye ninguna naturaleza divina. Su función es mencionada en algunas ocasiones, pero siempre de forma subordinada, lo cual sugiere que el texto intenta reducir cualquier idea de su divinidad para reforzar la idea de un monoteísmo absoluto.

En este evangelio, el Espíritu Santo parece ser descrito más como una fuerza o un espíritu de inspiración que como una persona divina. La relación entre Jesús y el Espíritu Santo, aunque aludida, no implica ningún tipo de unidad en esencia o en divinidad. El Espíritu Santo es presentado como un medio por el cual Dios comunica su voluntad o capacita a sus profetas para cumplir su misión, sin ningún indicio de una conexión más profunda con la naturaleza divina. Este tratamiento del Espíritu Santo refleja nuevamente la intención de este evangelio de alejarse de la concepción trinitaria de Dios y de afirmar, en su lugar, una interpretación en la que Dios es uno, indivisible y sin partes o "personas" coexistentes.

La función del Espíritu Santo como guía y consolador, tan fundamental en el Nuevo Testamento, es apenas explorada en el Evangelio de Bernabé. En la tradición cristiana, el Espíritu Santo es quien inspira a los apóstoles, les da fuerza y dirección, y es el mismo espíritu que anima a la iglesia y a cada creyente. En el Evangelio de Bernabé, esta función de consuelo y de inspiración parece ser reemplazada por la obediencia directa a Dios y la sumisión a su voluntad, sin la necesidad de una intervención espiritual. Jesús, en este texto, no se presenta como alguien que promete la venida del Espíritu Santo para sostener a sus seguidores después de su partida, como lo hace en el evangelio de Juan. Más bien, se enfatiza en el deber de los discípulos de vivir conforme a las enseñanzas y de mantenerse fieles a la ley sin necesidad de una presencia espiritual divina que los guíe.

La representación del Espíritu Santo en este evangelio también está en línea con una visión profética más que con una visión teológica. Así como los profetas de Israel actuaban bajo la inspiración de Dios, sin ser divinos ellos mismos, en el Evangelio de Bernabé, el Espíritu Santo es simplemente una manifestación del poder de Dios, que actúa para cumplir sus propósitos y para guiar a los profetas, pero sin un carácter personal o divino. Esto refleja un concepto que es coherente con la visión islámica del Espíritu como el "Ruh" de Dios, una fuerza que es enviada para realizar acciones específicas y para comunicar la revelación, pero que no posee una identidad divina propia.

Al eliminar cualquier noción de divinidad tanto en María como en el Espíritu Santo, el Evangelio de Bernabé refuerza su interpretación estricta del monoteísmo. En este texto, Dios es el único digno de devoción, adoración y reverencia, y cualquier figura que pudiera distraer de esta adoración exclusiva es presentada en términos de respeto, pero sin atributos que permitan su elevación a un estatus especial. La subordinación de María y del Espíritu Santo se convierte así en un elemento clave de la teología de este evangelio, que busca centrar la fe en la pureza y en la unidad de Dios, rechazando cualquier posibilidad de veneración compartida.

La eliminación de la función intercesora de María también tiene un impacto profundo en el mensaje del Evangelio de Bernabé. En el cristianismo, María es vista como una mediadora, alguien que, por su cercanía a Jesús, puede interceder por los creyentes y actuar como una madre espiritual. Este papel es particularmente significativo en la tradición católica, donde María es venerada y donde su intercesión es buscada por millones de fieles. Sin embargo, en el Evangelio de Bernabé, cualquier forma de intermediación entre el creyente y Dios es rechazada. María no actúa como intercesora ni posee una autoridad espiritual especial; su rol es estrictamente el de madre y discípula, una mujer respetable y virtuosa, pero no alguien a quien se recurra en busca de favores o de ayuda espiritual.

La visión que el Evangelio de Bernabé presenta del Espíritu Santo y de María forma parte de un enfoque teológico que minimiza la complejidad de la figura divina y evita cualquier elemento que pueda ser visto como una dualidad o una veneración compartida. La intención parece ser la de dirigir la fe hacia un monoteísmo puro, en el que Dios es el único objeto de devoción y toda intermediación, tanto humana como espiritual, es excluida. Esto refleja un mensaje que no solo desafía la teología cristiana tradicional, sino que también reafirma el carácter monoteísta estricto que es común en la doctrina islámica, donde Dios es uno, sin asociados, sin familia y sin personas coexistentes en una divinidad compartida.

En conclusión, el Evangelio de Bernabé presenta a María y al Espíritu Santo de una manera que elimina cualquier atributo de divinidad o de intermediación espiritual, consolidando su mensaje de adoración exclusiva a un Dios único. Este evangelio redefine la relación entre el hombre y lo divino en términos de una sumisión directa, sin figuras que actúen como intercesores o que puedan ser objeto de reverencia más allá de un respeto básico. La figura de Dios en este evangelio es suprema, y cualquier elemento que pudiera sugerir una devoción compartida o una naturaleza divina fragmentada es rechazado, creando una visión de la fe en la que el monoteísmo absoluto es la única forma válida de adoración.

Capítulo 11
Tradiciones Judías

El Evangelio de Bernabé está profundamente marcado por una serie de tradiciones judías que se entrelazan en su narrativa, integrándose a las enseñanzas y mensajes de Jesús. Estas tradiciones no solo aportan una ambientación particular al texto, sino que también establecen un vínculo entre el mensaje cristiano y la herencia religiosa de Israel. Este evangelio, aunque apócrifo y con elementos que lo diferencian notablemente de los evangelios canónicos, recurre a las costumbres, prácticas y creencias judías, lo que sugiere la intención de su autor de ubicar a Jesús dentro de un contexto religioso basado en la ley y en las profecías del Antiguo Testamento. La exploración de estas tradiciones en el Evangelio de Bernabé proporciona una perspectiva singular sobre la relación entre el judaísmo y el cristianismo en sus primeros siglos.

La observancia de la ley mosaica es uno de los puntos más resaltados en el Evangelio de Bernabé. Jesús, como lo muestra este texto, actúa en completa concordancia con las enseñanzas y prácticas judías, y en ningún momento se le presenta como alguien que se aparte de la ley o que predique su abolición. De hecho, Jesús exhorta a sus discípulos a cumplir con los mandamientos de Moisés y destaca la importancia de la observancia religiosa, haciendo especial énfasis en la pureza, la obediencia y la reverencia hacia las normas establecidas por Dios a través de los profetas. Este énfasis en la ley es notablemente distinto a la interpretación cristiana que aparece en los escritos de Pablo, donde la gracia y la fe superan la necesidad de cumplir la ley en términos estrictos. En el Evangelio de Bernabé, la ley mosaica se mantiene como el estándar divino de conducta, un principio inalterable y eterno que no está sujeto a reinterpretaciones o reformas.

El texto también incorpora referencias a diversas prácticas y costumbres judías, tales como el ayuno, las oraciones diarias, las festividades y la observancia del Sabbat. Estos aspectos no se presentan como símbolos de una antigua alianza a punto de ser transformada, sino como elementos esenciales de la fe y la devoción. En las enseñanzas de Jesús, el Sabbat, por ejemplo, es tratado con profundo respeto, y la ruptura de su observancia se muestra como una transgresión grave, lo cual está en sintonía con el pensamiento judío ortodoxo de la época. Este énfasis en el cumplimiento del Sabbat contrasta con el enfoque en los evangelios canónicos, en los que Jesús realiza ciertas acciones en este día para mostrar que la compasión y la curación pueden sobrepasar la rigidez de la ley sabática. Sin embargo, en el Evangelio de Bernabé, el respeto por el Sabbat y por cada precepto mosaico es una expresión de obediencia que se debe observar con absoluta devoción.

La alusión a la circuncisión es otro aspecto relevante de las tradiciones judías que el Evangelio de Bernabé sostiene. A diferencia de la posición cristiana que más adelante, bajo la influencia de Pablo, excluye la circuncisión como un requisito para los gentiles, en este texto la circuncisión se representa como un símbolo eterno de la alianza entre Dios y su pueblo. Jesús, en el Evangelio de Bernabé, no cuestiona esta práctica ni su necesidad; al contrario, la reafirma como un acto de compromiso espiritual y como una señal de identidad que los creyentes deben mantener en fidelidad a la tradición. Este detalle subraya la idea de que el mensaje de Jesús en este evangelio está firmemente enraizado en la cultura y en las costumbres del pueblo de Israel, y que sus seguidores deben adherirse a estas normas como un testimonio de su devoción a Dios.

Las referencias a las escrituras judías también son abundantes y, en algunos casos, se utilizan para legitimar la misión profética de Jesús. En el Evangelio de Bernabé, se hace alusión a los profetas del Antiguo Testamento de manera que sus palabras y visiones parecieran anunciar no solo la venida de Jesús, sino también la de un último profeta que cerraría el ciclo de la revelación divina. Las figuras de Moisés, Elías y otros profetas se mencionan con respeto y en su rol de precursores de la misión de Jesús. Este aspecto conecta el evangelio con la idea de una continuidad en la que Jesús no inaugura una nueva religión, sino que reafirma y complementa el mensaje profético anterior. Este enfoque en la continuidad y en la preservación de la tradición judía también resalta la intención del autor de distanciarse de una visión de ruptura o de reinterpretación radical.

Además de la ley y las costumbres, el Evangelio de Bernabé incorpora el uso de referencias a elementos simbólicos que están presentes en la tradición judía. Los conceptos de "pueblo elegido", "pureza" y "redención" son abordados dentro de un marco que respeta la tradición judía y que parece diseñar una teología en la cual Jesús llama a Israel a cumplir con el plan divino y a mantenerse en el camino de los profetas. El sentido de pertenencia a una comunidad que observa normas específicas y de vivir como un pueblo en alianza con Dios es un tema central en las enseñanzas de Jesús en este evangelio. Para los lectores de la época, este mensaje les habría recordado la identidad del pueblo judío y la importancia de conservar sus prácticas como un testimonio de fidelidad.

Este respeto y fidelidad hacia las tradiciones judías en el Evangelio de Bernabé se ve también en la concepción de Jesús como un profeta que no busca crear una nueva doctrina o cambiar los fundamentos de la religión judía. En lugar de ello, su misión, según este evangelio, parece consistir en llamar a los judíos a una mayor pureza y a un retorno a los principios originales de la ley. No se menciona ningún tipo de enseñanza que sugiera una apertura hacia los gentiles o un cambio en la ley para adaptarse a otras culturas, sino que el mensaje es de obediencia estricta a la ley tal como fue dada por Dios a Moisés. Este enfoque rígido y sin concesiones hacia las tradiciones y la ley sitúa al Evangelio de

Bernabé en una posición única, pues, al contrario de los escritos de Pablo, no busca extender el mensaje más allá de los límites del pueblo de Israel.

Sin embargo, dentro de esta adhesión a las tradiciones, el Evangelio de Bernabé introduce también un elemento innovador: la anticipación de un último profeta que será enviado por Dios para completar la revelación. Esta figura se describe con un lenguaje y una posición que parece alinearse con la visión islámica de la profecía de Muhammad. El texto no se aleja de las tradiciones judías al presentar a Jesús en un rol profético, pero al mismo tiempo abre la puerta a la idea de una culminación de la misión divina en un profeta que aún no ha llegado en el tiempo de Jesús. Esta expectativa de un futuro profeta es un concepto que, aunque poco común en la tradición judía, podría interpretarse como un intento del autor de fusionar la esperanza mesiánica judía con la visión islámica de la profecía. Así, el Evangelio de Bernabé refuerza su vínculo con el judaísmo mientras alude a una figura que encajaría en el islam, logrando una narrativa que se mueve entre ambas tradiciones.

El Evangelio de Bernabé, en su utilización de las tradiciones judías, logra mantener una conexión cultural y religiosa que subraya el monoteísmo, la ley y la profecía. La forma en que presenta a Jesús y a sus enseñanzas está destinada a reflejar una continuidad de la fe de Israel, un compromiso con la identidad judía y una lealtad a las escrituras que sostienen a este pueblo. La relación de Jesús con estas tradiciones no es la de un reformador que viene a transformar, sino la de un guardián de los valores y principios establecidos en el Antiguo Testamento. Este enfoque convierte al Evangelio de Bernabé en una obra que, aunque no acepta completamente el judaísmo rabínico ni el cristianismo paulino, se esfuerza por mostrar un Jesús que actúa y enseña desde una perspectiva estrictamente judía, reafirmando los preceptos fundamentales de su cultura y religión.

La integración de las tradiciones judías en el Evangelio de Bernabé no solo refuerza la narrativa de obediencia a la ley, sino que también le confiere una autenticidad cultural que conecta la figura de Jesús con su contexto histórico. En una época en la que la fe estaba moldeándose en diversas direcciones, el autor parece decidido a anclar la identidad de Jesús en el suelo firme de las prácticas y creencias del judaísmo, sin dejar espacio para una reinterpretación o una visión que invite a la ruptura. La identidad judía de Jesús y el apego a las leyes y profecías no solo consolidan la integridad cultural y religiosa del texto, sino que también fortalecen su mensaje: que la fe y la salvación se logran mediante la obediencia a Dios, quien ha establecido un camino claro a través de la ley y los profetas de Israel.

Capítulo 12
Relato de la Crucifixión

El relato de la crucifixión en el Evangelio de Bernabé se aparta de manera drástica de la versión que ofrecen los evangelios canónicos. En lugar de presentar la crucifixión de Jesús como el sacrificio redentor central en la narrativa cristiana, este evangelio apócrifo niega que Jesús haya sido crucificado. El texto plantea que otra persona, quien se cree generalmente que es Judas Iscariote, fue crucificada en su lugar, mientras que Jesús fue elevado por Dios, evadiendo así la muerte en la cruz. Esta visión, que coincide más con la perspectiva islámica sobre la crucifixión, genera un cambio radical en la comprensión de la misión de Jesús y en el significado del sacrificio y la redención en la fe cristiana.

La negación de la crucifixión de Jesús en el Evangelio de Bernabé marca un punto de ruptura esencial con la teología cristiana, en la que la muerte de Jesús en la cruz es fundamental. En el Nuevo Testamento, la crucifixión es interpretada como el acto supremo de amor y redención, mediante el cual Jesús asume los pecados de la humanidad y restaura la relación entre Dios y los seres humanos. La muerte y resurrección de Jesús son el núcleo de la fe cristiana, ya que simbolizan la victoria sobre el pecado y la muerte. Sin embargo, en el Evangelio de Bernabé, este sacrificio redentor es rechazado, eliminando así la base de la teología de la expiación y proponiendo en su lugar una visión en la que Dios protege a Jesús de un destino trágico, trasladando la responsabilidad del castigo a Judas, quien habría asumido la apariencia de Jesús en el último momento.

Este relato alternativo plantea una serie de implicaciones teológicas profundas. La noción de que Jesús fue salvado de la crucifixión presenta una imagen de Dios que protege a sus profetas y evita que sufran el destino de los impíos. En este sentido, el Evangelio de Bernabé no solo elimina la idea del sacrificio redentor, sino que introduce una concepción de la justicia divina en la cual el inocente es protegido y el traidor es castigado. Judas, quien en los evangelios canónicos traiciona a Jesús, aquí es castigado al asumir su apariencia y sufrir el castigo que inicialmente estaba destinado a Jesús. Esta transferencia de identidades sugiere un tipo de justicia divina que premia la obediencia y castiga la traición, y que se presenta como una intervención directa de Dios en los eventos, asegurando que el justo no sufra una muerte indigna.

Este relato también conecta con una creencia del islam sobre Jesús (Isa, en árabe) que sostiene que no fue crucificado, sino que fue elevado al cielo por Dios, y que otra persona tomó su lugar en la cruz. La tradición islámica rechaza la crucifixión de Jesús y lo considera un profeta que fue protegido por Dios de tal desenlace. La similitud entre esta visión islámica y la versión del Evangelio de Bernabé ha llevado a algunos estudiosos a especular que el evangelio fue influido por ideas islámicas, o incluso que pudo haber sido escrito en un contexto en el cual el cristianismo y el islam interactuaban estrechamente. Sin embargo, la identidad precisa del autor y sus motivaciones siguen siendo objeto de debate, aunque esta coincidencia sugiere que el texto pudo haber sido concebido como una forma de reconciliar o armonizar las creencias islámicas y cristianas sobre Jesús.

La sustitución de Jesús por Judas en el relato de la crucifixión también transforma la percepción de la traición y la justicia. En los evangelios canónicos, la traición de Judas es presentada como un acto que, aunque condenable, cumple con el propósito divino, pues permite que se lleve a cabo la crucifixión y, por ende, la redención de la humanidad. En cambio, en el Evangelio de Bernabé, la traición de Judas es castigada de forma inmediata y severa, y el traidor sufre las consecuencias de su acto al asumir el rol de Jesús en la cruz. Este enfoque introduce una dimensión de justicia retributiva que resalta el compromiso del texto con una visión moral en la que las acciones negativas tienen consecuencias directas, y en la que la traición es un acto que lleva a un castigo ejemplar. La narrativa, en este sentido, subraya una idea de justicia divina que interviene en el mundo para rectificar las acciones humanas y restablecer el orden.

La omisión de la resurrección de Jesús es otro aspecto que distingue al Evangelio de Bernabé. En los evangelios canónicos, la resurrección es la prueba máxima de la divinidad de Jesús y de su poder sobre la muerte, una victoria que asegura a sus seguidores la promesa de vida eterna. En el Evangelio de Bernabé, al no haber crucifixión, tampoco se da la resurrección, y en su lugar, se narra que Dios eleva a Jesús directamente al cielo, lo que elimina la necesidad de un retorno físico después de la muerte. Esta ausencia de resurrección refuerza la idea de que Jesús es un profeta humano, aunque exaltado, que cumple una misión divina sin reclamar para sí un papel de redentor o salvador en el sentido cristiano. La salvación en este evangelio no depende de un sacrificio, sino de la obediencia a Dios y la adhesión a sus mandamientos, un mensaje que alinea su teología con la perspectiva monoteísta estricta.

El impacto de este relato alternativo de la crucifixión también es evidente en la forma en que redefine la fe y la salvación para los creyentes. Al eliminar la idea del sacrificio expiatorio, el Evangelio de Bernabé propone un camino de salvación basado en el cumplimiento de la ley y en la observancia de la moralidad y la virtud, tal como se expresa en las enseñanzas de Jesús a sus discípulos. La fe en este contexto no es una creencia en el sacrificio de Jesús como redentor, sino una confianza en Dios y una disposición a seguir las directrices divinas. Este enfoque moralista y basado en la obediencia no solo se distancia de la teología de la gracia cristiana, sino que también promueve una visión de la salvación que recuerda al islam, en donde los actos y la sumisión a la voluntad de Dios determinan el destino final del alma.

Este cambio en la narrativa también tiene implicaciones profundas para la interpretación de la figura de Jesús. En el Evangelio de Bernabé, Jesús no es el Cordero de Dios ni el Salvador, sino un profeta enviado a reafirmar la importancia de la ley y a llamar a las personas a una vida de pureza y rectitud. La negación de su muerte en la cruz enfatiza su rol como un guía espiritual y moral, cuyo mensaje es el de la sumisión a Dios, sin implicar sacrificios que podrían interpretarse como deidades o figuras que reclamen adoración. En este sentido, Jesús se presenta como un profeta que llama a sus seguidores a seguir los preceptos divinos, sin la necesidad de un sacrificio humano que purifique los pecados. La importancia de este enfoque en el contexto del texto es clara: Jesús, como un profeta protegido y exaltado, se convierte en un ejemplo de vida en armonía con la voluntad de Dios.

Además, la reinterpretación del destino de Judas en el Evangelio de Bernabé plantea una perspectiva sobre la traición y la justicia que difiere de la vista tradicional. Mientras que Judas es generalmente presentado como una figura que permite que se cumpla la profecía divina a pesar de su acto de traición, en este evangelio, Judas es objeto de una retribución inmediata y es castigado con la misma muerte que había planeado para Jesús. Esta narrativa ofrece una visión en la que la traición no es absorbida ni reinterpretada en un acto de redención, sino que es castigada de forma ejemplar. Este detalle no solo refuerza el carácter de justicia divina, sino que también se ajusta a una estructura en la cual Dios preserva la inocencia de Jesús y condena la maldad de Judas, recordando a los lectores que cada acto tiene consecuencias en el marco de un juicio moral riguroso.

La exclusión de la crucifixión y de la resurrección en el Evangelio de Bernabé convierte el mensaje de Jesús en uno que se enfoca más en la obediencia a Dios y en el cumplimiento de sus mandamientos que en una narrativa de redención. En esta versión, no hay un sacrificio vicario ni una muerte que expíe los pecados de la humanidad; en su lugar, la salvación depende de la relación directa del individuo con Dios y de su disposición a vivir según sus preceptos. Este énfasis en la ley y en la moralidad refuerza la visión de un Dios que se involucra directamente en el destino de sus profetas y que asegura su protección, mientras que el mensaje de Jesús se presenta como uno que continúa la tradición de los profetas anteriores, sin necesidad de fundar una nueva alianza mediante la sangre o el sacrificio.

En resumen, el relato de la crucifixión en el Evangelio de Bernabé presenta una visión profundamente distinta a la que ofrece el cristianismo ortodoxo. Al negar la crucifixión de Jesús, el texto propone una narrativa que elimina la redención a través del sacrificio y la resurrección, y que en su lugar destaca la justicia de Dios, la protección a los justos y el castigo a los malvados. Esta reinterpretación no solo transforma la misión de Jesús, sino que también redefine los conceptos de fe y salvación, promoviendo un camino de obediencia y moralidad en lugar de uno de redención y gracia.

Capítulo 13
Análisis de la Resurrección

En el Evangelio de Bernabé, la resurrección de Jesús, elemento central en la doctrina cristiana, es ausente, y con ella desaparece también la noción de triunfo sobre la muerte y la promesa de redención a través de la resurrección. Esta ausencia redefine completamente la misión de Jesús y el propósito de su mensaje, alterando la relación entre Dios, la vida humana y el más allá. Al omitir la resurrección, el texto establece una narrativa en la cual Jesús, elevado directamente al cielo por Dios, no experimenta la muerte de la misma manera que la conciben los evangelios canónicos, lo cual introduce una visión de la inmortalidad y la justicia divina que rechaza el sacrificio físico en favor de un vínculo puro e inquebrantable entre el ser humano y Dios.

Para comprender la omisión de la resurrección, es esencial explorar primero su rol en los evangelios canónicos y en el cristianismo primitivo. La resurrección de Jesús representa, en los textos canónicos, la culminación de su misión y la confirmación de su divinidad. Es a través de su resurrección que Jesús demuestra su poder sobre la muerte, brindando una promesa de vida eterna a sus seguidores. La resurrección no solo confirma la naturaleza divina de Jesús, sino que además funciona como un acto de redención que permite a los creyentes participar en la victoria sobre el pecado y la muerte. Para el cristianismo, este evento es la base de la esperanza cristiana, en la que la vida eterna y la resurrección de los muertos forman parte del destino final de todos los fieles.

En contraste, el Evangelio de Bernabé, al omitir la resurrección de Jesús, ofrece una perspectiva en la que no hay necesidad de un triunfo sobre la muerte a través de un sacrificio divino. En este evangelio, Dios eleva a Jesús al cielo sin que pase por la experiencia de la muerte y la resurrección, preservando así su integridad como profeta y reafirmando su papel de guía y mensajero sin asociarlo a un acto redentor. Esta elevación directa elimina la posibilidad de un vínculo de redención a través de la sangre y cambia el enfoque hacia una relación de obediencia y sumisión a Dios, sin el intermediario de un sacrificio expiatorio. En esta perspectiva, el mensaje de Jesús no se centra en vencer a la muerte, sino en vivir conforme a los preceptos de Dios y en aceptar la justicia divina tal como se manifiesta en cada acto de la vida.

La ausencia de la resurrección en el Evangelio de Bernabé también cambia la interpretación de la muerte y la inmortalidad en este texto. Al presentar a Jesús como alguien que es protegido de la muerte y que es llevado directamente al cielo, el evangelio propone una visión en la que la muerte no tiene un poder real sobre los justos. Esta visión se alinea más con el concepto de una vida eterna obtenida a través de la obediencia que con una resurrección física, y sugiere que el destino de los creyentes fieles es el de ser recompensados directamente en la presencia de Dios, sin la necesidad de un sacrificio redentor que medie en el proceso. En este sentido, el Evangelio de Bernabé parece proponer una espiritualidad centrada en la justicia divina, en la que la muerte no es un obstáculo para quienes siguen los mandamientos de Dios.

La omisión de la resurrección también transforma el concepto de salvación en el Evangelio de Bernabé. En la tradición cristiana, la salvación está estrechamente ligada al sacrificio de Jesús y a su resurrección; es a través de su muerte y resurrección que los pecados son perdonados y que los creyentes reciben la promesa de la vida eterna. En el Evangelio de Bernabé, sin embargo, la salvación no depende de la resurrección ni de un sacrificio expiatorio, sino del seguimiento de la ley y de la obediencia a Dios. Esta visión resuena con las ideas de justicia y recompensa que se encuentran en las tradiciones judía e islámica, en las que el cumplimiento de los mandamientos y la sumisión a la voluntad de Dios determinan el destino de cada alma. Aquí, la salvación es el resultado de una vida vivida en conformidad con la ley divina, y no de la fe en un acto de redención a través de la resurrección.

El hecho de que Jesús no sea descrito como resucitado sino como elevado directamente al cielo establece un paralelismo con la creencia islámica sobre Jesús (Isa), quien, según el Corán, no murió en la cruz, sino que fue ascendido por Dios antes de experimentar la muerte. Esta interpretación islámica, que rechaza tanto la crucifixión como la resurrección, se refleja en el Evangelio de Bernabé y refuerza la idea de que Jesús es uno de los profetas, no un ser divino. Este paralelismo sugiere que el evangelio pudo haber sido influido o concebido en un entorno donde el cristianismo y el islam interactuaban, proponiendo una versión de la misión de Jesús que es coherente con una teología monoteísta estricta en la cual Dios es único y no se requiere de sacrificios humanos para obtener el perdón divino.

En ausencia de la resurrección, la visión del juicio final y de la vida después de la muerte en el Evangelio de Bernabé se define como un momento de justicia en el que cada individuo es recompensado o castigado según sus actos, en lugar de un evento que sigue un sacrificio redentor universal. En este contexto, la redención no es un derecho adquirido a través de la fe en la resurrección de Jesús, sino una consecuencia del cumplimiento de la voluntad de Dios y de la vida recta. En el día del juicio, los fieles serán recompensados con la vida eterna por su obediencia, mientras que aquellos que han desobedecido enfrentarán el castigo. Esta visión de la justicia divina es consistente con la imagen de Dios como juez supremo en el Evangelio de Bernabé, una deidad que recompensa y castiga de acuerdo con las obras y la sinceridad de cada individuo.

Otro aspecto significativo en la ausencia de la resurrección es el impacto en la figura de Jesús y su rol como maestro y profeta. Al no ser presentado como el "Cristo resucitado", Jesús en el Evangelio de Bernabé se convierte en un modelo de virtud y de enseñanza moral, cuya vida y misión sirven para guiar a los creyentes hacia una relación directa con Dios. Su propósito no es ofrecer un sacrificio expiatorio, sino enseñar la obediencia a los mandamientos y la sumisión a la voluntad divina. Este enfoque permite una reinterpretación de Jesús como un ejemplo de virtud humana, más cercano a los profetas de la tradición judía que al Salvador de la fe cristiana. Su elevación sin pasar por la muerte también refuerza su estatus como un ser humano especial, pero sin la divinidad que le confieren los evangelios canónicos.

La eliminación de la resurrección en el Evangelio de Bernabé también transforma la relación de los seguidores de Jesús con la vida después de la muerte. Sin la promesa de una resurrección en el modelo de la de Jesús, la esperanza de la vida eterna en este texto se basa en la rectitud y en el juicio divino. No hay una garantía de redención universal a través de un acto sacrificial, sino una evaluación de cada alma en función de sus actos y su fe. Esto crea una teología donde la inmortalidad no se obtiene por fe en la resurrección, sino por la dedicación a vivir según los principios divinos. Esta perspectiva refuerza el mensaje de un Dios justo y de una fe que debe probarse a través de la acción.

La eliminación de la resurrección redefine, finalmente, la estructura de la fe en el Evangelio de Bernabé. Este texto sugiere una relación con Dios basada en la obediencia y en una vida de justicia moral. La resurrección como símbolo de victoria sobre la muerte se reemplaza por la imagen de un Dios que eleva a sus profetas sin necesidad de pasar por la muerte, preservando así la pureza y la integridad de sus mensajeros. Para el creyente, la fe se centra en la aceptación de la voluntad divina y en la confianza en que Dios premiará la virtud sin la intervención de un mediador sacrificial. En este sentido, el Evangelio de Bernabé propone una espiritualidad de justicia y cumplimiento de la ley, en la que la relación con Dios se construye sobre la base de la obediencia y el mérito moral.

En conclusión, el análisis de la resurrección en el Evangelio de Bernabé revela una perspectiva única y desafiante, que rechaza el sacrificio redentor y la promesa de una resurrección universal, y que en su lugar ofrece una visión de la fe y la salvación en la que cada individuo es responsable de su propio destino ante Dios. La misión de Jesús se convierte en un llamado a la pureza y a la obediencia, mientras que la justicia divina es la fuerza que define el destino de cada alma en el más allá.

Capítulo 14
Profecías sobre el Profeta

El Evangelio de Bernabé contiene una serie de referencias que parecen anunciar la llegada de un profeta posterior a Jesús, lo que introduce una capa de complejidad y de polémica a su interpretación. En varios pasajes, Jesús alude a un mensajero futuro, descrito en términos que algunos estudiosos consideran alusiones al profeta Muhammad, el fundador del islam. Estas profecías, tal como se presentan en este evangelio, sugieren que la misión de Jesús no sería la culminación de la revelación divina, sino un eslabón en una cadena de profetas destinada a completarse en un futuro. Esta característica distintiva del texto ha suscitado intensos debates y cuestionamientos sobre su autenticidad y propósito, así como sobre la posible influencia islámica en su redacción.

En el Evangelio de Bernabé, las referencias a este profeta que vendrá tras Jesús son claras y recurrentes. En algunos pasajes, Jesús utiliza descripciones que parecen prefigurar a alguien cuya misión será llevar la revelación definitiva y quien, a su vez, consolidará el mensaje de todos los profetas anteriores. Los términos y características con los que se presenta a este profeta futuro incluyen la mención de su grandeza, su cercanía a Dios y su papel en la guía de la humanidad hacia el cumplimiento de la ley divina. Este mensajero es descrito con una importancia que excede a la de cualquier profeta anterior y que, según algunos interpretan, alude específicamente a Muhammad, el profeta en quien los musulmanes creen que se completa la revelación divina a la humanidad.

La interpretación de estas profecías como alusiones a Muhammad ha llevado a algunos estudiosos a considerar que el Evangelio de Bernabé pudo haber sido influido por tradiciones islámicas o, incluso, que fue redactado en un contexto de diálogo o de confrontación entre cristianismo e islam. En el Corán, Jesús es visto como un profeta importante que anuncia la llegada de Muhammad, y la creencia en esta continuidad profética es un pilar fundamental en el islam. Así, la coincidencia entre el Evangelio de Bernabé y las creencias islámicas sobre Jesús y Muhammad refuerza la hipótesis de que el texto podría haber sido compuesto en un entorno en el cual las ideas islámicas influían en la narrativa cristiana, o incluso que fue escrito por un autor que buscaba reconciliar ambas tradiciones mediante la introducción de un mensaje común.

La estructura de estas profecías en el Evangelio de Bernabé, además, no es accidental. Los pasajes donde Jesús menciona al profeta venidero no se limitan a un mero anuncio, sino que forman parte de una narrativa en la que Jesús recalca la importancia de su misión como preparación para la llegada de este profeta. En algunas de estas menciones, Jesús expresa humildad, refiriéndose a sí mismo como alguien cuya función es secundaria en comparación con la del profeta futuro. Este enfoque no solo redefine el propósito de la misión de Jesús, sino que también establece una jerarquía en la cual él, como profeta, anticipa y prepara el terreno para una revelación mayor. Esta visión es radicalmente distinta de la cristiana tradicional, en la cual Jesús es el Salvador y el Hijo de Dios, sin necesitar una sucesión profética.

La interpretación islámica de este evangelio se refuerza aún más por la terminología utilizada en las profecías, que, en algunos casos, recuerda expresiones y conceptos similares a los presentes en el Corán. Por ejemplo, en el Evangelio de Bernabé, el profeta venidero es presentado como alguien que guiará a la humanidad hacia la verdad completa y que completará la misión de Jesús y de los profetas anteriores. Este lenguaje de "completar" o "cerrar" la revelación tiene resonancias claras con la percepción islámica de Muhammad como el "Sello de los Profetas", un título que indica su papel como el último y definitivo enviado de Dios, quien trae la revelación final. Este paralelismo ha sido interpretado como un indicio de que el texto se redactó en un entorno donde las ideas islámicas sobre la profecía y el papel de Muhammad influían en el autor.

La presencia de estas profecías ha tenido un impacto considerable en la interpretación teológica del Evangelio de Bernabé, generando una amplia gama de respuestas entre cristianos y musulmanes. Para ciertos sectores islámicos, el evangelio representa una confirmación de la misión de Muhammad, un testimonio supuestamente antiguo que valida la creencia en la continuidad de los profetas culminando en el islam. En este sentido, algunos defensores islámicos del Evangelio de Bernabé ven el texto como una prueba de que la doctrina cristiana ha sufrido alteraciones y de que la verdadera enseñanza de Jesús coincide con la del islam. Por otro lado, en el ámbito cristiano, la inclusión de estas profecías ha suscitado escepticismo y rechazo, y la mayoría de los estudiosos cristianos consideran estas menciones como indicios de que el texto podría ser una falsificación posterior, diseñada con la intención de apoyar la visión islámica.

La introducción de la figura de un profeta futuro también transforma el mensaje de Jesús en el Evangelio de Bernabé. Su misión en este texto se convierte en una preparación para un mensaje más completo y definitivo que llegará después de él. Este cambio afecta la interpretación de la fe cristiana en el evangelio, ya que se presenta a Jesús como un profeta subordinado y sin la pretensión de ser el único camino hacia la salvación. En lugar de culminar la revelación divina, Jesús, según este evangelio, parece verla como una obra en progreso que él mismo inicia y que otro completará. En este marco, la salvación ya no depende únicamente de la aceptación de Jesús, sino de la obediencia continua a los profetas y a las leyes reveladas por Dios.

Este enfoque sobre la profecía también introduce una relación con la noción de continuidad profética que existe en el judaísmo y el islam, en los cuales se reconoce una cadena de profetas enviados por Dios. Sin embargo, mientras que el cristianismo establece en Jesús el final de esta línea profética y la revelación plena de Dios, el Evangelio de Bernabé parece prolongar esta cadena, sugiriendo que la misión divina no concluye con Jesús, sino que sigue abierta para un último mensajero. Esta idea de continuidad hasta un profeta definitivo tiene un eco en el concepto islámico de "umma" o comunidad de creyentes, que se mantiene unida bajo la guía de los profetas y que encuentra su forma definitiva en la comunidad del islam.

Las profecías sobre el profeta futuro también reflejan un enfoque particular sobre la revelación divina, que se presenta como un proceso gradual y acumulativo, en lugar de como una revelación completa en Jesús. En el Evangelio de Bernabé, Dios es representado como alguien que revela su mensaje en diferentes etapas y a través de distintos profetas, con el objetivo de guiar a la humanidad en su progreso moral y espiritual. Este enfoque sobre la revelación no solo contradice la visión cristiana de Jesús como la revelación final de Dios, sino que también muestra una perspectiva en la que la historia humana está orientada hacia un cumplimiento último en un futuro profeta. La revelación, entonces, es un proceso en desarrollo, donde cada profeta aporta una parte de la verdad y donde el último mensajero será el encargado de completarla.

El Evangelio de Bernabé, al incluir estas profecías sobre el profeta venidero, invita a una reflexión sobre la relación entre Jesús y las futuras figuras proféticas. La misión de Jesús, en este contexto, se presenta como parte de un esquema mayor, en el que los profetas son instrumentos de Dios que preparan a la humanidad para el conocimiento pleno de su voluntad. La idea de que Jesús anticipa la llegada de otro profeta implica un tipo de humildad y de cumplimiento de un rol específico en un plan divino más amplio, alejando la imagen de un Jesús único e irrepetible y promoviendo, en su lugar, una visión de la historia de la salvación como una serie de etapas que culminan en una revelación final.

La perspectiva del Evangelio de Bernabé sobre la profecía, entonces, no solo transforma la figura de Jesús, sino que también afecta la comprensión de la autoridad divina y de la progresión espiritual de la humanidad. Este texto invita a sus lectores a considerar la posibilidad de que Dios sigue comunicándose y revelando su voluntad de manera continua, y que cada profeta desempeña un papel temporal y específico, subordinado al mensajero final. Este enfoque, en última instancia, reafirma el mensaje de obediencia y sumisión a Dios que es central en este evangelio, subrayando la idea de que la fe no depende de una figura única, sino de la aceptación y obediencia a la voluntad divina en todas sus manifestaciones proféticas.

En conclusión, las profecías sobre el profeta venidero en el Evangelio de Bernabé representan un elemento clave en su estructura teológica y narrativa. Estas menciones sugieren la llegada de un último mensajero y marcan una diferencia fundamental con la visión cristiana, proponiendo una continuidad en la revelación que culminaría en un profeta definitivo. La referencia a este profeta futuro, interpretada por algunos como Muhammad, refuerza la posibilidad de una influencia islámica en la composición del texto y plantea una visión de la historia sagrada como un proceso progresivo que guía a la humanidad hacia la verdad final, una verdad que, según este evangelio, Jesús solo anuncia y prepara.

Capítulo 15
Perspectiva Islámica

El Evangelio de Bernabé ha despertado un particular interés en el mundo islámico debido a su presentación de Jesús, o Isa, de una manera que coincide estrechamente con la visión del islam. A lo largo de los siglos, varios pensadores y comunidades musulmanas han visto en este evangelio una suerte de confirmación de las enseñanzas coránicas y de las ideas islámicas sobre Jesús y la sucesión profética que culmina en Muhammad. La perspectiva islámica sobre el Evangelio de Bernabé se centra en su alineación con conceptos claves del islam y ha influido en la popularidad de este evangelio entre ciertos sectores islámicos, quienes lo perciben como un testimonio histórico que confirma la continuidad de la revelación divina desde Jesús hasta Muhammad.

Una de las razones por las cuales el Evangelio de Bernabé resulta atractivo para la perspectiva islámica es su rechazo explícito de la divinidad de Jesús, una creencia que se aparta radicalmente del cristianismo tradicional. En este evangelio, Jesús es presentado como un profeta y siervo de Dios, una visión que se alinea con el Corán, en el que Jesús es uno de los grandes profetas enviados por Alá, pero no comparte la naturaleza divina ni es hijo de Dios. Este concepto es fundamental en el islam, cuya doctrina del *tawhid* enfatiza la unicidad de Dios, sin posibilidad de división ni encarnación. El Evangelio de Bernabé, al reforzar esta visión de Jesús como un ser humano escogido por Dios para transmitir su mensaje, encuentra una acogida natural entre los lectores musulmanes, quienes ven en esta representación una corrección de lo que consideran una desviación en las enseñanzas cristianas.

Además, el Evangelio de Bernabé apoya la visión islámica en su tratamiento de Jesús como un precursor de Muhammad, sugiriendo que Jesús profetizó la llegada de un mensajero posterior, cuya misión sería completar la revelación divina. Esta expectativa de un profeta futuro, descrito en términos reverentes, encaja con la creencia islámica de que Muhammad es el último y definitivo profeta, el "Sello de los Profetas", en quien se cierra el ciclo de la revelación. En el Corán, Jesús también anticipa la llegada de Muhammad, y la inclusión de esta profecía en el Evangelio de Bernabé ha sido interpretada como una validación del mensaje islámico, en el que la sucesión de profetas es una cadena continua que alcanza su culminación con Muhammad. Esta coincidencia entre el evangelio y la doctrina islámica ha contribuido a su aceptación entre ciertos grupos musulmanes, quienes ven en el texto un eco de las verdades reveladas en el Corán.

El enfoque del Evangelio de Bernabé en la obediencia a la ley y en la sumisión a Dios es otro aspecto que ha resonado en la interpretación islámica del texto. En este evangelio, Jesús se presenta como un maestro de la moralidad y la rectitud, cuyos principios éticos y mandamientos están orientados hacia el cumplimiento de la voluntad divina en la vida diaria. Este énfasis en la observancia de los preceptos divinos, en lugar de en la fe en una redención a través de la muerte y resurrección de Jesús, está en consonancia con la creencia islámica de que la salvación se alcanza mediante la sumisión a Alá y el cumplimiento de sus mandamientos. En el islam, la fe implica una vida de obediencia a la ley revelada, y el Evangelio de Bernabé, con su rechazo a la noción de redención a través de la crucifixión, ofrece un mensaje similar, que resalta el rol de Jesús como profeta en lugar de Salvador.

El Evangelio de Bernabé también difiere de los evangelios canónicos en su tratamiento de temas escatológicos, los cuales se alinean en algunos aspectos con la visión islámica del juicio final.

En este evangelio, el papel de Jesús no es el de redentor universal, sino el de un profeta que llama a la humanidad a una vida justa en preparación para el día del juicio, cuando cada persona será juzgada de acuerdo a sus actos y no por la fe en un sacrificio expiatorio. Esta visión coincide con el concepto islámico de la vida como una prueba y de la muerte como el comienzo de una existencia en la que cada individuo enfrenta la justicia divina. El juicio final en el Evangelio de Bernabé, sin la intervención redentora de Jesús, refleja una perspectiva de justicia que resuena con la idea islámica de la responsabilidad individual ante Dios.

El evangelio ha sido interpretado por algunos sectores islámicos como una prueba de que el cristianismo primitivo sostenía creencias más cercanas al islam que a las doctrinas que más tarde definieron al cristianismo ortodoxo. Según esta interpretación, el Evangelio de Bernabé representa una versión de las enseñanzas de Jesús que, en algún momento, habría sido suprimida o ignorada por la iglesia cristiana. Esta teoría ha sido utilizada como un argumento en el diálogo interreligioso, en el que se sugiere que la doctrina cristiana posterior se alejó de la verdadera enseñanza de Jesús y que este evangelio podría contener los elementos originales de su mensaje, que según esta perspectiva, son más compatibles con el islam. Aunque esta teoría es rechazada por la mayoría de los estudiosos cristianos, quienes consideran el Evangelio de Bernabé como una obra medieval o apócrifa, la interpretación islámica encuentra en el texto un recurso que apoya sus enseñanzas.

El Evangelio de Bernabé también ha encontrado un espacio en la literatura apologética islámica, donde es citado como un testimonio de apoyo a la veracidad del Corán y del mensaje de Muhammad. En debates y escritos, algunos apologistas islámicos han utilizado este evangelio para mostrar que las ideas cristianas de la Trinidad y la divinidad de Jesús fueron añadidos posteriores y que, en sus orígenes, el cristianismo habría reconocido a Jesús como un profeta y no como un ser divino. Este uso del Evangelio de Bernabé como un texto de apoyo para las creencias islámicas refuerza su popularidad en ciertos contextos y ayuda a fortalecer la identidad religiosa de los grupos musulmanes que lo citan como una fuente válida en el diálogo con el cristianismo. Sin embargo, también es objeto de controversia, ya que los estudiosos cristianos y la mayoría de los académicos consideran que este evangelio no representa las enseñanzas originales de Jesús.

No obstante, dentro del islam también existen voces escépticas respecto al Evangelio de Bernabé. Algunos académicos musulmanes, conscientes de las críticas y las dudas sobre su autenticidad, consideran que el evangelio no puede ser considerado una prueba confiable del mensaje de Jesús. Estos académicos sostienen que, a pesar de las coincidencias entre el Evangelio de Bernabé y el Corán, el texto tiene elementos que sugieren un origen medieval, posiblemente influido por el contexto islámico de la época. Este escepticismo entre algunos estudiosos islámicos revela la conciencia de que el evangelio, aunque útil en ciertos debates teológicos, no debe considerarse una fuente histórica indiscutible sobre la vida y enseñanzas de Jesús. Para ellos, el Corán sigue siendo la fuente primaria y más fiable de información sobre Jesús desde la perspectiva islámica.

En el contexto del islam popular, sin embargo, el Evangelio de Bernabé ha alcanzado una relevancia particular, ya que es visto por algunos como un respaldo a la visión islámica y como una "corrección" al cristianismo. Su narrativa refuerza las enseñanzas sobre Jesús que se encuentran en el Corán y que son conocidas y aceptadas por los musulmanes de diversas comunidades. Este evangelio ha sido traducido y distribuido en varios países de mayoría musulmana, y en algunos casos, se utiliza en entornos de educación religiosa y en textos apologéticos que buscan reafirmar las creencias islámicas frente al cristianismo. La popularidad del evangelio en estos contextos refleja el deseo de encontrar puntos de convergencia con el cristianismo, pero también de afirmar la superioridad de la doctrina islámica al proponer que el mensaje de Jesús, según el Evangelio de Bernabé, coincide con el islam.

A pesar de su aceptación en ciertos sectores, la influencia del Evangelio de Bernabé en la teología islámica oficial es limitada, ya que el Corán y los hadices continúan siendo las fuentes primordiales para la doctrina islámica. El evangelio no es aceptado en el canon islámico, y aunque algunos lo consideran un texto valioso, no tiene el mismo estatus que las escrituras islámicas. Sin embargo, su utilización en el diálogo interreligioso y en debates apologéticos sigue presente y refleja la dinámica compleja entre el islam y el cristianismo, donde el Evangelio de Bernabé actúa como un puente, aunque controvertido, entre ambas tradiciones.

En conclusión, la perspectiva islámica sobre el Evangelio de Bernabé destaca su valor como un texto que aparentemente confirma la visión del Corán sobre Jesús y la continuidad profética que culmina en Muhammad. Aunque es rechazado como fuente histórica por la mayoría de los estudiosos cristianos y no se considera parte del canon islámico, el evangelio sigue siendo una herramienta en el diálogo interreligioso y un recurso simbólico en el islam popular.

Capítulo 16
Examinando el Lenguaje

El lenguaje del Evangelio de Bernabé constituye una de las claves más intrigantes para entender su origen, propósito y autenticidad. Su estudio ofrece pistas sobre el contexto en el que pudo haber sido escrito, así como las posibles influencias culturales y religiosas que podrían haber dado forma a sus ideas y su estructura narrativa. Los elementos lingüísticos del texto, como el vocabulario, las construcciones sintácticas y los arcaísmos, presentan una serie de características que sugieren una composición distinta a la de los evangelios canónicos y que abren preguntas sobre su relación con los idiomas, los dialectos y los estilos literarios de la época. El análisis minucioso del lenguaje empleado en el Evangelio de Bernabé es, por tanto, una herramienta fundamental en la investigación sobre su origen y sobre las intenciones del autor.

El Evangelio de Bernabé está disponible principalmente en dos manuscritos principales: uno en italiano y otro en español. Ambos textos presentan un lenguaje que no parece corresponder directamente al estilo del griego koiné, el idioma en el que se escribieron la mayoría de los evangelios canónicos y en el que se comunicaban los cristianos de los primeros siglos. En cambio, el estilo del Evangelio de Bernabé sugiere una composición más tardía, posiblemente en un contexto europeo medieval o renacentista, donde el italiano y el español eran idiomas de creciente influencia y en el que se daba un contexto de diálogo interreligioso. Este desajuste con el griego koiné de los textos canónicos ha llevado a muchos estudiosos a plantear la hipótesis de que el Evangelio de Bernabé no fue escrito en la época de los apóstoles, sino que podría ser una obra posterior, compuesta en un entorno cultural y religioso diferente.

El italiano del manuscrito de este evangelio es particularmente peculiar, con un estilo que mezcla arcaísmos y formas dialectales que no son propias del griego antiguo ni del latín eclesiástico, los cuales habrían sido más naturales para una obra escrita en el contexto de los primeros cristianos. El italiano empleado en el Evangelio de Bernabé muestra características que sugieren una influencia de la lengua vernácula renacentista, lo que coincide con el período en que Italia experimentaba un renacimiento cultural y literario que buscaba redescubrir y reinterpretar textos antiguos. Este uso de una lengua vernácula, en lugar de una lengua sagrada o de una lengua común en los textos religiosos antiguos, ha sido interpretado como un indicio de que el autor no pretendía alcanzar una audiencia universal, sino probablemente una audiencia localizada, familiarizada con el italiano o, en menor medida, con el español.

En el caso del manuscrito en español, el lenguaje también presenta arcaísmos y vocabulario que apuntan a una posible composición tardía, y no a una obra de la era apostólica. El estilo del español utilizado sugiere una variante castellana temprana, con expresiones y construcciones que, aunque comprensibles en el español moderno, reflejan el estilo y las formas lingüísticas que predominaban en los siglos XVI o XVII. La presencia de este lenguaje es significativa, ya que sugiere que el manuscrito fue escrito en un contexto en el que el español tenía un rol importante, probablemente en el contexto de la España renacentista o de los territorios donde la lengua castellana comenzaba a imponerse, lo cual podría indicar una conexión con la expansión cultural y religiosa de la época.

Otro aspecto interesante en el análisis lingüístico del Evangelio de Bernabé es la presencia de términos y expresiones que parecen tomadas directamente del árabe o influenciadas por ideas islámicas, lo cual ha suscitado interpretaciones sobre una posible conexión con el islam. En algunos pasajes, el lenguaje empleado muestra términos y conceptos que resultan poco comunes en la literatura cristiana tradicional, pero que resuenan con el léxico y la teología islámica, especialmente en lo que respecta a la sumisión a la voluntad divina y a la idea de un monoteísmo puro e indivisible. La presencia de estas expresiones y de un estilo que enfatiza la unicidad de Dios de una manera similar al islam ha llevado a especular que el autor del evangelio podría haber tenido conocimientos sobre el islam o que el texto podría haber sido influido por el pensamiento islámico en algún nivel. Algunos consideran que esto puede ser reflejo de un contexto en el que cristianos y musulmanes intercambiaban ideas o debatían sobre temas religiosos.

En el plano sintáctico, el Evangelio de Bernabé muestra un estilo narrativo que difiere de la prosa griega de los evangelios canónicos y que se acerca más a una narrativa medieval, con estructuras más extensas y descriptivas, un vocabulario poético y un uso particular de adjetivos que enfatizan el carácter moral y ético de los personajes. Este estilo recuerda más al de las crónicas medievales y renacentistas, con un enfoque en la moralidad y en la lección espiritual, que al estilo simple y directo de los evangelios canónicos. Este detalle podría indicar que el autor buscaba no solo informar, sino también persuadir a sus lectores a través de un lenguaje que transmitiera autoridad y resonara con el público de su época, más familiarizado con los sermones y la literatura moralizante.

La estructura narrativa del evangelio también sugiere que el autor emplea un estilo literario influenciado por la literatura de predicación o por la literatura sapiencial, géneros literarios que se usaban en el mundo medieval para la enseñanza moral y religiosa. En lugar de presentar a Jesús de una manera cruda y directa, el autor utiliza un lenguaje que busca inspirar temor reverencial y obediencia a Dios. Las descripciones son ricas en adjetivos y se emplean hipérboles y expresiones extremas para resaltar la grandeza de Dios y la humildad de Jesús, lo que indica un estilo literario dirigido a un público que se esperaba estuviera familiarizado con el discurso religioso formal. Este estilo de enseñanza moral refuerza la intención del texto de transmitir una serie de valores éticos y doctrinales que se presentan de manera instructiva y no simplemente narrativa.

Además, el Evangelio de Bernabé contiene referencias a prácticas y creencias religiosas que no eran comunes en el contexto judeocristiano del siglo I, como la abstención de ciertos alimentos y un énfasis en la ley y la sumisión que recuerdan más las prácticas islámicas que las cristianas primitivas. Estos elementos lingüísticos y culturales apuntan a la posibilidad de que el autor estuviera escribiendo en una época posterior, en la cual estas ideas ya estaban en circulación. Asimismo, el uso de ciertos términos específicos para referirse a Dios y a los mandamientos refuerza la teoría de que el texto fue compuesto en un contexto en el que el islam ya ejercía influencia, lo que podría explicar algunas de las elecciones lingüísticas y conceptuales del autor.

La comparación de las variantes lingüísticas entre los manuscritos en italiano y en español también sugiere que el texto pudo haber pasado por un proceso de adaptación o traducción que podría haber afectado su estilo y su fidelidad a la posible versión original, en caso de que hubiera existido. Algunos estudiosos consideran que el manuscrito en italiano es la versión original y que el español sería una traducción adaptada, lo cual explicaría algunas diferencias y variaciones en términos y expresiones. Sin embargo, la calidad de ambos manuscritos y su similitud en cuanto a estilo y estructura indican que ambos pudieron haber sido concebidos en un contexto europeo, sin una versión más antigua en griego o en arameo. La ausencia de un manuscrito en uno de estos idiomas originales del cristianismo primitivo ha reforzado la teoría de que el Evangelio de Bernabé es una obra tardía y probablemente destinada a un público específico.

En conclusión, el análisis lingüístico del Evangelio de Bernabé revela una serie de elementos que sugieren una composición tardía, influida por el italiano y el español medieval o renacentista, y posiblemente con algún grado de influencia islámica en sus conceptos y expresiones. La elección del lenguaje y del estilo narrativo se aleja significativamente de los evangelios canónicos, y el texto parece haber sido redactado en un contexto en el cual las lenguas vernáculas y las ideas islámicas podrían haber tenido un impacto en su contenido y forma. Aunque las evidencias lingüísticas no ofrecen una respuesta definitiva sobre su autenticidad, sugieren que el Evangelio de Bernabé es producto de una época posterior a la de los apóstoles y que su autor pudo haber intentado crear una obra que, a través de un lenguaje accesible y un enfoque en la moral y la obediencia, presentara una versión de Jesús y su mensaje acorde con un monoteísmo absoluto y con un marco cultural distinto al de los evangelios cristianos.

Capítulo 17
Manuscritos Existentes

El Evangelio de Bernabé, a diferencia de los evangelios canónicos, solo se ha conservado en dos manuscritos principales, uno en italiano y otro en español, sin que hasta la fecha se hayan encontrado copias en los idiomas originales del cristianismo primitivo, como el griego o el arameo. La existencia de estos manuscritos en lenguas vernáculas europeas ha generado numerosas preguntas y especulaciones sobre el origen y la autenticidad del texto. El estudio de estos manuscritos proporciona una visión de las condiciones históricas y culturales en las que pudo haber surgido el evangelio y ofrece pistas sobre su propósito, su posible autoría y las razones por las cuales no fue incluido en el canon cristiano.

El manuscrito italiano, el más antiguo de los dos, fue descubierto en el siglo XVIII en la Biblioteca Nacional de Viena. Su lenguaje y estilo apuntan a una época de composición entre los siglos XVI y XVII, aunque su origen exacto sigue siendo incierto. Es un texto extenso, escrito en un italiano arcaico que muestra influencias de los dialectos de la época y que, a diferencia de los evangelios canónicos, incluye detalles y episodios que parecen haber sido diseñados para un público europeo. Algunos estudiosos consideran que este manuscrito podría haber sido el primero en redactarse y que, de él, se derivó el manuscrito en español. Sin embargo, la ausencia de versiones anteriores en griego, hebreo o latín refuerza la teoría de que el Evangelio de Bernabé no fue un texto del cristianismo primitivo, sino una obra posterior que reflejaba las inquietudes teológicas y culturales de la Europa renacentista.

El manuscrito en español, por su parte, fue encontrado en el siglo XX y actualmente se encuentra en la Universidad de Sydney, en Australia. Su estilo y vocabulario reflejan características del castellano del Siglo de Oro, con arcaísmos y giros idiomáticos propios de la época. Aunque su contenido es similar al del manuscrito italiano, existen algunas diferencias sutiles en la redacción y en ciertos términos, lo que sugiere que podría tratarse de una traducción o de una versión adaptada para lectores de habla hispana. Este manuscrito en español ha sido objeto de investigaciones lingüísticas que han confirmado su datación en el período renacentista, y su aparición tardía en la historia ha añadido complejidad al debate sobre la autenticidad del texto, ya que no existen referencias a este evangelio en fuentes anteriores al siglo XVI.

Ambos manuscritos comparten ciertas características estilísticas y temáticas que los distinguen de los evangelios canónicos y de otros textos apócrifos conocidos. El lenguaje en ambos es más florido y moralizante, y el enfoque doctrinal muestra una perspectiva monoteísta estricta que se asemeja a los principios islámicos. En los dos manuscritos, Jesús es descrito como un profeta subordinado a Dios, y se hace referencia a la llegada de un profeta posterior, lo que ha llevado a algunos estudiosos a plantear la posibilidad de que el Evangelio de Bernabé pudiera haber sido redactado con la intención de armonizar ciertas creencias islámicas con la figura de Jesús. Esta idea ha sido reforzada por la presencia de ciertos términos y conceptos que resuenan con la teología islámica y que no aparecen en los textos cristianos de los primeros siglos.

El estudio de estos manuscritos también ha revelado una serie de elementos que sugieren que el autor del Evangelio de Bernabé pudo haber estado influido por el contexto de la Europa renacentista, un período caracterizado por el contacto con el islam y por un interés renovado en el debate interreligioso. Durante los siglos XVI y XVII, las relaciones entre cristianos y musulmanes eran complejas y variadas, marcadas por conflictos y, al mismo tiempo, por el intercambio intelectual y cultural en las zonas fronterizas y en las ciudades comerciales del Mediterráneo. Este ambiente podría haber propiciado la creación de un texto como el Evangelio de Bernabé, que presentara una versión de Jesús que atrajera a ambos grupos, al ofrecer una figura que se ajustara a los ideales de un profeta puro y sometido completamente a la voluntad divina, sin asumir un rol divino.

Otra característica significativa de los manuscritos es la falta de menciones a figuras o sucesos históricos que permitan situar el texto en el contexto del cristianismo primitivo. En contraste con los evangelios canónicos, que incluyen referencias geográficas y culturales específicas, el Evangelio de Bernabé utiliza un lenguaje más genérico y carece de detalles que lo vinculen directamente con el entorno judeo-cristiano del siglo I. Esta ausencia de elementos históricos concretos ha sido interpretada por algunos críticos como un indicio de que el autor del evangelio no tenía un conocimiento profundo del contexto en el que vivieron Jesús y sus seguidores, lo cual reforzaría la teoría de que el texto fue compuesto mucho tiempo después, posiblemente por alguien más familiarizado con la Europa renacentista que con la Palestina del siglo I.

La falta de manuscritos en griego o latín plantea también la cuestión de la transmisión del texto. A diferencia de otros evangelios apócrifos, que han sido encontrados en múltiples versiones o fragmentos y en diversos idiomas, el Evangelio de Bernabé no muestra evidencia de una tradición de copia y transmisión a lo largo de los siglos. Esta ausencia sugiere que el texto no fue ampliamente conocido ni utilizado por las primeras comunidades cristianas, ni siquiera por las sectas más marginales. En cambio, parece haber sido un texto que apareció de forma aislada en los siglos modernos, sin antecedentes que respalden una antigüedad significativa. La inexistencia de citas o referencias al Evangelio de Bernabé en escritos antiguos también refuerza esta hipótesis y pone en duda la autenticidad de su origen apostólico.

Sin embargo, el análisis de los manuscritos ha revelado que, aunque ambos presentan muchas similitudes, el manuscrito italiano contiene algunos pasajes y expresiones que no están presentes en el español, lo cual podría ser resultado de la adaptación o traducción, o bien de la intervención de diferentes copistas que modificaron el texto con el tiempo. Este tipo de variantes es común en los textos religiosos antiguos, pero en el caso del Evangelio de Bernabé, estas diferencias son más sutiles y no afectan sustancialmente el mensaje teológico central del texto. La consistencia entre ambos manuscritos sugiere que su contenido principal fue preservado sin grandes alteraciones, aunque las pequeñas diferencias lingüísticas indican que los manuscritos podrían haber sido producidos para audiencias específicas, adaptando ciertos términos o construcciones al gusto de los lectores en italiano o en español.

Por otro lado, algunos defensores del Evangelio de Bernabé han argumentado que la ausencia de copias antiguas podría explicarse por la censura eclesiástica, sosteniendo que la iglesia habría suprimido el texto debido a su mensaje divergente y a sus enseñanzas contrarias a la doctrina cristiana ortodoxa. Sin embargo, esta teoría enfrenta dificultades, ya que no existen pruebas documentales que sugieran un intento sistemático de eliminar el Evangelio de Bernabé. Además, las iglesias de los primeros siglos ya reconocían y rechazaban numerosos textos apócrifos sin que ello impidiera que algunos de estos textos sobrevivieran. La falta de copias en diferentes idiomas y la ausencia de citas o menciones en la literatura cristiana primitiva son factores que apuntan más hacia la posibilidad de que el Evangelio de Bernabé no existiera en esa época.

La influencia lingüística, cultural y religiosa que se refleja en estos manuscritos sugiere que el autor del Evangelio de Bernabé pudo haber buscado construir un relato que, aunque basado en la figura de Jesús, ofreciera una perspectiva que atrajera a una audiencia específica y que, en lugar de confrontar abiertamente las doctrinas cristianas, se centrara en una narrativa alternativa. La elección de un italiano y un español arcaicos indica que este evangelio podría haber sido concebido en una época y un lugar donde los intercambios entre cristianos y musulmanes eran frecuentes y donde había un interés por debatir la figura de Jesús en términos aceptables para ambas religiones.

En conclusión, los manuscritos existentes del Evangelio de Bernabé, en italiano y en español, ofrecen pistas importantes sobre su posible origen y sobre el contexto en el cual pudo haber sido compuesto. La falta de versiones antiguas en griego o arameo, la peculiaridad de su lenguaje, y la ausencia de referencias históricas han llevado a los estudiosos a considerar este evangelio como una obra probablemente renacentista, influida por el contexto cultural y religioso de la Europa de los siglos XVI y XVII. Aunque el Evangelio de Bernabé ha sido objeto de especulaciones y teorías sobre su autenticidad y su supuesta censura, el análisis de los manuscritos refuerza la teoría de que se trata de una obra posterior a la era apostólica, diseñada quizás para ofrecer una visión de Jesús que reflejara los ideales de obediencia y pureza del monoteísmo, en un marco cultural de interacción entre el cristianismo y el islam.

Capítulo 18
Autenticidad Cuestionada

El Evangelio de Bernabé ha sido objeto de escrutinio y debate académico debido a sus afirmaciones y a las divergencias significativas que presenta con los evangelios canónicos. Aunque algunos defensores sostienen que este texto refleja una versión más fiel de las enseñanzas de Jesús, la mayoría de los estudiosos lo considera una obra apócrifa, probablemente de origen medieval, cuyo contenido muestra señales de influencias tanto cristianas como islámicas. La autenticidad del Evangelio de Bernabé como documento apostólico ha sido cuestionada por varios motivos: desde el análisis lingüístico hasta la falta de referencias históricas tempranas y los posibles anacronismos presentes en el texto. A continuación, se exploran los argumentos principales que sustentan estas dudas, analizando sus implicaciones para la comprensión de este evangelio y sus efectos en la percepción de su fiabilidad como documento histórico.

Uno de los argumentos más significativos en contra de la autenticidad del Evangelio de Bernabé es la falta de referencias a él en los primeros siglos del cristianismo. A diferencia de otros textos apócrifos, que aparecen mencionados en las controversias teológicas y en los escritos de los padres de la Iglesia, el Evangelio de Bernabé no tiene ninguna presencia documentada en la literatura cristiana primitiva. No es mencionado en las listas de textos apócrifos ni heréticos, ni en las discusiones que abordaron la validez de ciertos evangelios en los primeros concilios eclesiásticos. Esta ausencia sugiere que el evangelio no circulaba en las comunidades cristianas antiguas, lo que levanta sospechas sobre su antigüedad y su relevancia histórica. Para los estudiosos, esta falta de mención implica que el texto, probablemente, no existía en el período apostólico y que podría ser una creación posterior.

Otra razón que plantea dudas sobre la autenticidad del Evangelio de Bernabé son los numerosos anacronismos que se encuentran en el texto. Existen referencias a elementos que no concuerdan con el contexto del siglo I, como la mención de monedas y sistemas económicos que no habrían estado presentes en la región ni en la época de Jesús. Por ejemplo, en algunas partes del texto, se hace referencia a barriles de vino, los cuales eran característicos de Europa medieval, pero no de la Palestina del siglo I, donde el almacenamiento de vino se realizaba en ánforas. Estos detalles, aparentemente menores, revelan una falta de conocimiento sobre las costumbres y los artefactos de la época de Jesús, lo cual ha llevado a la conclusión de que el autor del Evangelio de Bernabé pudo haber vivido en un contexto histórico y geográfico muy diferente, probablemente en la Europa medieval o renacentista.

Además de los anacronismos materiales, el Evangelio de Bernabé presenta ciertas ideas teológicas y conceptos religiosos que no corresponden a las creencias y prácticas del cristianismo primitivo. En este evangelio, Jesús es presentado como un profeta que anuncia la llegada de otro mensajero, una idea que no está presente en los evangelios canónicos ni en la tradición cristiana temprana, pero que tiene paralelismos con el concepto islámico de la sucesión profética culminada en Muhammad. Esta perspectiva de Jesús como un precursor de un último profeta no se encuentra en los textos cristianos tempranos, lo que sugiere una posible influencia islámica. Esta noción de continuidad profética y la ausencia de la divinidad de Jesús, tan central en la doctrina cristiana, hacen pensar que el texto fue creado en un contexto en el que existía un contacto con el islam y donde se conocían las enseñanzas coránicas.

El análisis lingüístico del Evangelio de Bernabé también proporciona pruebas que cuestionan su autenticidad como documento apostólico. Tanto el manuscrito italiano como el español muestran características que son típicas de las lenguas europeas medievales, y no de los textos cristianos escritos en griego koiné o arameo en el siglo I. Los estudiosos han señalado que el estilo, el vocabulario y las construcciones gramaticales de ambos manuscritos no coinciden con el griego de los evangelios canónicos, ni con el estilo de otros textos cristianos tempranos, sino que recuerdan más a los textos religiosos de la Edad Media. Estos hallazgos lingüísticos han llevado a muchos a concluir que el Evangelio de Bernabé fue probablemente escrito o adaptado en el contexto de la Europa renacentista, posiblemente en un entorno donde se buscaba crear una narrativa que apoyara ciertas ideas religiosas, como el rechazo de la divinidad de Jesús y la exaltación de la ley moral y la obediencia estricta a Dios.

Otra razón para dudar de la autenticidad del Evangelio de Bernabé es su divergencia en la estructura y contenido con otros evangelios apócrifos conocidos, que, aunque también fueron excluidos del canon, comparten ciertos elementos históricos y teológicos con los evangelios canónicos. Por ejemplo, los evangelios gnósticos y otros textos apócrifos conservan aspectos básicos de la vida de Jesús, aunque con interpretaciones distintas o enfoques místicos. Sin embargo, el Evangelio de Bernabé se diferencia al presentar una narrativa radicalmente distinta, en la que Jesús no es crucificado y en la que su rol se reduce al de un simple mensajero. Este alejamiento de las creencias cristianas fundamentales y la falta de paralelismos con otros textos cristianos sugieren que el autor de este evangelio tenía una intención específica de alterar la narrativa de Jesús, posiblemente para presentar una versión que pudiera ser aceptada en un contexto musulmán.

Algunos críticos también han argumentado que la falta de fuentes y pruebas de una transmisión antigua del Evangelio de Bernabé indica que el texto podría haber sido una falsificación deliberada. Estos críticos sostienen que el texto pudo haber sido creado para servir a fines políticos o religiosos, con el objetivo de presentar a Jesús de una manera más cercana a la concepción islámica y de facilitar el diálogo o la conversión entre cristianos y musulmanes. Esta teoría de la falsificación se basa en la hipótesis de que el texto fue redactado por alguien que conocía los principios teológicos del islam y que, con habilidad narrativa, intentó construir una historia de Jesús que excluyera su divinidad y se alineara con el mensaje coránico. Aunque esta teoría es difícil de probar, ha sido respaldada por el hecho de que no existen referencias al Evangelio de Bernabé antes de los siglos medievales, cuando las tensiones y las interacciones entre cristianos y musulmanes en Europa eran frecuentes.

El contexto histórico de los manuscritos, hallados en italiano y español y con evidentes elementos del Renacimiento, también añade peso a la idea de una composición tardía. En aquella época, el interés en las relaciones entre el cristianismo y el islam estaba en su apogeo, y muchos autores intentaban promover la reconciliación o el debate teológico entre ambas religiones. La elección de una lengua vernácula europea y la falta de una versión en griego o latín antiguo sugieren que el texto fue compuesto para lectores europeos y no para una audiencia cristiana primitiva. Esta orientación hacia un público europeo renacentista indica que el evangelio pudo haber sido diseñado como una herramienta para influir en la percepción de los cristianos hacia el islam o para ofrecer una visión alternativa de Jesús que fuera compatible con ambas tradiciones.

A pesar de las dudas sobre su autenticidad, el Evangelio de Bernabé ha encontrado defensores que argumentan que el texto representa una versión más cercana a las enseñanzas originales de Jesús, las cuales habrían sido modificadas posteriormente en los evangelios canónicos. Estos defensores sugieren que las creencias sobre la divinidad de Jesús y la Trinidad fueron añadidas después de su muerte y que el Evangelio de Bernabé ofrece un testimonio más puro y auténtico de su mensaje. Sin embargo, esta perspectiva se enfrenta a la falta de pruebas históricas y a los problemas de autenticidad que los estudiosos han señalado. La ausencia de referencias en los primeros escritos cristianos, las diferencias lingüísticas y los anacronismos son barreras que dificultan la aceptación de esta teoría.

En conclusión, la autenticidad del Evangelio de Bernabé como un documento apostólico ha sido cuestionada por razones históricas, lingüísticas y teológicas. La falta de referencias tempranas, los anacronismos, la influencia islámica y el contexto europeo medieval o renacentista en el que se encontraron los manuscritos apuntan a la posibilidad de que este texto sea una obra posterior, creada en un entorno donde el cristianismo y el islam interactuaban y donde podría haber existido un interés en presentar a Jesús de una forma que conciliara ciertos aspectos de ambas religiones. Aunque su autenticidad como evangelio apostólico es ampliamente rechazada en el ámbito académico, el Evangelio de Bernabé sigue siendo una obra significativa para el estudio de las relaciones entre el cristianismo y el islam, y continúa siendo un punto de referencia en debates teológicos y en la exploración de la figura de Jesús en distintas tradiciones religiosas.

Capítulo 19
Autoría del Evangelio

El origen y la identidad del autor del Evangelio de Bernabé son temas envueltos en un misterio que continúa suscitando un profundo interés y numerosas especulaciones. A diferencia de los evangelios canónicos, que están vinculados tradicionalmente a figuras como Mateo, Marcos, Lucas y Juan, el Evangelio de Bernabé carece de una tradición clara de transmisión o de referencias históricas que permitan establecer con certeza su origen. Si bien el evangelio se atribuye a Bernabé, uno de los compañeros de Pablo en la difusión del cristianismo, las características del texto, su lenguaje y sus temas sugieren que el verdadero autor podría haber sido alguien de otra época, con motivaciones y conocimientos específicos que lo impulsaron a redactar esta versión de la vida y enseñanzas de Jesús.

El primer indicio de que la autoría del texto no corresponde al apóstol Bernabé surge de la ausencia de referencias tempranas al evangelio en las fuentes cristianas primitivas. Bernabé fue una figura prominente en las primeras comunidades cristianas, y los escritos apócrifos que se le atribuyen, como la Epístola de Bernabé, son conocidos desde los primeros siglos del cristianismo. Sin embargo, el Evangelio de Bernabé no aparece mencionado en ninguna fuente antigua, ni en los textos cristianos ni en los escritos de los padres de la Iglesia, lo cual sugiere que este texto no circulaba en las primeras comunidades ni era reconocido como parte de la tradición apostólica. La falta de menciones tempranas ha llevado a la mayoría de los estudiosos a concluir que el evangelio no es de la época de Bernabé y que su autoría fue atribuida a esta figura en un intento de dotar al texto de autoridad.

El lenguaje y el estilo literario del Evangelio de Bernabé proporcionan otras pistas que apuntan a un origen mucho más tardío. Tanto el manuscrito en italiano como el español presentan un estilo que recuerda a la prosa de la Europa renacentista, con expresiones y construcciones gramaticales características de los idiomas vernáculos de los siglos XVI y XVII. Estos elementos lingüísticos han llevado a algunos estudiosos a proponer que el verdadero autor pudo haber sido un erudito europeo, posiblemente influenciado por la cultura y el pensamiento islámico, quien escribió o adaptó el texto en un contexto donde existía una intensa interacción entre el islam y el cristianismo. Este entorno de contacto y debate teológico sería un caldo de cultivo ideal para una obra como el Evangelio de Bernabé, que presenta a Jesús de una forma compatible con las creencias islámicas.

El contenido del Evangelio de Bernabé, que se aleja radicalmente de las doctrinas cristianas sobre la divinidad de Jesús y la redención, es otro indicio que sugiere la intervención de un autor ajeno a la ortodoxia cristiana. El evangelio presenta a Jesús como un profeta humano, en lugar de un ser divino o el Hijo de Dios, y describe una visión de la salvación basada en la obediencia y el cumplimiento de la ley, en lugar de en la fe en un sacrificio expiatorio. Estos elementos, junto con la mención de un último profeta, cuya llegada es anticipada por Jesús, se asemejan más a los principios teológicos del islam que a los del cristianismo primitivo. La similitud entre estas ideas y la doctrina islámica ha llevado a algunos estudiosos a sugerir que el autor podría haber sido un converso al islam o alguien con una comprensión profunda de la teología islámica.

Algunos teólogos y eruditos han propuesto que el autor podría haber sido un cristiano que, en un esfuerzo por crear un puente entre el cristianismo y el islam, decidió escribir una versión de la vida de Jesús que resaltara sus cualidades proféticas y su rol como mensajero subordinado a Dios, sin divinidad propia. Esta teoría es plausible en el contexto de las interacciones entre ambas religiones en el Mediterráneo durante los siglos de la expansión otomana y el Renacimiento europeo, épocas en las que existía un interés por encontrar puntos comunes entre el islam y el cristianismo y por explorar narrativas que facilitaran el diálogo y la convivencia. En este sentido, el autor del Evangelio de Bernabé pudo haber tenido la intención de presentar una visión de Jesús que fuera aceptable tanto para cristianos como para musulmanes, construyendo una figura que actuara como un símbolo de reconciliación entre ambas tradiciones.

La elección del nombre "Bernabé" como autor del evangelio podría haber sido intencional y cuidadosamente calculada para dotar al texto de legitimidad. En las primeras comunidades cristianas, Bernabé era una figura de respeto y autoridad, asociado con los apóstoles y con la expansión del cristianismo. Su imagen como discípulo de confianza y como alguien que, según la tradición, compartía el mensaje de Jesús sin controversias doctrinales, lo convierte en una figura ideal para representar un evangelio que se aparta de las enseñanzas ortodoxas y que ofrece una visión alternativa de Jesús. La atribución del texto a Bernabé podría haber sido una estrategia para darle al evangelio un aire de autenticidad apostólica y para hacer que los lectores lo aceptaran como un testimonio válido de la vida de Jesús.

Además, el autor del Evangelio de Bernabé muestra un conocimiento significativo de ciertos aspectos teológicos y doctrinales tanto del cristianismo como del islam. El texto no solo rechaza las doctrinas de la Trinidad y de la divinidad de Jesús, sino que también utiliza terminología y conceptos que se encuentran en el Corán y en la tradición islámica. Esto sugiere que el autor tenía una familiaridad con las creencias islámicas, y algunos investigadores han postulado que el texto pudo haber sido escrito en un contexto musulmán, o al menos por alguien con acceso a una comunidad islámica o con conocimiento de la cultura islámica. Las alusiones a la figura de Jesús como profeta y la mención de un mensajero posterior coinciden estrechamente con la visión coránica, lo que ha llevado a muchos a interpretar el texto como una obra influida directamente por el islam.

La posibilidad de que el Evangelio de Bernabé sea una obra sincrética, diseñada para unir aspectos del cristianismo y del islam, ha sido reforzada por ciertos detalles históricos que se encuentran en el texto. Por ejemplo, la precisión con la que el autor describe las enseñanzas éticas de Jesús y el rechazo al sistema sacrificial recuerdan los principios morales del islam. Esta insistencia en la pureza, la moralidad y la obediencia a la ley divina podría haber sido diseñada para atraer a un público que valorara estos principios. Por otro lado, la ausencia de referencias claras a elementos cristianos centrales, como la Eucaristía, la crucifixión y la resurrección, sugiere una intención deliberada de adaptar la narrativa de Jesús a un contexto islámico, donde estos conceptos no tienen el mismo peso doctrinal.

A lo largo de los siglos, esta cuestión de la autoría ha dado lugar a múltiples teorías, algunas de las cuales proponen que el Evangelio de Bernabé fue escrito por un converso cristiano al islam o incluso por un autor musulmán que intentaba dar legitimidad al mensaje islámico a través de una figura cristiana respetada. Otras teorías sugieren que el autor podría haber sido un cristiano heterodoxo que rechazaba las doctrinas de la Trinidad y de la divinidad de Jesús, y que decidió escribir un evangelio que reflejara sus creencias particulares. Aunque estas teorías no pueden confirmarse de manera concluyente, todas apuntan a la posibilidad de que el autor del Evangelio de Bernabé no era un discípulo del Jesús histórico, sino una figura con intereses teológicos y culturales específicos que lo llevaron a crear esta obra.

En conclusión, el análisis de la posible autoría del Evangelio de Bernabé revela que el texto probablemente fue escrito por alguien ajeno a las primeras comunidades cristianas y que buscaba adaptar la historia de Jesús a un contexto más acorde con ciertas ideas islámicas. La atribución del evangelio a Bernabé, discípulo respetado y cercano a los apóstoles, parece haber sido una estrategia para conferirle autoridad, mientras que los elementos lingüísticos y temáticos sugieren un origen medieval o renacentista. El autor del texto parece haber tenido conocimientos tanto de teología cristiana como islámica, y su obra parece diseñada para ofrecer una versión de Jesús que sirviera de punto de unión o de diálogo entre ambas religiones.

Capítulo 20
Datar el Texto

Determinar la fecha de composición del Evangelio de Bernabé es una tarea compleja que requiere el análisis de múltiples factores, como el lenguaje, el contenido y las referencias culturales presentes en el texto. A diferencia de los evangelios canónicos y de otros textos apócrifos conocidos, el Evangelio de Bernabé carece de manuscritos en griego, arameo o latín de la época apostólica, lo cual hace que su datación precise un enfoque interdisciplinario. A través de métodos comparativos y un examen detallado de los elementos anacrónicos y de las influencias culturales que se observan en el texto, la mayoría de los estudiosos han llegado a la conclusión de que el evangelio es una obra tardía, posiblemente compuesta en un contexto europeo entre los siglos XIV y XVII.

Uno de los elementos más reveladores para la datación del Evangelio de Bernabé es el análisis lingüístico de los manuscritos en italiano y español. Estos textos presentan características propias de los idiomas vernáculos de la Europa renacentista, en lugar de las lenguas del cristianismo primitivo. Las estructuras gramaticales, los términos y los giros idiomáticos empleados en el manuscrito italiano son propios del estilo literario del Renacimiento, con influencias que recuerdan al italiano toscano y a los dialectos del norte de Italia en los siglos XVI y XVII. En cuanto al manuscrito en español, su vocabulario y su sintaxis también revelan una composición posterior, con influencias del castellano temprano que se hablaba en la España renacentista. Estas características sugieren que ambos manuscritos fueron redactados en un entorno cultural europeo, donde las lenguas vernáculas habían ganado popularidad y se empleaban cada vez más en la literatura religiosa.

Además de las peculiaridades lingüísticas, la datación del Evangelio de Bernabé se ve influida por la presencia de ciertos anacronismos que son improbables en un texto del siglo I. Entre estos, se destacan las menciones a barriles para almacenar vino, un método que no era utilizado en la antigua Palestina, donde se usaban ánforas o recipientes de cerámica. Asimismo, el texto incluye referencias a un sistema económico que refleja prácticas y valores propios de la Europa medieval, como la estructura feudal y ciertas normas de intercambio que no existían en el contexto judío del primer siglo. Estos detalles, aunque sutiles, proporcionan una evidencia crucial de que el texto fue probablemente compuesto en una época en la que estos elementos formaban parte de la vida cotidiana y donde el autor los incorporó, quizás de manera inconsciente, en su narrativa.

El contenido teológico del Evangelio de Bernabé también ofrece indicios importantes sobre su datación. A diferencia de los evangelios canónicos, este evangelio presenta una visión de Jesús como un profeta humano y no como una figura divina, y profetiza la llegada de un mensajero final. Esta perspectiva se asemeja a la concepción islámica de Jesús y parece reflejar una teología de influencia islámica que no estuvo presente en el cristianismo primitivo. La doctrina de un último profeta, que el Evangelio de Bernabé describe con una reverencia similar a la que el islam le otorga a Muhammad, sugiere que el autor estaba familiarizado con las enseñanzas islámicas. En este sentido, el evangelio parece responder a una visión teológica desarrollada posteriormente, en un contexto de interacción entre el cristianismo y el islam que es propio de la Edad Media y del Renacimiento.

Otro factor importante en la datación del Evangelio de Bernabé es la comparación de su contenido con el de otros textos apócrifos y con los evangelios canónicos. A diferencia de otros evangelios no canónicos, como el de Tomás o el de Felipe, el Evangelio de Bernabé no muestra ningún indicio de una tradición de copia y transmisión que remonte a los primeros siglos del cristianismo. Además, mientras los evangelios gnósticos y otros textos apócrifos reflejan aspectos de la cultura helenística y del pensamiento filosófico que influían en las primeras comunidades cristianas, el Evangelio de Bernabé carece de estas influencias. Su énfasis en la obediencia y la ley, así como la presentación de Jesús como un profeta humano y subordinado a Dios, reflejan una perspectiva teológica más cercana a la cosmovisión islámica que al ambiente judío-helenístico del siglo I. Esto sugiere que el texto fue probablemente compuesto en una época posterior, cuando la cultura islámica y las doctrinas islámicas ya estaban bien establecidas en ciertas regiones de Europa.

Las posibles motivaciones detrás de la creación del Evangelio de Bernabé también pueden ofrecer claves para su datación. La Europa renacentista fue un período de intenso intercambio cultural y religioso, en el cual las relaciones entre cristianos y musulmanes eran complejas y multifacéticas, abarcando desde conflictos militares hasta diálogos filosóficos y teológicos. Durante este tiempo, el interés por los textos religiosos alternativos y las narrativas que reconciliaran ciertas diferencias entre el cristianismo y el islam comenzó a ganar fuerza. En este contexto, el Evangelio de Bernabé podría haber surgido como un intento de crear un texto que promoviera una imagen de Jesús más compatible con las enseñanzas islámicas y que presentara una visión del cristianismo menos centrada en la divinidad de Jesús y más en su papel como profeta. La datación de este evangelio en el Renacimiento resulta plausible, dado que esta era una época en la que la interacción entre ambas religiones alcanzaba niveles sin precedentes en ciudades mediterráneas como Venecia, donde musulmanes y cristianos coexistían y donde el intercambio de ideas religiosas era común.

El interés en el Evangelio de Bernabé también se ve reflejado en el hecho de que sus manuscritos más antiguos fueron encontrados en Italia y en España, dos regiones donde el contacto con el islam fue prolongado y donde las culturas islámica y cristiana dejaron una marca duradera en la sociedad. Durante el

Renacimiento, Italia experimentó un florecimiento cultural en el cual los textos de origen oriental y los escritos islámicos comenzaron a despertar el interés de los eruditos, y en España, el legado de Al-Ándalus había dejado una tradición de convivencia e intercambio cultural que, aunque en disminución tras la Reconquista, seguía influyendo en la intelectualidad y en las esferas religiosas. La composición de un evangelio como el de Bernabé en este contexto de coexistencia y tensión cultural hace plausible la teoría de que fue escrito en Europa en un ambiente donde los conceptos islámicos sobre Jesús estaban presentes y donde los autores cristianos podían haber tenido contacto con ideas islámicas.

El enfoque moralizante y el estilo instructivo que caracterizan al Evangelio de Bernabé también son propios de la literatura religiosa de la Edad Media y el Renacimiento. El texto utiliza un lenguaje directo y moralizador que recuerda a los sermones de los predicadores medievales y renacentistas, y enfatiza la obediencia y la sumisión a Dios de una manera similar a la doctrina islámica. Este estilo didáctico sugiere que el autor buscaba no solo contar la historia de Jesús, sino también instruir a sus lectores sobre la importancia de la moralidad y de una vida basada en la ley divina. Este enfoque refuerza la teoría de que el texto fue compuesto en un período en el que los autores religiosos europeos recurrían a la literatura moralizante para guiar a sus lectores y donde el cristianismo y el islam coexisten en un diálogo complejo y a menudo confrontativo.

En conclusión, la datación del Evangelio de Bernabé parece indicar que fue compuesto entre los siglos XIV y XVII, probablemente en la Europa renacentista, en un contexto donde las ideas islámicas y cristianas se encontraban en constante interacción. Los anacronismos, el lenguaje vernáculo y las referencias culturales sugieren una composición tardía, y la teología que presenta el evangelio, con su visión de Jesús como un profeta humano y su rechazo a la divinidad de Jesús, indica una posible influencia islámica. La combinación de estos elementos sugiere que el autor del Evangelio de Bernabé escribió en un contexto europeo donde el diálogo interreligioso, los debates teológicos y el interés en los textos religiosos alternativos estaban en auge. Aunque este evangelio sigue siendo un enigma en muchos aspectos, el consenso entre los estudiosos es que el texto es producto de una época posterior a los primeros siglos del cristianismo y que refleja las preocupaciones y el contexto cultural de una Europa en contacto con el islam y en busca de nuevas interpretaciones de la figura de Jesús.

Capítulo 21
Diferencias Teológicas

Las divergencias teológicas entre el Evangelio de Bernabé y los evangelios canónicos son vastas y reflejan no solo distintas interpretaciones de la figura de Jesús y su misión, sino también diferencias profundas en la concepción de la relación entre Dios y la humanidad, la naturaleza de la salvación y la función de la ley. Estas discrepancias, que han atraído tanto el interés como la crítica de estudiosos, ofrecen una ventana a las posibles influencias culturales y religiosas que dieron forma al Evangelio de Bernabé y han sido el foco de discusión en la comparación de este texto con la teología cristiana tradicional. Analizar estas diferencias permite entender cómo el Evangelio de Bernabé se distancia de la doctrina cristiana ortodoxa y cómo su contenido se acerca a ciertos principios del islam, lo que ha suscitado numerosas interpretaciones y teorías sobre su propósito y origen.

La naturaleza de Jesús es uno de los temas en los que el Evangelio de Bernabé difiere más marcadamente de los evangelios canónicos. En el Nuevo Testamento, Jesús es presentado como el Hijo de Dios, la segunda persona de la Trinidad, y su divinidad es un elemento central de la fe cristiana. Sin embargo, en el Evangelio de Bernabé, Jesús es descrito exclusivamente como un profeta y servidor de Dios, negando cualquier vínculo con la divinidad. En múltiples pasajes, Jesús declara su humanidad y rechaza los títulos de "Hijo de Dios" o "Mesías", un enfoque que no solo contradice los evangelios canónicos, sino que además recuerda la concepción islámica de Jesús, quien en el Corán es Isa, un profeta importante, pero no divino. Este aspecto subraya una interpretación monoteísta estricta, en la que Dios es único e indivisible, una creencia fundamental en el islam que se refleja en la narrativa del Evangelio de Bernabé.

Otra diferencia teológica importante es la manera en que el Evangelio de Bernabé aborda la crucifixión de Jesús, evento central en el cristianismo. Según los evangelios canónicos, la crucifixión es el acto supremo de sacrificio de Jesús, quien muere para redimir a la humanidad del pecado, y su posterior resurrección es interpretada como la victoria sobre la muerte y la promesa de vida eterna para sus seguidores. En contraste, el Evangelio de Bernabé presenta un relato en el cual Jesús no es crucificado, sino que es rescatado por Dios antes de morir en la cruz, y en su lugar, Judas es quien termina siendo ejecutado. Este relato es coherente con la creencia islámica de que Jesús no fue crucificado y que Dios, en su misericordia, lo salvó de este destino. La negación de la crucifixión en el Evangelio de Bernabé elimina también el concepto de expiación, planteando que la salvación no depende del sacrificio de Jesús, sino de la obediencia y la sumisión a Dios.

La doctrina de la salvación es otro punto de divergencia significativa. En el cristianismo, la salvación es alcanzada a través de la fe en Jesús y en su sacrificio redentor, y esta fe es vista como el medio por el cual los pecados son perdonados y los creyentes pueden acceder a la vida eterna. En el Evangelio de Bernabé, en cambio, la salvación no depende de la fe en un sacrificio expiatorio, sino del cumplimiento de la ley divina y de una vida de virtud y obediencia a Dios. Esta visión de la salvación es similar a la del islam, en el cual se enfatiza la responsabilidad individual de cada creyente de vivir según los mandamientos de Dios y de actuar conforme a la moral y la justicia. La diferencia entre ambas concepciones de salvación refleja una perspectiva teológica en la que la relación con Dios se basa en la obediencia y en la ley, más que en la gracia y en la redención a través de un mediador divino.

La noción de profecía en el Evangelio de Bernabé también se aparta de la teología cristiana, en la que Jesús es considerado la culminación de la revelación divina. En los evangelios canónicos, Jesús no solo es el cumplimiento de las profecías del Antiguo Testamento, sino también el último y definitivo mensajero de Dios. Sin embargo, en el Evangelio de Bernabé, Jesús anticipa la llegada de un profeta posterior que completará su misión, una creencia que se alinea con la doctrina islámica en la cual Muhammad es visto como el "Sello de los Profetas", el último mensajero enviado por Dios para guiar a la humanidad. Este anuncio de un profeta futuro no solo redefine el rol de Jesús, sino que también introduce una continuidad profética que contrasta con la idea cristiana de que la revelación se completó con la llegada de Jesús.

La interpretación de la ley y la moral en el Evangelio de Bernabé es otro aspecto en el que se observan diferencias teológicas importantes. Mientras que en el Nuevo Testamento Jesús es retratado como alguien que trae un mensaje de gracia y perdón que, en ciertos aspectos, va más allá de la ley mosaica, el Evangelio de Bernabé presenta a Jesús como un estricto defensor de la ley divina, enfatizando la necesidad de cumplir con los mandamientos y de vivir una vida de obediencia a Dios. En este sentido, el evangelio promueve una moralidad enraizada en la justicia y el cumplimiento de la ley, similar a los principios islámicos de la *sharia*, donde la vida de fe está sujeta a la obediencia estricta de los preceptos divinos. Este énfasis en la ley y en la moralidad establece un contraste con la enseñanza cristiana de la gracia, en la cual la salvación no depende exclusivamente del cumplimiento de la ley, sino de la fe en Jesús.

El concepto de la Trinidad es completamente ausente en el Evangelio de Bernabé, lo cual constituye otra diferencia fundamental con la teología cristiana. En el cristianismo ortodoxo, la Trinidad —la creencia en un Dios único que existe en tres personas distintas: el Padre, el Hijo y el Espíritu Santo— es uno de los pilares de la fe. Sin embargo, el Evangelio de Bernabé rechaza cualquier noción de pluralidad en la naturaleza de Dios y sostiene una perspectiva de Dios como único e indivisible, en línea con el monoteísmo islámico. Este rechazo explícito a la Trinidad puede interpretarse como una crítica directa a la doctrina cristiana y, al mismo tiempo, como una afirmación de una visión monoteísta estricta que resuena con la teología islámica. La ausencia de la Trinidad en el texto refuerza la imagen de un Dios inmutable y absoluto, sin distinción de personas, lo cual sugiere que el autor del evangelio intentaba distanciarse deliberadamente de la teología cristiana.

La interpretación del papel de María y del Espíritu Santo también difiere en el Evangelio de Bernabé. En los evangelios canónicos, María es reconocida como la madre de Jesús, quien concibe a su hijo por obra del Espíritu Santo, lo cual reafirma la naturaleza divina de Jesús. Sin embargo, en el Evangelio de Bernabé, María es retratada solo como la madre de un profeta, sin alusiones a su concepción virginal ni a un papel trascendental del Espíritu Santo en la formación de Jesús. Esta representación de María y del Espíritu Santo minimiza su relevancia y presenta una visión de Jesús exclusivamente humana, en oposición a la doctrina cristiana que resalta su concepción milagrosa y su identidad divina. Al eliminar estas referencias, el Evangelio de Bernabé adopta una perspectiva en la cual el nacimiento de Jesús es simplemente una manifestación de la voluntad de Dios, sin implicar una intervención divina que altere su naturaleza humana.

En resumen, las diferencias teológicas entre el Evangelio de Bernabé y los evangelios canónicos reflejan una visión de Jesús y de la relación con Dios que se aleja de la doctrina cristiana tradicional y que se aproxima a ciertos aspectos de la fe islámica. La presentación de Jesús como un profeta humano, la negación de su crucifixión y de su divinidad, el énfasis en el cumplimiento de la ley y la salvación a través de la obediencia, y la ausencia de la Trinidad son algunas de las divergencias más notables que sugieren un propósito específico detrás de este evangelio: ofrecer una narrativa de Jesús que pudiera ser aceptable para los musulmanes y que cuestionara algunos de los pilares fundamentales de la fe cristiana. Estas diferencias han sido objeto de debate y han suscitado interrogantes sobre la posible influencia islámica en el texto, así como sobre las intenciones del autor al presentar una versión de la vida y misión de Jesús tan distinta a la que se encuentra en el cristianismo ortodoxo.

Capítulo 22
Comparaciones con el Nuevo Testamento

El Evangelio de Bernabé presenta una narrativa que, aunque en apariencia cercana a la historia de Jesús, se distingue profundamente de los evangelios canónicos en numerosos aspectos. A lo largo de este capítulo, se exploran las similitudes y, especialmente, las diferencias entre el Evangelio de Bernabé y los textos del Nuevo Testamento, abordando cómo las variaciones en el relato de eventos, en la caracterización de los personajes y en el mensaje teológico influyen en la interpretación y en el propósito de cada obra. Comparar estos textos permite observar no solo las divergencias en la enseñanza y en la figura de Jesús, sino también las posibles intenciones y contextos que dieron forma al Evangelio de Bernabé.

Uno de los primeros aspectos que sobresale en la comparación es la introducción de Jesús y su relación con los discípulos. En los evangelios canónicos, Jesús llama a sus seguidores y establece una relación de guía espiritual y, en última instancia, de redentor de la humanidad. Sus enseñanzas son profundas y a menudo se presentan como parábolas. Sin embargo, en el Evangelio de Bernabé, Jesús aparece en un papel más limitado y se presenta constantemente como un profeta bajo la autoridad de Dios, rechazando cualquier atribución de divinidad o redención universal. En este evangelio, los discípulos le reconocen como maestro y profeta, pero la relación se define en términos de subordinación a un Dios absoluto y distante, lo cual reduce la dimensión salvífica que se le atribuye a Jesús en los evangelios canónicos.

Las enseñanzas de Jesús en el Evangelio de Bernabé también muestran diferencias notables. Mientras que en el Nuevo Testamento, especialmente en los evangelios de Mateo y Lucas, Jesús expone conceptos como el amor al prójimo, el perdón de los pecados y el amor incondicional de Dios por la humanidad, el Evangelio de Bernabé enfatiza la obediencia estricta y la sumisión a Dios, sin presentar al mismo Jesús como un intercesor. En este sentido, el Evangelio de Bernabé reduce el énfasis en la misericordia y el perdón en favor de una moral basada en la ley y en la justicia divina. Esta divergencia en la enseñanza revela una visión de la espiritualidad centrada en el cumplimiento de mandatos más que en la relación personal con Dios, una característica que se alinea más con la perspectiva islámica sobre la justicia divina y el papel de los profetas como guías morales, en lugar de redentores.

 Otro punto de comparación es la figura de Judas Iscariote, cuya representación en el Evangelio de Bernabé se aleja significativamente de los evangelios canónicos. En el Nuevo Testamento, Judas traiciona a Jesús y su acto conduce directamente a la crucifixión, un evento fundamental en la teología cristiana. En el Evangelio de Bernabé, sin embargo, Judas no solo es el traidor, sino que termina siendo quien es crucificado en lugar de Jesús, debido a una intervención divina que evita que Jesús sea ejecutado. Esta sustitución es coherente con la creencia islámica de que Jesús no fue crucificado y que Dios lo protegió de tal destino. Este cambio narrativo altera completamente el sentido del sacrificio y la redención que se encuentra en los evangelios canónicos, y en su lugar propone una visión en la que la crucifixión no cumple una función expiatoria, sino que simplemente sirve como castigo para el traidor. Esta narrativa parece despojar de todo simbolismo salvífico al acto de la crucifixión, minimizando su importancia en la misión de Jesús y subrayando, en cambio, la idea de un Dios protector que salva a su profeta.

 En cuanto a los milagros, aunque el Evangelio de Bernabé también incluye episodios en los que Jesús realiza actos milagrosos, como la sanación de enfermos y la resurrección de muertos, estos eventos no tienen el mismo peso teológico que en los evangelios canónicos. En el Nuevo Testamento, los milagros de Jesús son signos de su autoridad divina y una confirmación de su identidad como Hijo de Dios. Sin embargo, en el Evangelio de Bernabé, estos milagros son presentados como actos de un profeta poderoso, pero siempre subordinado a la voluntad de Dios. Esta diferencia muestra que, mientras en los evangelios canónicos los milagros sirven para revelar la divinidad de Jesús, en el Evangelio de Bernabé se interpretan como una prueba de la misión profética y la relación de dependencia entre Jesús y Dios, reforzando la idea de su humanidad y su rol como mensajero.

El Sermón de la Montaña, uno de los pasajes más reconocidos del Nuevo Testamento, también presenta diferencias marcadas cuando se compara con el Evangelio de Bernabé. En el evangelio de Mateo, Jesús proclama bienaventuranzas que enfatizan la humildad, la misericordia y la paz como virtudes cristianas esenciales. Este sermón se convierte en el núcleo de la ética cristiana, basada en el amor y el perdón. En contraste, el Evangelio de Bernabé introduce un enfoque más severo, donde la ley y la obediencia son exaltadas como caminos a la salvación. Las enseñanzas de Jesús en este texto hacen hincapié en la justicia de Dios y en la necesidad de cumplir sus mandamientos, lo cual sugiere una moralidad más rígida, centrada en la disciplina y la rectitud personal, en lugar de en la transformación del corazón. Esta reinterpretación del mensaje de Jesús deja entrever una posible influencia de los valores éticos del islam, en los cuales la observancia de la ley es fundamental para la relación con Dios.

La concepción del Reino de Dios también varía notablemente entre el Evangelio de Bernabé y los textos canónicos. En el Nuevo Testamento, el Reino de Dios es descrito por Jesús como una realidad espiritual que transforma el mundo a través de la fe y el amor de sus seguidores. El mensaje de Jesús sobre el Reino de Dios en los evangelios canónicos tiene un carácter inclusivo y una proyección de esperanza para la humanidad. Por el contrario, en el Evangelio de Bernabé, el Reino de Dios se interpreta más en términos de sumisión y obediencia absoluta, un concepto de reino que está más orientado a la justicia y a la retribución que al perdón. En este evangelio, el Reino de Dios se alcanza mediante el estricto cumplimiento de los mandamientos, una visión que refleja una estructura teocrática en la que Dios gobierna con severidad y donde sus leyes no son cuestionadas. Este cambio en la interpretación del Reino de Dios presenta una espiritualidad más formal y legalista, que se distancia de la relación afectiva y reconciliadora de los evangelios canónicos.

La figura de Dios, tal como se presenta en el Evangelio de Bernabé, también muestra características diferentes a las del Nuevo Testamento. En los evangelios canónicos, Dios es retratado como un padre amoroso y cercano, que busca la reconciliación y la redención de sus hijos a través de Jesús. Este aspecto paternal y compasivo es central en la teología cristiana, donde Dios se manifiesta como amor absoluto y donde su justicia está siempre acompañada de misericordia. En el Evangelio de Bernabé, sin embargo, Dios es presentado de una manera más trascendental y absoluta, como un ser incuestionable y lejano, cuya principal preocupación es la justicia y la obediencia a su voluntad. Esta concepción de Dios es congruente con la visión del islam, donde Dios, aunque misericordioso, es ante todo un soberano al que se debe total sumisión. La ausencia de una relación de filiación entre Jesús y Dios en este texto refuerza la idea de una deidad más distante y de un profeta que simplemente cumple su voluntad, sin un lazo especial de paternidad.

En conclusión, las comparaciones entre el Evangelio de Bernabé y los evangelios canónicos revelan una serie de diferencias profundas en la caracterización de Jesús, en su relación con Dios, en su misión y en la forma en que se presenta la salvación. El Evangelio de Bernabé reduce la figura de Jesús a la de un profeta, sin atribuirle divinidad ni un rol redentor, y enfatiza la ley y la obediencia como caminos fundamentales hacia Dios. Estos contrastes sugieren una reinterpretación deliberada del mensaje cristiano, posiblemente con la intención de crear un puente hacia la doctrina islámica. Las diferencias en la narración de eventos, como la crucifixión, los milagros y el papel de Judas, muestran un enfoque teológico y ético que se alinea más con la visión del islam que con la del cristianismo.

Capítulo 23
Rechazo por la Iglesia

El Evangelio de Bernabé, aunque desconocido durante los primeros siglos del cristianismo y surgido con mayor claridad en la Europa medieval y renacentista, ha sido objeto de un rechazo firme y constante por parte de la Iglesia. Las autoridades eclesiásticas han desestimado este evangelio no solo por su tardía aparición, sino también por su contenido y sus claras desviaciones de las doctrinas cristianas fundamentales. Este rechazo no es producto de una simple omisión, sino de un discernimiento consciente basado en criterios teológicos, históricos y doctrinales que lo distinguen de los textos aceptados en el canon bíblico. Examinar las razones de su exclusión permite no solo comprender las bases teológicas del cristianismo, sino también identificar los elementos que la Iglesia ha considerado esenciales para la fe cristiana y que, en su ausencia o alteración, han llevado a la desaprobación de textos como el Evangelio de Bernabé.

Uno de los motivos principales para el rechazo del Evangelio de Bernabé es la falta de referencias históricas que den testimonio de su existencia en los primeros siglos del cristianismo. Los textos que componen el Nuevo Testamento, incluidos los cuatro evangelios canónicos, fueron cuidadosamente seleccionados entre numerosos escritos, y su aceptación se debió en gran medida a su antigüedad y a su proximidad a las enseñanzas de los apóstoles. Sin embargo, el Evangelio de Bernabé no aparece mencionado en las listas tempranas de textos considerados inspirados ni en los escritos de los padres de la Iglesia, quienes discutieron y combatieron diversas herejías y textos apócrifos en los primeros siglos. Esta ausencia histórica ha sido una de las razones por las cuales la Iglesia lo considera un texto posterior, sin relación auténtica con los apóstoles ni con los primeros seguidores de Jesús. La falta de un linaje claro de transmisión y de reconocimiento en las primeras comunidades cristianas cuestiona la validez de su origen y, por tanto, su lugar en el corpus sagrado.

Además, el Evangelio de Bernabé fue excluido del canon debido a sus notorias desviaciones doctrinales. En la tradición cristiana, la divinidad de Jesús, su sacrificio en la cruz y su resurrección son elementos esenciales de la fe. El Evangelio de Bernabé, sin embargo, presenta una interpretación radicalmente distinta: Jesús es mostrado como un profeta humano y no como el Hijo de Dios, rechaza la idea de su crucifixión y no menciona la resurrección en los mismos términos que los evangelios canónicos. Al cuestionar estos fundamentos, el Evangelio de Bernabé desafía directamente la doctrina cristiana y sus pilares teológicos. Para la Iglesia, la naturaleza de Jesús y su rol en la redención humana son innegociables; cualquier texto que niegue estos aspectos no solo se aparta de la ortodoxia, sino que también altera profundamente la interpretación de la salvación y la naturaleza de Dios según el cristianismo. Este desajuste doctrinal ha sido uno de los argumentos más contundentes para la exclusión del evangelio.

El Evangelio de Bernabé también fue rechazado por la Iglesia debido a su aparente cercanía con ciertos aspectos de la teología islámica. El rechazo de la Trinidad, la negación de la crucifixión y la referencia a la llegada de un profeta futuro después de Jesús son elementos que resuenan con las enseñanzas islámicas. La Iglesia ha considerado estos aspectos como una influencia externa que compromete la pureza y la autenticidad de la revelación cristiana. Para los líderes eclesiásticos, la introducción de doctrinas ajenas que cuestionan la divinidad de Jesús y que diluyen el mensaje cristiano en favor de un enfoque profético y legalista es inaceptable, ya que contradice los principios fundamentales de la fe. La semejanza entre el mensaje de este evangelio y la teología islámica ha llevado a su rechazo por considerarse incompatible con la tradición apostólica y con la visión de Jesús como Salvador.

La estructura y el estilo literario del Evangelio de Bernabé también han sido considerados argumentos para su exclusión. En contraste con los evangelios canónicos, que presentan una narrativa coherente y una estructura que refleja las tradiciones orales y escritas de la época apostólica, el Evangelio de Bernabé contiene elementos estilísticos y de contenido que sugieren una composición en un contexto cultural posterior. Su lenguaje es más elaborado y moralizante, y algunos episodios parecen diseñados para transmitir lecciones éticas o incluso doctrinas específicas, en lugar de relatar simplemente la vida y enseñanzas de Jesús. La Iglesia ha interpretado esta diferencia en el estilo como una señal de que el texto no fue escrito en el contexto de los primeros cristianos, sino en una época en la que los autores religiosos medievales y renacentistas recurrían a estilos literarios particulares para persuadir a sus audiencias. Este aspecto literario refuerza la teoría de que el Evangelio de Bernabé es una obra tardía y lo aparta de la autenticidad apostólica exigida por la Iglesia.

El proceso de canonización en la Iglesia también jugó un papel crucial en la exclusión del Evangelio de Bernabé. Los textos del Nuevo Testamento fueron seleccionados a través de un proceso de evaluación riguroso, en el que se examinaba la autoridad apostólica, la coherencia doctrinal y la aceptación en las comunidades cristianas. Los evangelios canónicos, que incluyen los de Mateo, Marcos, Lucas y Juan, fueron reconocidos por su conexión directa o indirecta con los apóstoles y por su contenido que se alineaba con las enseñanzas transmitidas en las primeras comunidades cristianas. En cambio, el Evangelio de Bernabé carece de una tradición de transmisión clara y no muestra evidencia de haber sido aceptado o incluso conocido por los primeros cristianos. Esta desconexión con la tradición apostólica ha sido un factor decisivo para su exclusión del canon, ya que la Iglesia considera que los textos inspirados deben reflejar la enseñanza de los apóstoles y estar en consonancia con la fe que ellos transmitieron.

La Iglesia también ha rechazado el Evangelio de Bernabé por su presentación de una relación entre Dios y Jesús que se aleja de la teología trinitaria. Mientras que el cristianismo sostiene que Dios es una Trinidad de Padre, Hijo y Espíritu Santo, el Evangelio de Bernabé promueve una visión en la que Dios es estrictamente uno y Jesús es un simple profeta. Esta perspectiva contrasta con la doctrina de la Iglesia, que considera a la Trinidad como una revelación fundamental sobre la naturaleza de Dios. La negación de la Trinidad en el Evangelio de Bernabé se percibe como una ruptura con la esencia del cristianismo, y este enfoque ha sido motivo de rechazo, ya que se considera que la enseñanza sobre la Trinidad no es negociable y representa una de las características distintivas de la fe cristiana. La incompatibilidad teológica entre el evangelio y la enseñanza de la Iglesia ha sido determinante en la decisión de desestimar este texto como fuente de verdad.

Por otro lado, el rechazo de la crucifixión en el Evangelio de Bernabé también representa una contradicción con la fe cristiana. La crucifixión y resurrección de Jesús son eventos centrales en la narrativa de salvación y en la promesa de redención de los creyentes. Este evangelio, al sostener que Jesús no murió en la cruz y que fue Judas quien ocupó su lugar, introduce una versión de los hechos que difiere radicalmente de la tradición cristiana. Para la Iglesia, la crucifixión es no solo un evento histórico, sino un acto de sacrificio que es esencial para el plan de salvación de Dios. La negación de este acto en el Evangelio de Bernabé lo convierte en un texto que, desde la perspectiva eclesiástica, altera de manera inaceptable el significado de la misión de Jesús y de la redención.

En conclusión, el rechazo del Evangelio de Bernabé por la Iglesia se debe a una combinación de factores históricos, teológicos y doctrinales. Su aparición tardía, su desconexión con la tradición apostólica, sus influencias que sugieren una cercanía con el islam y sus diferencias doctrinales en temas centrales como la divinidad de Jesús, la Trinidad y la crucifixión han sido razones poderosas para que la Iglesia lo considere una obra apócrifa y no inspirada. La Iglesia ha mantenido que los textos canónicos deben reflejar fielmente la enseñanza de los apóstoles y ser coherentes con los principios de la fe cristiana, y el Evangelio de Bernabé, con sus desviaciones y su falta de conexión con los orígenes del cristianismo, no cumple con estos criterios. Este rechazo, lejos de ser arbitrario, se basa en la defensa de una identidad teológica y doctrinal que la Iglesia considera esencial para la transmisión de la fe cristiana.

Capítulo 24
Apropiación Musulmana

A lo largo de la historia, el Evangelio de Bernabé ha sido acogido con interés por ciertas corrientes del pensamiento islámico, debido a la afinidad que su contenido muestra con algunos de los principios fundamentales del islam. Para muchos estudiosos y defensores de la fe islámica, este evangelio ha servido como una herramienta para apoyar la visión islámica de Jesús y, en particular, para reforzar la posición de Muhammad como el último profeta. La apropiación musulmana del Evangelio de Bernabé no solo ha alimentado debates interreligiosos, sino que también ha planteado preguntas sobre la autenticidad, la finalidad y las posibles intenciones de su autor. Examinar esta apropiación permite entender por qué el texto ha sido valorado en ciertos círculos islámicos y cómo ha sido utilizado para afirmar y justificar las doctrinas centrales del islam frente a las creencias cristianas.

Desde su descubrimiento y posterior difusión en Europa, el Evangelio de Bernabé ha sido considerado en varios sectores musulmanes como una fuente que valida la enseñanza islámica sobre Jesús. El Corán, en numerosos pasajes, presenta a Jesús (Isa en árabe) como un profeta importante, pero insiste en que él no es divino, ni Hijo de Dios, ni el último de los profetas. La teología islámica sostiene que Muhammad es el sello de los profetas, enviado para culminar la revelación de Dios a la humanidad. Este evangelio, al retratar a Jesús como un simple mensajero de Dios y al anticipar la llegada de un profeta posterior, parece armonizar de manera única con la narrativa islámica y con su estructura de sucesión profética. Este aspecto ha convertido al Evangelio de Bernabé en una referencia atractiva para aquellos apologistas islámicos que buscan argumentar a favor de la perspectiva islámica sobre Jesús y Muhammad, incluso frente a las creencias cristianas tradicionales.

La representación de Jesús en el Evangelio de Bernabé resulta especialmente significativa en el contexto islámico, ya que coincide con la visión del Corán de un Jesús humano, despojado de toda divinidad y de cualquier papel redentor mediante su crucifixión. En este evangelio, Jesús rechaza expresamente el título de "Hijo de Dios" y reafirma su naturaleza humana, señalando que es un profeta que solo sigue la voluntad de Dios. Esta afirmación, que en el cristianismo sería una herejía, resuena profundamente con la doctrina islámica del *tawhid*, que enfatiza la unicidad absoluta de Dios y rechaza cualquier forma de asociación divina o de intermediarios. La confirmación en el Evangelio de Bernabé de que Jesús es únicamente un siervo de Dios ha sido utilizada por defensores musulmanes para argumentar que este texto es una versión "verdadera" o más pura de las enseñanzas de Jesús, en contraposición a las doctrinas desarrolladas posteriormente en el cristianismo.

Otro punto de interés para la perspectiva islámica es la narrativa del Evangelio de Bernabé en torno a la crucifixión de Jesús. Según el islam, Jesús no murió en la cruz, sino que Dios lo ascendió a los cielos y lo protegió de tal destino. El Corán expresa esta idea en el pasaje que afirma que "no lo mataron ni lo crucificaron, sino que les pareció hacerlo" (Sura 4:157), lo cual ha sido interpretado como una negación de la crucifixión y de su papel en la redención de los pecados. El Evangelio de Bernabé adopta esta misma perspectiva al presentar a Judas como quien es crucificado en lugar de Jesús, engañando así a los romanos y evitando que Jesús sea ejecutado. Esta narración ha sido particularmente atractiva para los teólogos islámicos, quienes ven en ella una confirmación de la posición coránica sobre la crucifixión, desafiando directamente el relato central del cristianismo y su interpretación teológica de la muerte y resurrección de Jesús.

La inclusión de una profecía sobre un profeta posterior en el Evangelio de Bernabé es también un elemento clave en la apropiación musulmana de este texto. En el islam, Muhammad es visto como el último de los profetas, enviado por Dios para completar y perfeccionar el mensaje que comenzó con Abraham y continuó con Moisés y Jesús. El Evangelio de Bernabé alude a la llegada de un "mensajero de Dios" que vendrá después de Jesús y que traerá la revelación final. Esta referencia ha sido interpretada por estudiosos musulmanes como una mención directa a Muhammad y ha sido utilizada para argumentar que Jesús, tal como lo presenta este evangelio, anticipa y valida el papel de Muhammad en la historia de la revelación. Para el islam, la sucesión profética es fundamental, y esta mención refuerza la idea de que Jesús no es el punto culminante de la revelación, sino una parte de un proceso más amplio que encuentra su culminación en Muhammad.

El interés islámico en el Evangelio de Bernabé también se ha manifestado en el uso del texto como una herramienta para el diálogo y la apologética interreligiosa. Algunos teólogos y apologistas islámicos han recurrido a este evangelio en sus discusiones con cristianos para argumentar que la visión del cristianismo sobre Jesús y su divinidad es una distorsión posterior. A partir del contenido del Evangelio de Bernabé, se ha argumentado que la verdadera enseñanza de Jesús estuvo en línea con el monoteísmo estricto del islam y que el cristianismo primitivo habría tenido más en común con el islam que con las creencias cristianas ortodoxas que se desarrollaron posteriormente. Esta línea de argumentación ha sido utilizada para cuestionar la validez de los evangelios canónicos y para sugerir que el cristianismo, en sus primeras etapas, no consideraba a Jesús como Hijo de Dios, sino simplemente como un profeta más.

El contexto en el cual el Evangelio de Bernabé fue conocido y difundido entre los eruditos musulmanes también es importante para entender su apropiación. Durante el Renacimiento, el texto comenzó a circular en Europa y despertó el interés de académicos de distintas corrientes religiosas. La expansión del islam y su contacto con las comunidades cristianas de Europa, particularmente en la península ibérica y en ciertas regiones del Mediterráneo, ofrecieron un terreno propicio para el intercambio de ideas y para la exploración de textos que pudieran servir de apoyo a la teología islámica. En este sentido, el Evangelio de Bernabé fue recibido en ciertos círculos musulmanes como una herramienta que podía aportar legitimidad histórica y teológica a las creencias islámicas sobre Jesús y Muhammad, lo que contribuyó a su difusión en estos contextos.

Es relevante señalar que la apropiación del Evangelio de Bernabé en el islam no es un fenómeno uniforme, ya que no todos los teólogos musulmanes lo han aceptado ni todos los académicos islámicos consideran que este evangelio es auténtico o inspirado. Algunos estudiosos islámicos han sido cautelosos con respecto a la autenticidad del texto, señalando las inconsistencias y los elementos anacrónicos que sugieren una composición tardía. Aun así, muchos defensores del evangelio en el contexto islámico han preferido centrarse en las enseñanzas que apoyan sus doctrinas fundamentales, utilizando el texto como un argumento en favor de la legitimidad del islam en contraste con el cristianismo.

En conclusión, la apropiación musulmana del Evangelio de Bernabé ha sido un proceso marcado por el interés en un texto que, a diferencia de los evangelios canónicos, presenta una figura de Jesús y una narrativa coherente con las enseñanzas del islam. Los elementos que este evangelio comparte con la doctrina islámica, como la naturaleza humana de Jesús, la negación de la crucifixión y la anticipación de un profeta posterior, han sido cruciales en su aceptación en ciertos círculos islámicos y en su uso como herramienta apologética. Sin embargo, el estatus de este evangelio dentro del islam sigue siendo diverso, y aunque ha sido promovido como una prueba de la autenticidad de las enseñanzas coránicas, su autenticidad y origen continúan siendo debatidos. La apropiación del Evangelio de Bernabé por el islam revela no solo las afinidades entre este texto y la teología islámica, sino también el uso estratégico de las escrituras en la búsqueda de una validación religiosa y de un diálogo con otras tradiciones.

Capítulo 25
Debate Académico

El Evangelio de Bernabé ha sido un tema constante de debate en el ámbito académico, y su autenticidad, propósito y relevancia han dividido a los estudiosos de manera significativa. A lo largo de los años, tanto teólogos cristianos como musulmanes, historiadores y expertos en textos religiosos han abordado el análisis de este evangelio con diferentes enfoques y teorías, que van desde considerarlo un apócrifo sin valor histórico hasta verlo como una fuente alternativa de las enseñanzas de Jesús. Este debate académico refleja la complejidad del texto y las múltiples interpretaciones que se le han atribuido, cada una alimentada por el contexto cultural y religioso de sus investigadores.

Uno de los aspectos más discutidos en la academia es la autenticidad del Evangelio de Bernabé. La mayoría de los estudiosos concuerdan en que el texto no tiene origen apostólico, ya que no existen pruebas de su existencia en los primeros siglos del cristianismo. La ausencia de menciones a este evangelio en escritos tempranos y en las controversias teológicas iniciales, así como su desconocimiento por los padres de la Iglesia, plantea serias dudas sobre su autenticidad y sobre su conexión con la figura de Bernabé, el compañero de Pablo. Este vacío en los registros históricos ha llevado a los académicos a considerar el evangelio como una obra tardía, posiblemente compuesta en el contexto medieval o renacentista, lejos del entorno en el que surgieron los evangelios canónicos.

Los métodos utilizados para investigar la autenticidad del Evangelio de Bernabé incluyen el análisis lingüístico, la evaluación del estilo literario y el estudio de las influencias culturales presentes en el texto. Las características lingüísticas del manuscrito en italiano, como el vocabulario y las estructuras sintácticas, sugieren una datación en los siglos XVI o XVII, lo cual es incompatible con un origen apostólico. Esta datación relativamente tardía es respaldada también por el estilo literario del evangelio, que se asemeja más a la prosa moralizante de la Europa renacentista que a los escritos cristianos primitivos. Los estudiosos han señalado que la estructura narrativa, los temas y el tono del texto son indicativos de una obra concebida en un contexto de debate religioso, donde se buscaba una versión de Jesús que atrajera a un público europeo familiarizado con el islam.

Otro tema importante en el debate académico es la posible motivación detrás de la creación del Evangelio de Bernabé. Algunos investigadores sostienen que el texto pudo haber sido compuesto con un propósito interreligioso, para promover una visión de Jesús que pudiera servir de puente entre el cristianismo y el islam. Esta teoría se basa en las similitudes doctrinales entre el evangelio y las enseñanzas coránicas, como la visión de Jesús como un profeta humano, la negación de la crucifixión y la mención de un profeta posterior, características que encajan bien con la teología islámica. Desde esta perspectiva, el Evangelio de Bernabé podría haber sido una herramienta destinada a facilitar la conversión de cristianos al islam o a propiciar una comprensión más armoniosa entre ambas religiones. Sin embargo, otros académicos cuestionan esta teoría, señalando que no existen pruebas concluyentes sobre la intención del autor y que el contexto histórico exacto de la creación del evangelio sigue siendo incierto.

La controversia en torno al Evangelio de Bernabé también se ha visto alimentada por los anacronismos que se encuentran en el texto. Elementos como el uso de barriles para el vino y referencias a costumbres económicas y sociales propias de la

Europa medieval son aspectos que sugieren que el autor no tenía un conocimiento profundo del contexto judío-palestino del primer siglo. Estos anacronismos son vistos por los estudiosos como indicios de una falsificación o de un intento deliberado de crear un texto que pareciera antiguo, pero que en realidad refleja una comprensión medieval o renacentista del mundo. La presencia de estos anacronismos ha llevado a los académicos a concluir que el Evangelio de Bernabé no puede considerarse una fuente confiable sobre la vida de Jesús ni sobre las enseñanzas del cristianismo primitivo.

En el ámbito teológico, el Evangelio de Bernabé ha suscitado un amplio debate sobre la figura de Jesús y su relación con Dios, tema que es crucial tanto para el cristianismo como para el islam. En el cristianismo, la divinidad de Jesús y su rol como Hijo de Dios son fundamentos doctrinales, mientras que en el islam, Jesús es considerado un profeta importante pero sin una naturaleza divina. El Evangelio de Bernabé, al presentar a Jesús como un simple mensajero y al rechazar cualquier mención a la Trinidad, se alinea más con la perspectiva islámica que con la cristiana. Este enfoque ha sido interpretado por los académicos como una posible señal de que el autor del texto intentaba satisfacer las expectativas de una audiencia musulmana o de promover una visión unitaria de Dios que contradijera el dogma cristiano. Sin embargo, esta interpretación ha sido cuestionada por algunos expertos, quienes sugieren que, más que un intento de conciliar religiones, el texto podría reflejar simplemente las ideas heterodoxas de su autor o un sincretismo religioso característico de ciertas regiones mediterráneas de la época.

El papel del Evangelio de Bernabé en los estudios comparativos de los textos apócrifos es otro tema de interés en el debate académico. Al comparar este evangelio con otros textos apócrifos, como el Evangelio de Tomás o el Evangelio de Judas, se observa que el Evangelio de Bernabé adopta un enfoque narrativo y doctrinal completamente distinto, sin conexión con las corrientes gnósticas o esotéricas que caracterizan a muchos de los otros evangelios apócrifos. Su mensaje se centra en una moralidad estricta, en la obediencia a la ley y en la idea de que Jesús es un mero profeta, lo cual contrasta con las visiones místicas y simbólicas de otros textos apócrifos. Algunos académicos interpretan esta diferencia como una señal de que el Evangelio de Bernabé no surgió en el contexto del cristianismo primitivo, sino en un ambiente posterior, posiblemente influido por la expansión del islam en el Mediterráneo.

La atribución del Evangelio de Bernabé a su supuesto autor también ha sido cuestionada. Aunque el texto lleva el nombre de Bernabé, compañero de Pablo en la evangelización de los gentiles, la mayoría de los estudiosos consideran que esta atribución es falsa y que fue un recurso utilizado para conferir al texto una autoridad apostólica. La figura de Bernabé, como discípulo cercano a los apóstoles, es respetada tanto en el cristianismo como en el islam, lo que hace plausible que su nombre fuera elegido para añadirle legitimidad al texto. Sin embargo, el contenido doctrinal y los elementos culturales y lingüísticos del evangelio no coinciden con la época y la teología de Bernabé, lo cual refuerza la hipótesis de que el nombre fue añadido posteriormente para dar al texto una falsa apariencia de autenticidad. Esta práctica de atribuir textos a figuras reconocidas fue común en la literatura apócrifa y era una estrategia destinada a hacer más aceptables y creíbles las obras, lo que en el caso del Evangelio de Bernabé ha generado controversia sobre sus intenciones y su integridad.

Por último, en el ámbito del diálogo interreligioso, el Evangelio de Bernabé ha sido visto como un ejemplo de cómo los textos pueden ser interpretados y utilizados de manera estratégica para apoyar ciertas creencias. Algunos estudiosos han señalado que este evangelio refleja el interés de ciertos grupos por construir una narrativa que armonice aspectos del cristianismo y del islam, y ha sido empleado como un recurso para desafiar las creencias cristianas y ofrecer una perspectiva alternativa de Jesús. En el islam, este evangelio ha encontrado aceptación entre algunos apologistas que lo ven como una prueba de que el cristianismo original coincidía en ciertos aspectos con el islam, mientras que en el cristianismo ha sido ampliamente rechazado por sus contradicciones con la doctrina. Este uso del evangelio como herramienta de debate ha llevado a los académicos a considerarlo no solo como un texto religioso, sino también como un documento que refleja las complejas dinámicas de las relaciones entre cristianos y musulmanes.

En conclusión, el debate académico sobre el Evangelio de Bernabé abarca una amplia gama de temas, desde su autenticidad y origen hasta su propósito y significado en el contexto interreligioso. La mayoría de los estudiosos coinciden en que el texto es probablemente una obra tardía, de origen medieval o renacentista, con influencias culturales y doctrinales que lo sitúan lejos del cristianismo primitivo. Sin embargo, su contenido ha suscitado interpretaciones diversas y ha sido utilizado como una herramienta para argumentar en favor de perspectivas teológicas alternativas. La riqueza y la controversia que rodean al Evangelio de Bernabé lo convierten en un tema de estudio fascinante que sigue inspirando investigaciones y reflexiones sobre la relación entre cristianismo e islam y sobre la diversidad de interpretaciones de la figura de Jesús a lo largo de la historia.

Capítulo 26
Interpretación Simbólica

El Evangelio de Bernabé ha generado diversas interpretaciones, no solo por sus contenidos doctrinales y su contexto histórico, sino también por los posibles simbolismos y significados subyacentes en su narrativa. Algunos estudiosos han sugerido que este texto podría tener un valor más allá de su contenido literal, y que una lectura simbólica permitiría comprender sus mensajes de una manera más profunda, reconociendo elementos que van más allá de la confrontación directa con el cristianismo o la mera alineación con el islam. La interpretación simbólica del Evangelio de Bernabé permite analizar el texto en un nivel que explora los valores morales, los ideales de justicia, el rol de la obediencia y la sumisión a Dios, así como la representación de la humanidad de Jesús. Estos aspectos abren la puerta a reflexiones que revelan un propósito posiblemente más complejo y que van más allá de un enfrentamiento directo con el cristianismo ortodoxo.

Uno de los símbolos más evidentes en el Evangelio de Bernabé es la figura de Jesús como el profeta ideal, quien representa el ideal de sumisión total a Dios. En el cristianismo, Jesús es el Verbo encarnado, la representación de Dios en la tierra; sin embargo, en este evangelio se le presenta como un humano excepcional, pero sin ninguna naturaleza divina. Este contraste subraya una representación de la humanidad pura y del rol del profeta que actúa únicamente bajo la voluntad divina. Desde una perspectiva simbólica, Jesús en el Evangelio de Bernabé es la personificación de la obediencia absoluta y el rechazo a la autoexaltación. La figura de un profeta humilde y obediente podría reflejar un mensaje que aboga por la vida disciplinada y la entrega total a Dios, y la negación de la divinidad de Jesús enfatiza que cualquier grandeza viene únicamente de Dios, una idea central en la espiritualidad monoteísta.

La narrativa sobre la crucifixión y la sustitución de Jesús por Judas también ofrece una rica base para el simbolismo y la reflexión. Mientras que en el cristianismo la crucifixión es vista como el acto supremo de sacrificio y amor, en el Evangelio de Bernabé, esta es evitada, y el texto narra la salvación física de Jesús en lugar de su sacrificio. Esta historia podría simbolizar la protección divina sobre aquellos que son obedientes a la voluntad de Dios, sugiriendo que el verdadero poder y la salvación vienen de Dios mismo, y no a través de actos individuales de sacrificio o sufrimiento. La sustitución de Judas también podría interpretarse como una representación de la justicia divina, donde el traidor recibe el castigo, mientras que el fiel es protegido y liberado. Desde esta perspectiva, la narrativa no solo intenta invalidar el sacrificio de Jesús, sino que, simbólicamente, expresa una visión en la cual Dios cuida y protege a quienes cumplen su voluntad, transformando la idea de redención en una narrativa de justicia divina y de retribución.

El tema de la obediencia y la ley aparece repetidamente en el Evangelio de Bernabé y podría interpretarse como un símbolo de la devoción absoluta y del cumplimiento de los mandamientos de Dios. A lo largo del texto, Jesús insta a sus seguidores a respetar la ley divina y enfatiza que la salvación depende del cumplimiento de los mandamientos. Esta insistencia podría simbolizar una concepción de la vida humana como un camino de disciplina y obediencia, donde la ley no es solo un conjunto de normas, sino una manifestación de la voluntad divina que guía y ordena la vida de los creyentes. Esta visión de la obediencia, en la cual el cumplimiento estricto de los preceptos es central, puede ser vista como un símbolo de la sumisión y de la entrega que deben caracterizar al creyente ideal.

El concepto de profecía en el Evangelio de Bernabé también tiene un fuerte simbolismo en relación con el rol de los mensajeros de Dios y la importancia de la continuidad en la revelación divina. En el texto, Jesús es solo un eslabón en una cadena profética, y se menciona la llegada de un último profeta, lo cual enfatiza una visión en la que cada mensajero tiene una función temporal y una misión específica, sin que ninguno sea el último ni el más grande. Desde una perspectiva simbólica, esta sucesión de profetas podría representar la continuidad de la guía divina, donde cada generación recibe un mensaje que se adapta a su tiempo, pero que se enmarca en una misma verdad absoluta. Esta visión de la profecía como un proceso en constante renovación podría simbolizar la idea de que la comprensión de la voluntad de Dios es una búsqueda continua y colectiva, en la cual cada profeta contribuye con una porción de la verdad.

El rechazo de la Trinidad y la insistencia en la unicidad absoluta de Dios en el Evangelio de Bernabé también puede interpretarse simbólicamente como una reafirmación de la simplicidad y pureza del monoteísmo. La figura de un Dios único y soberano, sin mediadores ni subdivisiones, representa una visión en la que la relación con Dios es directa y sin intermediarios, lo cual simboliza la cercanía y la universalidad de la divinidad. En lugar de la compleja doctrina trinitaria, que en el cristianismo expresa la comunión de tres personas en una sola esencia divina, el Evangelio de Bernabé presenta una visión donde Dios es la única realidad última, una figura totalizadora que no necesita intermediarios. Este énfasis en la unicidad de Dios simboliza la unidad y la armonía en el universo, donde todo tiene origen y destino en una única fuente de poder y de verdad.

Por otro lado, el rol de los discípulos en el Evangelio de Bernabé, quienes acompañan a Jesús sin cuestionar su humanidad ni su misión, puede interpretarse como una representación de los fieles ideales que siguen a un profeta por su mensaje y su ejemplo, más que por su estatus o su divinidad. Este enfoque en la humanidad de los seguidores de Jesús refuerza la idea de una comunidad basada en la fe, la obediencia y el respeto hacia los mandatos de Dios, sin aspirar a honores o recompensas extraordinarias. En este sentido, los discípulos simbolizan a los creyentes que viven en servicio y en humildad, entendiendo que el verdadero honor radica en la sumisión a Dios y no en el reconocimiento personal. Esta visión de los discípulos subraya una comunidad espiritual que es guiada por el mensaje y no por las promesas de poder o de gloria.

El uso recurrente de expresiones de justicia y castigo en el Evangelio de Bernabé también puede interpretarse simbólicamente, ya que enfatiza la idea de un Dios justo que recompensa a los obedientes y castiga a los transgresores. La narrativa de este evangelio se centra en la justicia divina como el eje de la relación entre Dios y la humanidad, y en que los actos humanos deben alinearse con los mandatos de Dios para ser dignos de recompensa. Este enfoque en la justicia podría simbolizar una visión de la vida humana como una prueba constante, en la cual cada individuo es responsable de sus acciones y debe atenerse a las consecuencias de sus elecciones. La justicia divina, en este sentido, se convierte en una fuerza inevitable y justa que mantiene el orden moral del universo y que sirve como recordatorio de que la conducta humana debe regirse por los principios divinos.

En conclusión, una interpretación simbólica del Evangelio de Bernabé permite explorar su contenido desde una perspectiva que va más allá de la literalidad y que ofrece una visión de los temas espirituales y éticos que el texto transmite. La figura de Jesús como un profeta obediente, el énfasis en la unicidad de Dios, la insistencia en la ley y la justicia, y el rechazo a la divinidad de Jesús pueden interpretarse no solo como posturas doctrinales, sino también como símbolos de una espiritualidad basada en la sumisión, en la justicia y en la simplicidad del monoteísmo. Esta interpretación no elimina el conflicto teológico entre el Evangelio de Bernabé y el cristianismo ortodoxo, pero permite una comprensión más rica y profunda del texto, revelando un mensaje que, aunque polémico, plantea temas universales sobre la naturaleza de la fe, la obediencia y la búsqueda de la verdad en la relación entre Dios y la humanidad.

Capítulo 27
Polémica sobre Jesús y Muhammad

El Evangelio de Bernabé, con su representación única de Jesús y sus alusiones a un profeta posterior, ha sido fuente de una gran polémica teológica en la que convergen las interpretaciones cristiana e islámica sobre la misión y el legado de Jesús y Muhammad. Este evangelio presenta a Jesús no como el salvador divino de la humanidad, sino como un profeta humano que anticipa la llegada de otro mensajero, cuya misión sería completar la revelación de Dios. Esta figura posterior ha sido interpretada por muchos como una referencia a Muhammad, y la afirmación de que Jesús anunciaría a un profeta final ha sido utilizada para sostener la visión islámica en la que Muhammad es el último mensajero. La asociación entre Jesús y Muhammad en este evangelio no solo plantea un desafío a la teología cristiana, sino que también toca aspectos fundamentales del diálogo y la controversia entre ambas religiones.

El núcleo de la polémica radica en la forma en que el Evangelio de Bernabé reinterpreta la figura de Jesús, eliminando su carácter divino y profetizando la venida de otro mensajero. En los evangelios canónicos, Jesús es considerado el Hijo de Dios, la encarnación divina y el mediador entre Dios y la humanidad. Sin embargo, el Evangelio de Bernabé desafía este concepto al presentar a Jesús como un profeta más dentro de una larga línea de enviados divinos, cuyo mensaje, aunque importante, no sería definitivo. En este contexto, la figura de Jesús en el Evangelio de Bernabé parece estar más cerca de la interpretación islámica, que le ve como un profeta significativo, pero subordinado a

Muhammad en la revelación divina. Este cambio de perspectiva contradice directamente la doctrina cristiana, en la cual Jesús es el cumplimiento último de la revelación de Dios y no un profeta en espera de otro.

    El Evangelio de Bernabé presenta múltiples menciones a un profeta futuro, quien tendría un rol preeminente en la revelación y en la guía de la humanidad. Estas menciones han sido interpretadas por algunos estudiosos musulmanes como una predicción explícita de Muhammad, basándose en que el evangelio alude al "Sello de los Profetas", un término que en la tradición islámica es atribuido exclusivamente a Muhammad. Esta anticipación de un profeta final no solo refuerza la visión del islam sobre la sucesión profética, sino que también plantea una estructura de revelación en la que cada profeta tiene un rol específico y el último mensajero cierra la serie. Esta interpretación ha sido utilizada para argumentar que el cristianismo primitivo habría reconocido la llegada de un profeta final y que, con el tiempo, esta expectativa fue eliminada o reinterpretada en los textos canónicos.

    Este enfoque de Jesús como un precursor de Muhammad también introduce un desafío a la teología cristiana, que sostiene que con Jesús se completa la promesa de salvación y se establece la conexión definitiva entre Dios y la humanidad. El Evangelio de Bernabé, al proponer que Jesús anuncia la llegada de otro mensajero, redefine la naturaleza de la misión de Jesús y desplaza su papel central en la historia de la salvación cristiana. Para el cristianismo, esta sustitución implica una pérdida de la unicidad de Jesús y una modificación fundamental de su rol como salvador y como el hijo divino, algo que va en contra de la estructura doctrinal del Nuevo Testamento. Al establecer que Jesús no es el punto culminante, sino solo un eslabón, el Evangelio de Bernabé subvierte el propósito teológico que caracteriza al cristianismo desde sus orígenes.

    La relación entre Jesús y Muhammad que se sugiere en el Evangelio de Bernabé también ha sido utilizada en el contexto del diálogo interreligioso, aunque de manera controversial. Algunos apologistas islámicos han visto en este evangelio una confirmación de que Jesús mismo reconoció y anunció a Muhammad, lo que sería, según ellos, un respaldo a la validez de la profecía islámica. En este sentido, el Evangelio de Bernabé es visto como un texto que refleja una conexión entre las enseñanzas de ambas figuras y que podría representar una versión de los hechos más cercana al islam. Sin embargo, desde la perspectiva cristiana, la aceptación de este evangelio significaría abandonar la centralidad de Jesús como mediador de la redención y cuestionar la idea de que la revelación se completó con él. La controversia en torno a esta relación ha avivado debates tanto entre los teólogos cristianos y musulmanes como entre académicos, quienes cuestionan el propósito de este texto y su coherencia histórica.

Otro aspecto polémico en la relación entre Jesús y Muhammad en el Evangelio de Bernabé es la manera en que el texto presenta las enseñanzas de Jesús, que, en lugar de centrarse en la gracia y el amor incondicional de Dios, pone énfasis en la obediencia estricta a la ley. Este enfoque se alinea con la enseñanza islámica, donde el seguimiento de la ley divina es una señal de devoción absoluta y de sumisión a Dios. Al asociar a Jesús con un mensaje centrado en la ley y en la obediencia, el Evangelio de Bernabé plantea un contraste con los evangelios canónicos, en los que la misión de Jesús se presenta como una revelación de la gracia divina y del amor incondicional. En la narrativa del Evangelio de Bernabé, Jesús parece abogar por una relación con Dios basada en la ley y no en la redención a través de su sacrificio, lo que simboliza una distancia fundamental con la teología cristiana y una cercanía con la ética islámica.

La polémica sobre la relación entre Jesús y Muhammad en el Evangelio de Bernabé ha llevado a numerosos estudiosos a analizar el contexto en el que este evangelio fue compuesto, considerando la posibilidad de que su autor buscara promover una narrativa interreligiosa que conciliara elementos de ambas tradiciones. Esta hipótesis sugiere que el evangelio podría haber sido escrito en un entorno de convivencia o de tensión entre musulmanes y cristianos, en el cual el autor intentaba crear una versión de la historia de Jesús que fuera compatible con las creencias islámicas, pero que pudiera resultar aceptable también para los cristianos. Aunque esta teoría es objeto de debate, el contexto histórico del Mediterráneo medieval, en el que musulmanes, cristianos y judíos compartían territorios y cultura, es un entorno plausible para el desarrollo de un texto que tuviera como objetivo suavizar las diferencias y proponer una narrativa común.

El simbolismo de Jesús como un precursor de Muhammad también introduce un mensaje implícito sobre la continuidad y la universalidad de la revelación divina. Para el islam, la revelación es un proceso que se extiende a través de múltiples profetas, culminando en la misión de Muhammad. Este evangelio, al presentar a Jesús en un rol de anticipación de otro profeta, podría estar sugiriendo una visión en la que la revelación divina no está limitada a una sola tradición o pueblo, sino que es continua y se adapta a las necesidades de cada época y comunidad. Esta idea de continuidad profética es fundamental en el islam y ofrece una perspectiva diferente sobre la historia de la religión, en la cual cada profeta contribuye a una revelación progresiva de la verdad.

En conclusión, la relación entre Jesús y Muhammad en el Evangelio de Bernabé ha sido motivo de polémica por su implicación en las doctrinas fundamentales tanto del cristianismo como del islam. La presentación de Jesús como un profeta humano que anticipa la llegada de Muhammad, la omisión de la divinidad de Jesús y el enfoque en la obediencia a la ley se alejan radicalmente de la doctrina cristiana, mientras que se alinean con la perspectiva islámica. Esta relación, interpretada como un intento de reconciliación o como una declaración de superioridad de Muhammad sobre Jesús, ha generado controversia y ha sido objeto de múltiples interpretaciones. La polémica en torno a este tema no solo desafía las doctrinas religiosas, sino que también abre la puerta a una exploración de cómo los textos pueden reflejar las tensiones y los encuentros entre culturas y creencias, proporcionando un ejemplo de las complejidades que surgen en el diálogo y en el conflicto interreligioso.

Capítulo 28
Misticismo en el Texto

El Evangelio de Bernabé, con su contenido aparentemente directo y su narrativa enfática, presenta sin embargo elementos místicos y simbólicos que han sido motivo de análisis entre los estudiosos. Al leer el texto con una lente mística, surgen temas espirituales profundos que se relacionan con el viaje interior del ser humano, la búsqueda de una conexión genuina con Dios, y la disciplina y purificación necesarias para alcanzar la comunión divina. Estos elementos místicos, aunque menos obvios que en otros evangelios apócrifos, revelan una dimensión espiritual que no solo apela a las creencias cristianas o islámicas, sino que también explora conceptos universales de la espiritualidad.

Un aspecto místico evidente en el Evangelio de Bernabé es la figura de Jesús como modelo de humildad y obediencia absoluta. Aunque el texto rechaza la divinidad de Jesús y lo presenta como un profeta, su papel simboliza el arquetipo del ser humano ideal que alcanza un estado elevado mediante la sumisión total a la voluntad divina. En la mística islámica, esta completa entrega se conoce como *tawakkul*, o confianza total en Dios, y en la tradición cristiana se asocia con el concepto de la kenosis, es decir, el vaciamiento de uno mismo para acoger la voluntad divina. En el Evangelio de Bernabé, Jesús encarna esta humildad a través de una vida dedicada a la obediencia, lo que lo convierte en un reflejo de la virtud mística en la que el individuo renuncia a su propia voluntad para acercarse a la realidad suprema de Dios. Desde esta perspectiva, Jesús no es solo un profeta o un maestro, sino una figura que muestra el camino de la trascendencia mediante la anulación del ego y la entrega a un poder superior.

El concepto de pureza también aparece como un tema místico en el Evangelio de Bernabé. A lo largo del texto, Jesús insiste en la necesidad de una vida moralmente íntegra y en la importancia de evitar el pecado para mantenerse en comunión con Dios. Este énfasis en la pureza puede interpretarse simbólicamente como una metáfora del proceso de purificación interior, esencial en muchas tradiciones místicas tanto cristianas como islámicas. En la mística islámica, el proceso de purificación se asocia con la *tazkiya*, o el refinamiento del alma, que busca eliminar las impurezas del corazón para acercarse a la verdad divina. De manera similar, en la mística cristiana, la purificación es un proceso indispensable para alcanzar una unión mística con Dios, donde el alma es limpiada de pasiones y deseos terrenales. La narrativa del Evangelio de Bernabé, en su insistencia sobre una vida de virtud, puede interpretarse como un llamado a esta limpieza espiritual, en la cual el ser humano se libera de las ataduras del mundo para entrar en una relación más pura y cercana con Dios.

Otro elemento místico en el Evangelio de Bernabé es la concepción de Dios como una realidad trascendente y absoluta, cuyo conocimiento solo puede alcanzarse a través de la sumisión y la fe. A lo largo del texto, Dios es presentado como la fuente de toda autoridad y como un ser inaccesible que guía a sus siervos mediante sus profetas. Este énfasis en la inefabilidad y la grandeza de Dios recuerda la idea de lo sagrado y lo incognoscible, común en la mística. En el sufismo, por ejemplo, el acercamiento a Dios se realiza a través de la conciencia de su grandeza y de la pequeñez del ser humano, una perspectiva que el Evangelio de Bernabé refuerza mediante la representación de Dios como la única realidad digna de obediencia y adoración. Este enfoque en la trascendencia divina puede interpretarse como un recordatorio de que, para alcanzar el conocimiento de Dios, es necesario reconocer la limitación humana y buscar la revelación que proviene de la misma divinidad. Esta comprensión de Dios, que va más allá de la razón y solo se accede a través de la fe y la entrega, es un tema característico de la espiritualidad mística.

La idea de la vida como un viaje hacia Dios también está implícita en el Evangelio de Bernabé, en la insistencia de Jesús sobre el cumplimiento de la ley y la disciplina personal. En este texto, la vida se describe como un proceso en el que el ser humano debe seguir el camino de la rectitud y evitar los pecados para acercarse a Dios. Este concepto de la vida como un viaje hacia lo divino es común en la mística, en la que se describe la experiencia humana como un recorrido que lleva al alma de regreso a su origen. En el sufismo, este viaje se conoce como *suluk* y representa el camino que cada creyente debe recorrer para alcanzar la presencia divina. De igual manera, en la mística cristiana, se emplea la metáfora de la peregrinación para representar el proceso de acercamiento a Dios. El Evangelio de Bernabé, al presentar una vida en obediencia como el camino hacia la salvación, transmite la idea de que la existencia humana es un tránsito hacia la comunión con lo divino, un camino que exige disciplina, pureza y una profunda relación con la ley divina.

El simbolismo de la luz como guía es otro tema místico presente en el Evangelio de Bernabé, donde se menciona repetidamente que Jesús es iluminado por la sabiduría de Dios y que es enviado para iluminar a su pueblo. La imagen de la luz, que en este evangelio se relaciona con el conocimiento y la verdad, es un símbolo recurrente en la mística, en la cual representa la sabiduría divina que disipa la ignorancia y guía al alma hacia Dios. En el sufismo, la luz de Dios (*nur*) es considerada la manifestación de su presencia, y los místicos buscan esta iluminación interior a través de la meditación y el recuerdo constante de Dios (*dhikr*). En el contexto cristiano, la luz es una metáfora de la gracia divina que permite al alma ver más allá del mundo material. En el Evangelio de Bernabé, la luz que emana de Dios y guía a Jesús puede interpretarse como una representación simbólica de esta iluminación espiritual, la cual no solo es accesible al profeta, sino que se extiende a quienes siguen sus enseñanzas. La luz, como guía hacia la verdad, simboliza la trascendencia y el conocimiento divino que cada creyente puede alcanzar mediante la devoción.

El papel de Jesús como intermediario entre Dios y los hombres adquiere un matiz místico en el Evangelio de Bernabé. Aunque este evangelio rechaza la idea de Jesús como mediador en el sentido cristiano de la redención, su rol como guía espiritual y su dedicación a la ley divina evocan la imagen de un maestro espiritual que orienta a sus seguidores hacia una vida en armonía con la voluntad de Dios. En la mística islámica, este rol de guía espiritual lo cumple el *murshid* o maestro sufí, quien ayuda al discípulo a recorrer el camino hacia Dios. En el contexto cristiano, la función del guía espiritual también es fundamental en la vida mística, donde el maestro o director espiritual ayuda al alma a reconocer y a seguir la voluntad divina. Jesús, en el Evangelio de Bernabé, puede verse como un maestro místico que, aunque no actúa como redentor, muestra el camino de la purificación y de la obediencia, ayudando a los hombres a encontrar a Dios mediante el cumplimiento de los mandamientos y una vida de virtud.

En conclusión, el Evangelio de Bernabé presenta elementos místicos que, al ser analizados desde una perspectiva simbólica, revelan un mensaje sobre la obediencia, la pureza, la trascendencia divina y el viaje espiritual hacia Dios. Aunque el texto difiere en muchos aspectos de los evangelios canónicos, su contenido puede interpretarse como una exploración de temas espirituales que trascienden la teología estricta y que resuenan con la experiencia mística tanto en el islam como en el cristianismo. Estos elementos sugieren que, más allá de su mensaje literal, el Evangelio de Bernabé ofrece una representación de la vida espiritual como un camino de sumisión, iluminación y acercamiento a una realidad divina que solo se alcanza a través de la devoción y de la purificación interior.

Capítulo 29
Comparación con Evangelios Gnósticos

El Evangelio de Bernabé, aunque distinto de los evangelios gnósticos en su estructura y mensaje principal, comparte con ellos ciertos aspectos que sugieren una afinidad en el tipo de espiritualidad y en las perspectivas alternativas sobre la figura de Jesús y su rol. La comparación con los evangelios gnósticos revela contrastes en la teología y el propósito de estos textos, pero también saca a la luz coincidencias simbólicas, especialmente en temas como el conocimiento secreto, el camino de la salvación y la humanidad de Jesús. Esta comparación permite una mayor comprensión del Evangelio de Bernabé como un texto alternativo que desafía las creencias cristianas ortodoxas, pero que, al igual que los textos gnósticos, busca ofrecer una visión de lo divino y del rol de Jesús distinta a la que se encuentra en los evangelios canónicos.

Una de las diferencias fundamentales entre el Evangelio de Bernabé y los evangelios gnósticos es la concepción de Dios y de la creación. En los textos gnósticos, el universo físico es a menudo visto como una prisión creada por un ser inferior o demiurgo, y la salvación implica escapar de este mundo material para alcanzar un plano espiritual superior. En el Evangelio de Bernabé, por el contrario, el mundo material no es presentado como algo intrínsecamente negativo, y Dios es visto como el creador directo y supremo de todas las cosas. No hay dualismo entre el bien y el mal en la creación como en los textos gnósticos; en su lugar, el mal se asocia con la desobediencia a la ley divina. La teología del Evangelio de Bernabé promueve una visión de

Dios como la única fuente de bien y justicia, sin el antagonismo cósmico característico de los evangelios gnósticos. Este enfoque sugiere que, mientras los gnósticos buscaban una liberación del mundo material, el Evangelio de Bernabé enfatiza la obediencia y la vida recta en el mundo creado por Dios como la clave de la salvación.

Sin embargo, el Evangelio de Bernabé y los textos gnósticos coinciden en la representación de Jesús como una figura humana que guía a sus seguidores a través de su enseñanza y de su ejemplo. En los evangelios gnósticos, Jesús es a menudo un revelador de conocimiento secreto o de verdades ocultas, y su misión consiste en despertar la chispa divina que yace oculta en el ser humano. Aunque el Evangelio de Bernabé no atribuye a Jesús la misma función de revelador de secretos esotéricos, su enseñanza también puede interpretarse como una forma de guía hacia una verdad espiritual elevada. Jesús, en este evangelio, rechaza cualquier noción de divinidad y se presenta exclusivamente como un profeta que advierte sobre los peligros de la desobediencia y enseña la importancia de la sumisión a Dios. En este sentido, ambos tipos de textos ofrecen una visión de Jesús que va más allá de los conceptos tradicionales y que lo presenta como un maestro espiritual, aunque el enfoque del Evangelio de Bernabé es más moral y disciplinario, en contraste con el misticismo gnóstico.

Otro aspecto en el que los evangelios gnósticos y el Evangelio de Bernabé coinciden es en su rechazo a las estructuras religiosas establecidas. Los textos gnósticos, como el Evangelio de Tomás o el Evangelio de Judas, a menudo cuestionan la autoridad de las instituciones religiosas y promueven una experiencia espiritual directa que no depende de las prácticas o de los ritos oficiales. En el Evangelio de Bernabé, aunque no se encuentra un rechazo explícito a las instituciones, el mensaje de Jesús se centra en la obediencia directa a la ley divina y en una relación personal con Dios, sin mediaciones de figuras eclesiásticas o jerárquicas. Esta idea de una relación directa y sin intermediarios es similar a la libertad espiritual promovida en los textos gnósticos, donde el conocimiento y la conexión con lo divino se obtienen de manera personal y sin la necesidad de la estructura de la Iglesia. Este enfoque resuena con una espiritualidad más interna y una relación con Dios que trasciende la organización institucional, aunque en el Evangelio de Bernabé se mantiene el cumplimiento de la ley como un elemento fundamental, mientras que en el gnosticismo se exalta la revelación personal y la iluminación interior.

La interpretación de la salvación también difiere entre los evangelios gnósticos y el Evangelio de Bernabé, pero ambos comparten una visión alternativa a la redención cristiana tradicional. En los textos gnósticos, la salvación no depende del sacrificio de Jesús, sino del conocimiento (gnosis) que permite al individuo liberarse de la ignorancia y del mundo material. La salvación es un proceso de autodescubrimiento y de liberación del alma. En el Evangelio de Bernabé, la salvación tampoco está ligada al sacrificio de Jesús; el texto rechaza explícitamente la idea de la crucifixión redentora y se enfoca en la salvación a través de la obediencia y la sumisión a la ley divina. En este sentido, el Evangelio de Bernabé y los evangelios gnósticos se oponen a la interpretación cristiana ortodoxa de la salvación mediante el sacrificio de Jesús y proponen caminos alternativos. En el caso de los gnósticos, el conocimiento personal y espiritual es el medio de salvación, mientras que en el Evangelio de Bernabé, el cumplimiento de los mandamientos es el camino hacia la recompensa divina.

El simbolismo de la luz y la oscuridad, común en la literatura gnóstica, también está presente en el Evangelio de Bernabé, aunque de forma menos desarrollada. En los textos gnósticos, la luz representa la sabiduría y la chispa divina atrapada en el mundo material, mientras que la oscuridad simboliza la ignorancia y el dominio del demiurgo. En el Evangelio de Bernabé, Jesús se presenta como una "luz" que guía a los creyentes hacia la obediencia a Dios, pero esta luz es más una metáfora de la enseñanza y la guía moral que una visión esotérica o mística. La idea de la luz en el Evangelio de Bernabé parece tener un propósito principalmente ético, mientras que en los textos gnósticos la luz es el símbolo de una realidad espiritual superior. Aun así, ambos textos utilizan la luz como una representación del conocimiento y de la verdad que permite a los fieles encontrar su camino hacia Dios, y esto crea una conexión simbólica entre el Evangelio de Bernabé y la tradición gnóstica, aunque sus propósitos finales divergen.

La relación entre Jesús y sus discípulos es otro punto de comparación entre los textos gnósticos y el Evangelio de Bernabé. En los evangelios gnósticos, los discípulos son a menudo los receptores de enseñanzas secretas y se representan como figuras que buscan un conocimiento oculto que solo Jesús puede revelarles. En el Evangelio de Bernabé, aunque no existe esta dimensión de revelación esotérica, los discípulos son también seguidores fieles que se esfuerzan por aprender de Jesús y por seguir sus enseñanzas en un nivel profundo. Aunque el Evangelio de Bernabé no les confiere el rol de receptores de una sabiduría secreta, la relación con Jesús refleja un compromiso con la verdad y con una vida recta, similar a la dedicación de los discípulos gnósticos que buscan alcanzar la iluminación a través de la enseñanza de su maestro. La diferencia radica en que, en el Evangelio de Bernabé, el conocimiento transmitido es accesible y está enmarcado en la ley divina, mientras que en los textos gnósticos es secreto y requiere una iniciación.

En resumen, la comparación entre el Evangelio de Bernabé y los evangelios gnósticos revela tanto diferencias fundamentales como paralelismos en sus enfoques sobre la espiritualidad y la figura de Jesús. Si bien el Evangelio de Bernabé mantiene un enfoque en la obediencia y en el cumplimiento de la ley, sin los elementos de dualismo y revelación secreta que caracterizan al gnosticismo, ambos tipos de textos desafían la interpretación cristiana ortodoxa y presentan a Jesús como un maestro humano que guía a sus seguidores hacia un conocimiento o una práctica que los acerca a Dios. La visión de la salvación y de la relación directa con lo divino en el Evangelio de Bernabé se distancia de la teología gnóstica, pero también se opone a la doctrina cristiana tradicional, lo cual lo sitúa en un espacio intermedio, como un texto alternativo que, aunque no gnóstico, ofrece una espiritualidad que rechaza la divinidad de Jesús y propone un camino hacia Dios basado en la obediencia y la pureza.

Esta comparación con los evangelios gnósticos enriquece la comprensión del Evangelio de Bernabé y destaca su papel como un texto único que se aparta de las doctrinas centrales del cristianismo ortodoxo y que comparte, aunque de manera superficial, algunas características con el pensamiento gnóstico. La exploración de estas semejanzas y diferencias permite ver cómo este evangelio refleja una versión de la fe en la que Jesús no es el salvador divino, sino un profeta humano que dirige a sus seguidores hacia una vida de sumisión a Dios y hacia la verdad, estableciendo así un paralelo con las enseñanzas alternativas que han coexistido a lo largo de la historia cristiana.

Capítulo 30
Influencia Medieval

El Evangelio de Bernabé, en sus particularidades teológicas, lingüísticas y temáticas, sugiere influencias significativas de la época medieval, tanto en términos culturales como religiosos. Muchos estudiosos coinciden en que, aunque este texto pretende reflejar las enseñanzas y el contexto de Jesús, su lenguaje, sus referencias y su estructura narrativa parecen más bien anclados en el pensamiento y las costumbres de la Europa medieval. Este capítulo explora la posible influencia del pensamiento medieval e islámico en el Evangelio de Bernabé, considerando cómo los elementos culturales y religiosos de la época pudieron haber modelado su contenido y orientado sus mensajes hacia una perspectiva que conciliara o, al menos, armonizara algunas creencias del cristianismo y del islam en la época.

Uno de los indicios más claros de la influencia medieval en el Evangelio de Bernabé es su enfoque en una moral estricta y su énfasis en la obediencia a la ley divina. Durante la Edad Media, tanto en Europa como en las regiones dominadas por el islam, el cumplimiento de los preceptos religiosos era fundamental en la vida cotidiana, y las normas morales se encontraban profundamente ligadas a la autoridad de la religión. En este evangelio, la enseñanza de Jesús se centra en la obediencia absoluta a los mandamientos de Dios, un énfasis que refleja el contexto medieval, en el que el respeto por la autoridad de la Iglesia y la sumisión a los mandatos divinos eran valores esenciales. Esta visión de la ley como guía central de la conducta humana y como camino de salvación concuerda con las normas morales de la época medieval, tanto en el mundo islámico como en el cristiano, lo que sugiere que el autor de este evangelio estaba influido por una ética propia de ese período histórico.

El uso del idioma y las construcciones lingüísticas en el Evangelio de Bernabé también sugiere una conexión con el estilo literario y el lenguaje de la Europa medieval. El manuscrito en italiano, que es la versión principal del texto, muestra características de la lengua italiana de los siglos XVI y XVII, con expresiones y estructuras propias de esa época. Estas características han llevado a muchos estudiosos a concluir que el evangelio fue escrito en un contexto en el que el italiano y el latín eran lenguas de uso común en la literatura religiosa y en los documentos eclesiásticos. El estilo narrativo, que a menudo es descriptivo y moralizante, se asemeja al de las obras religiosas medievales, donde la enseñanza de valores y normas era un elemento fundamental. En este sentido, el lenguaje del Evangelio de Bernabé no solo revela su probable origen tardío, sino también su vinculación con un estilo literario medieval que enfatizaba la instrucción religiosa y la moral.

Además del lenguaje y el estilo, ciertos conceptos teológicos presentes en el Evangelio de Bernabé son representativos de las controversias y adaptaciones religiosas de la Edad Media. Uno de estos conceptos es la figura de Jesús como un profeta humano, una idea que se asemeja más a la visión islámica que a la doctrina cristiana establecida por la Iglesia. La expansión del islam y su contacto con el cristianismo en el Mediterráneo medieval facilitaron la interacción y el intercambio de ideas religiosas, y en algunos contextos, se intentó crear narrativas que pudieran ser aceptables para ambos credos. Este evangelio, al presentar a Jesús como un mensajero de Dios y no como el Hijo de Dios, refleja una posible intención de acercar la visión cristiana a la islámica, en un esfuerzo por reducir las diferencias doctrinales. La negación de la divinidad de Jesús y la insistencia en su humanidad, aunque en contra de la teología cristiana, muestra una influencia del pensamiento islámico, en el que Jesús es un profeta respetado pero sin naturaleza divina. Esta postura sugiere que el autor estaba familiarizado con el islam o influido por las corrientes de pensamiento que buscaban conciliar ambas religiones.

La descripción de la crucifixión en el Evangelio de Bernabé también refleja una perspectiva que coincide con la creencia islámica y que probablemente fue influida por el contexto medieval. En el texto, Judas es quien es crucificado en lugar de Jesús, lo cual rechaza la idea cristiana del sacrificio redentor de Jesús en la cruz. Esta narrativa se alinea con la enseñanza islámica, que sostiene que Jesús no fue crucificado, sino que fue elevado por Dios antes de que pudiera ser ejecutado. Durante la Edad Media, esta idea islámica era bien conocida en Europa, especialmente en regiones donde había contacto frecuente entre musulmanes y cristianos, como en la península ibérica. El relato de la crucifixión en el Evangelio de Bernabé puede, por lo tanto, interpretarse como un intento de adaptar la historia de Jesús para que resonara con las creencias islámicas, lo cual refuerza la teoría de que este evangelio pudo haber sido creado en un ambiente de convivencia o de tensión religiosa, donde el autor buscaba legitimar una visión de Jesús que fuera aceptable para ambas religiones.

La influencia de la literatura y la narrativa moral medieval también se observa en la estructura del Evangelio de Bernabé, donde los episodios de la vida de Jesús se presentan como lecciones o parábolas que refuerzan la obediencia y la justicia divina. Este enfoque recuerda el uso de ejemplos morales en las obras medievales, en las cuales los personajes a menudo encarnaban virtudes o defectos que debían ser imitados o evitados. En el Evangelio de Bernabé, Jesús se muestra constantemente advirtiendo a sus seguidores sobre los peligros de la desobediencia y el pecado, lo cual convierte su historia en un compendio de lecciones morales que no solo enseñan sobre la vida y misión de Jesús, sino que también exhortan a los lectores a vivir de acuerdo con la ley de Dios. Esta estructura moralizante es característica de las narrativas medievales, en las cuales las historias tenían una función educativa y se empleaban para instruir a la audiencia sobre valores y comportamientos.

Además, en el contexto medieval, tanto el islam como el cristianismo estaban marcados por un enfoque teológico que enfatizaba la unicidad y la autoridad absoluta de Dios. En el Evangelio de Bernabé, esta unicidad divina se refuerza continuamente, en una forma que resuena con el *tawhid* islámico, el principio de la unidad y la indivisibilidad de Dios. Este énfasis en la unicidad de Dios, que rechaza cualquier tipo de mediación o de concepto trinitario, es un tema central en el islam y refleja una visión medieval en la cual la afirmación de la autoridad de Dios era fundamental para la religión. Esta similitud doctrinal con el islam no solo es una muestra de la influencia religiosa de la época, sino que también revela un intento de alinear las enseñanzas de Jesús con una visión de Dios que se asemeja a la del islam.

La referencia a elementos y prácticas culturales propias de la Europa medieval, como el uso de barriles para el vino o la mención de monedas y costumbres económicas de la época, también sugiere que el autor estaba más familiarizado con el contexto medieval que con la Palestina del primer siglo. Estos anacronismos han sido señalados como una prueba de que el evangelio fue escrito en una época y un lugar donde el autor no solo desconocía los detalles históricos de la vida de Jesús, sino que también estaba influido por las costumbres de su propio entorno. Esto refuerza la idea de que el Evangelio de Bernabé es una obra que no se originó en el contexto apostólico, sino en un contexto cultural e histórico específico de la Europa medieval, donde las prácticas cotidianas y las creencias religiosas locales se reflejan en el texto.

En conclusión, la influencia medieval en el Evangelio de Bernabé es evidente en su énfasis en la obediencia y la moral, en su lenguaje y estilo narrativo, y en su aproximación a ciertos temas teológicos que reflejan el ambiente cultural y religioso de la época. Este evangelio, aunque pretende ser una historia de Jesús, muestra signos de haber sido escrito en un contexto donde el autor buscaba conciliar o armonizar creencias cristianas e islámicas, posiblemente para promover una visión de Jesús que pudiera ser aceptada en un ambiente de convivencia entre ambas religiones. La mezcla de elementos cristianos e islámicos, junto con la estructura moralizante y los anacronismos culturales, sugieren que el Evangelio de Bernabé es un producto de la época medieval, un texto que refleja las complejidades y las influencias de un período en el que la religión y la cultura eran profundamente interdependientes y donde las narrativas religiosas podían ser adaptadas para responder a los desafíos y tensiones de su tiempo.

Capítulo 31
Propósitos y Motivaciones

El Evangelio de Bernabé, en su contenido y estructura, levanta importantes interrogantes sobre las motivaciones y propósitos que podrían haber guiado a su autor o autores. A lo largo de los siglos, se ha debatido extensamente si este texto fue compuesto como un documento religioso auténtico, una herramienta apologética, o incluso como una pieza de propaganda destinada a influir en la visión cristiana e islámica de Jesús. Explorar las posibles intenciones detrás de este evangelio permite ahondar en el contexto de su creación, revelando una red de intereses y tensiones religiosas, culturales y políticas propias de la época y el entorno que rodearon su génesis.

Una de las teorías más defendidas es que el Evangelio de Bernabé fue escrito con el propósito de actuar como un puente entre las creencias cristianas e islámicas, suavizando las diferencias doctrinales en un esfuerzo por fomentar una visión de Jesús aceptable para ambos credos. Esta teoría, conocida como la hipótesis conciliadora, se apoya en el hecho de que el texto ofrece una representación de Jesús que se alinea más con la teología islámica que con la cristiana, a través de su rechazo a la divinidad de Jesús, la reinterpretación de su misión y su anticipación de la llegada de Muhammad como último profeta. Este enfoque hace del Evangelio de Bernabé un texto potencialmente útil en contextos donde las dos religiones coexistían o estaban en conflicto, como en la península ibérica y otras regiones de contacto entre el mundo islámico y el cristianismo medieval.

La hipótesis conciliadora se refuerza al observar ciertos elementos narrativos que parecen diseñados para apelar a una audiencia musulmana. La insistencia en la obediencia a Dios y en la importancia de la ley divina como único camino hacia la salvación, así como la descripción de la crucifixión como un evento en el que Jesús es sustituido por Judas, son elementos que reflejan claramente una comprensión islámica. Estos detalles podrían haber sido incorporados con la intención de presentar una versión de Jesús que fuese aceptable y consistente con el Corán. Así, el autor de este evangelio podría haber buscado no solo ofrecer una alternativa al cristianismo ortodoxo, sino también crear una narrativa común que invitara a los cristianos a aceptar una visión de Jesús más cercana al islam.

Otra motivación propuesta es la intención apologética de este texto, en el que se buscaría no solo la conciliación, sino la argumentación activa en favor del islam, utilizando a Jesús como un portavoz de valores y creencias islámicas. En este contexto, el Evangelio de Bernabé podría haber sido concebido como una herramienta de debate interreligioso, destinada a convencer a los cristianos de que su fe original incluía enseñanzas más alineadas con las del islam. En este escenario, el evangelio serviría como un recurso para apologistas islámicos, quienes podrían utilizar el texto para afirmar que las enseñanzas auténticas de Jesús fueron transformadas por el cristianismo posterior. Este enfoque apologético sería coherente con un contexto en el que las controversias religiosas y el proselitismo eran comunes, y donde los textos se empleaban como instrumentos para fortalecer y expandir el alcance de una fe sobre otra.

Además, algunos estudiosos han sugerido que el Evangelio de Bernabé fue creado con un propósito moralizador. Esta teoría sostiene que el texto intenta reforzar principios de rectitud, obediencia y sumisión a la ley como una respuesta a la crisis moral percibida en su contexto de origen. El evangelio contiene numerosas lecciones y advertencias sobre el pecado, la humildad y la justicia divina, y su tono recuerda al de los tratados medievales que intentaban corregir los vicios y orientar a los fieles hacia una vida de virtud. Desde esta perspectiva, el autor podría haber tenido en mente una audiencia a la que buscaba instruir en valores de disciplina religiosa y moral, utilizando a Jesús como el ejemplo perfecto de un profeta íntegro y humilde, cuyo rechazo a la divinidad subraya la superioridad de Dios y la necesidad de un comportamiento piadoso y sumiso.

La hipótesis de la propaganda también es relevante en el análisis de las motivaciones detrás del Evangelio de Bernabé. En este caso, el texto habría sido compuesto no solo con fines religiosos, sino también como un instrumento de influencia política y social. Durante la época medieval, la propaganda religiosa se utilizaba para moldear opiniones y fomentar la unidad en regiones multiétnicas y multiconfesionales. Así, el Evangelio de Bernabé podría haber servido como una herramienta para promover una narrativa religiosa y política alineada con los intereses de quienes gobernaban territorios con una población tanto cristiana como musulmana. Este enfoque permite ver el evangelio como un texto con una función política, diseñado para influir en las creencias y actitudes religiosas de una sociedad diversa y para alentar una visión común que facilitara la estabilidad en un contexto de diversidad religiosa.

Otra posible motivación detrás del Evangelio de Bernabé es la creación de una versión alternativa de los evangelios que desafiara abiertamente la teología cristiana ortodoxa. Este objetivo confrontacional se apoya en el contenido teológico del texto, que contradice de manera explícita varios de los dogmas centrales del cristianismo, como la divinidad de Jesús, la crucifixión como acto redentor y la resurrección. Al presentar una visión de Jesús que se distancia de la figura divina y redentora de los evangelios canónicos, el Evangelio de Bernabé parece buscar deslegitimar la doctrina de la Iglesia, cuestionando la autenticidad de su interpretación y sugiriendo que su visión de Jesús es más fiel a la verdad. Esta intención subversiva podría interpretarse como un desafío directo a la autoridad eclesiástica, utilizando el texto para socavar la enseñanza ortodoxa y ofrecer una interpretación alternativa destinada a aquellos que pudieran dudar de la versión oficial de la Iglesia.

Otra línea de interpretación sugiere que el propósito del Evangelio de Bernabé fue puramente literario o incluso filosófico, como una exploración de temas espirituales y éticos a través de una narrativa inspirada en la figura de Jesús. Desde este punto de vista, el evangelio sería una especie de meditación sobre la virtud, la obediencia a Dios y el significado de la fe, donde Jesús actúa como un ejemplo ideal de devoción. En este sentido, el Evangelio de Bernabé podría no haber sido escrito con la intención de modificar doctrinas religiosas ni de influir en el diálogo interreligioso, sino como una obra destinada a reflexionar sobre la naturaleza humana y sobre el sentido de la vida moral y religiosa en relación con la figura de un profeta. Este enfoque sugiere que el autor pudo haber utilizado la historia de Jesús como un medio para explorar cuestiones éticas y espirituales que resonaran tanto en el cristianismo como en el islam, sin necesariamente intentar modificar la teología cristiana.

En conclusión, las motivaciones detrás del Evangelio de Bernabé pueden haber sido múltiples y complejas, combinando posiblemente el deseo de influir en las creencias religiosas, de reforzar la moralidad o de ofrecer una visión alternativa de Jesús que fuera compatible con el islam. El análisis de los propósitos del texto revela una obra con un trasfondo cultural y religioso que responde a las tensiones y desafíos de su época, intentando aportar una narrativa que satisficiera las expectativas de quienes buscaban una versión de Jesús más cercana a la fe islámica o que rechazaban la autoridad doctrinal de la Iglesia.

Capítulo 32
Impacto en el Islam y Cristianismo

El Evangelio de Bernabé, con su visión única de Jesús y sus numerosas reinterpretaciones de eventos y doctrinas cristianas, ha tenido un impacto notable en el diálogo, la controversia y las interacciones entre el islam y el cristianismo. Este texto, que se alinea más con la perspectiva islámica en varios aspectos clave, ha sido utilizado como un argumento tanto para la validación de ciertos principios islámicos como para cuestionar las doctrinas cristianas centrales. Este capítulo explora cómo el Evangelio de Bernabé ha influido en las interpretaciones religiosas y ha alimentado debates teológicos, así como su papel en el contexto de las relaciones históricas y contemporáneas entre cristianos y musulmanes.

Desde la perspectiva islámica, el Evangelio de Bernabé ha sido acogido en ciertos círculos como una confirmación adicional de las enseñanzas del Corán sobre la figura de Jesús. Para muchos musulmanes, el hecho de que este evangelio presente a Jesús como un profeta humano, sin atributos divinos, coincide con la enseñanza islámica y refuerza la idea de que el cristianismo primitivo pudo haber mantenido una visión semejante antes de que las doctrinas sobre la divinidad de Jesús y la Trinidad fueran formalizadas por la Iglesia. En el islam, Jesús es un profeta venerado, y su papel es respetado profundamente, pero siempre en un marco humano y no divino, lo cual lo distingue claramente de la visión cristiana. Este punto de convergencia ha sido utilizado para argumentar que el Evangelio de Bernabé representa una versión más "auténtica" de las enseñanzas de Jesús, en la cual él mismo anuncia la llegada de Muhammad, fortaleciendo así la afirmación islámica de que el cristianismo posterior fue alterado en ciertos aspectos esenciales.

El impacto del Evangelio de Bernabé en el islam se ve reflejado en el uso del texto por parte de algunos apologistas musulmanes que lo emplean para respaldar la tesis de que Jesús predijo la llegada de Muhammad como el último profeta. Esta interpretación ha sido empleada para sostener la idea de una continuidad profética que culmina con Muhammad, argumentando que la narrativa cristiana excluye deliberadamente ciertos elementos que estarían presentes en la tradición de Jesús. Así, para estos sectores, el Evangelio de Bernabé actúa como un testimonio alternativo que refuerza la validez de las enseñanzas islámicas, al presentar una figura de Jesús que se asemeja más al profeta islámico y que, además, parece anunciar la misión de Muhammad. Esta idea de una continuidad profética se alinea con el concepto islámico del *tawhid*, o la unicidad de Dios, en el que todos los profetas tienen una función específica dentro de un mismo plan divino, sin que uno de ellos, ni siquiera Jesús, ocupe un lugar exclusivo o final.

Desde el lado cristiano, la aparición del Evangelio de Bernabé ha generado polémica, escepticismo y rechazo. Muchos teólogos y estudiosos cristianos cuestionan tanto su autenticidad como su origen, argumentando que el texto fue probablemente compuesto en un contexto medieval con la intención de apoyar ideas islámicas o de cuestionar la doctrina cristiana. El rechazo al Evangelio de Bernabé se basa en varios factores, como la existencia de anacronismos, su ausencia en las primeras referencias cristianas y su divergencia con respecto a las enseñanzas de los evangelios canónicos. La mayoría de los eruditos cristianos y algunas instituciones eclesiásticas lo consideran un documento apócrifo tardío, de escaso valor teológico, y argumentan que su inclusión en el corpus cristiano es inviable debido a sus claras contradicciones con los principios fundamentales del cristianismo.

A pesar del rechazo oficial, el Evangelio de Bernabé ha generado un interés considerable en ciertos sectores cristianos, especialmente aquellos que buscan explorar la historia y las tradiciones cristianas alternativas. Algunos estudiosos e historiadores interesados en los textos apócrifos han abordado el Evangelio de Bernabé como una muestra de cómo diferentes visiones de Jesús y su mensaje coexistieron a lo largo de los siglos, y cómo algunas de estas interpretaciones divergieron significativamente de la ortodoxia establecida. Este análisis permite ver el evangelio no solo como un texto religioso, sino como un reflejo de las tensiones doctrinales y culturales de la época medieval, donde las doctrinas de la iglesia cristiana y las enseñanzas del islam estaban en constante confrontación y negociación.

El impacto del Evangelio de Bernabé en el diálogo interreligioso entre musulmanes y cristianos ha sido complejo y ambivalente. Por un lado, el texto ha servido como una herramienta de acercamiento, al sugerir que las enseñanzas de Jesús y Muhammad podrían ser compatibles o complementarias. En este contexto, el evangelio ha sido interpretado como una invitación al diálogo y a la reconciliación, al subrayar ciertos aspectos comunes entre ambas religiones, como la importancia de la sumisión a la voluntad divina, el rechazo de la idolatría y la afirmación de un monoteísmo puro. La visión de Jesús como un profeta ético y humano, sin atributos divinos, facilita un punto de convergencia en el que ambas tradiciones pueden encontrar elementos compartidos, lo cual podría promover una mayor comprensión y respeto mutuos.

Sin embargo, la postura que el Evangelio de Bernabé adopta en relación con temas cruciales como la crucifixión y la redención ha generado también tensiones en el diálogo interreligioso. Para los cristianos, la crucifixión es el núcleo de la fe, mientras que en el Evangelio de Bernabé se narra que Jesús fue rescatado de la cruz, y que fue Judas quien sufrió en su lugar. Esta narrativa resulta en una profunda contradicción con la doctrina cristiana, lo que ha suscitado fuertes reacciones y el rechazo de sectores cristianos hacia el texto. La noción de que Jesús no murió en la cruz y que no cumplió un rol redentor es vista como un ataque a la teología cristiana básica y como una afrenta a las enseñanzas centrales de la iglesia. Esta divergencia ha obstaculizado los esfuerzos de algunos teólogos y mediadores religiosos que ven el evangelio como un posible terreno común, ya que los elementos irreconciliables limitan el uso del texto como punto de unión entre ambas religiones.

En el ámbito académico, el Evangelio de Bernabé también ha generado impacto, tanto en el campo de la historia de la religión como en el de los estudios teológicos y culturales. El texto se estudia como un documento de interés para comprender la interacción histórica entre cristianismo e islam y los esfuerzos de ciertos autores medievales para crear una narrativa que pudiera satisfacer las necesidades de ambos credos. En este sentido, el Evangelio de Bernabé es un ejemplo de la fluidez y la adaptabilidad de las narrativas religiosas en contextos de diversidad cultural y religiosa. Los académicos han explorado su posible rol como un "texto puente", cuyo propósito pudo haber sido reducir las tensiones o incluso servir como un recurso de propaganda que promoviera el islam en territorios predominantemente cristianos. La creación de este tipo de narrativas en la época medieval demuestra cómo las creencias y textos religiosos podían ser influenciados por factores externos, y cómo algunas personas o grupos buscaron aprovechar estas narrativas para lograr sus fines espirituales y políticos.

En conclusión, el impacto del Evangelio de Bernabé en el islam y el cristianismo ha sido significativo y multifacético, reflejando tanto intentos de diálogo y acercamiento como de conflicto y confrontación. En el islam, el texto es percibido por algunos como una prueba adicional de la autenticidad de las enseñanzas del Corán sobre Jesús y una confirmación de la misión profética de Muhammad. En el cristianismo, por otro lado, es visto con escepticismo y rechazo, ya que contradice las doctrinas fundamentales de la fe. En el ámbito académico, el Evangelio de Bernabé se valora como una muestra de la interacción cultural y religiosa de la Edad Media, y como un documento que ejemplifica cómo los textos religiosos pueden transformarse y adaptarse para responder a las necesidades y tensiones de su contexto. El papel de este evangelio en el diálogo interreligioso sigue siendo ambivalente, oscilando entre el potencial de un punto de encuentro y el obstáculo que representan sus enseñanzas incompatibles.

Capítulo 33
Perspectiva Filosófica

El Evangelio de Bernabé, más allá de sus implicaciones teológicas y religiosas, puede analizarse también desde una perspectiva filosófica, examinando las ideas de moralidad, ética y naturaleza humana que subyacen en su narrativa. A lo largo del texto, el autor presenta una filosofía de vida que enfatiza la obediencia, la humildad, la búsqueda del conocimiento verdadero y la sumisión a la voluntad divina como el camino hacia la salvación. Estos conceptos reflejan una visión de la existencia humana que se alinea tanto con ciertas tradiciones de la ética islámica como con principios filosóficos comunes en la moral medieval, proponiendo un código de conducta que, aunque específico en su contexto religioso, explora cuestiones universales sobre el propósito de la vida y el comportamiento humano.

Uno de los temas filosóficos más destacados en el Evangelio de Bernabé es la concepción de la moralidad como una guía práctica y trascendente para la vida humana. En el evangelio, la moralidad no es simplemente una cuestión de actos buenos o malos, sino una manifestación de la lealtad a Dios. El texto propone que los actos humanos deben estar en completa sintonía con la voluntad divina, sugiriendo que el bien y el mal no son categorías arbitrarias, sino reflejos del orden divino en el mundo. Esta visión de la moralidad como derivada de una fuente suprema concuerda con la ética teocéntrica que caracteriza tanto al pensamiento islámico como al cristianismo medieval, donde las normas de conducta se asientan en la relación del ser humano con Dios y donde el cumplimiento de la ley divina es el objetivo último de la vida ética.

La idea de humildad, tal como se desarrolla en el Evangelio de Bernabé, introduce una filosofía de la virtud que considera la modestia como una cualidad esencial para la vida humana en armonía con lo divino. A lo largo del texto, Jesús es presentado como el ejemplo máximo de humildad, un profeta cuya grandeza se basa en su renuncia al orgullo y en su entrega absoluta a la voluntad de Dios. Este enfoque en la humildad resuena con la filosofía estoica, donde la autosuficiencia y el desapego de los bienes mundanos son signos de sabiduría, así como con la ética islámica y cristiana, donde la humildad es vista como una virtud fundamental para alcanzar la piedad. En el Evangelio de Bernabé, la humildad no solo es deseable, sino que se presenta como un requisito necesario para entender y aceptar el papel del ser humano en la creación; una visión que alienta a los creyentes a abandonar el ego y a reconocer su dependencia de Dios, recordándoles que la humildad es el camino hacia la sabiduría y el conocimiento verdadero.

    El conocimiento también ocupa un lugar destacado en el Evangelio de Bernabé, y la búsqueda de la verdad se presenta como un objetivo noble y elevado. Sin embargo, este evangelio propone una idea del conocimiento en la que la fe y la obediencia a Dios ocupan el primer lugar, en contraste con la tendencia racionalista que más tarde desarrollaría la filosofía moderna. El texto establece que el conocimiento verdadero solo se obtiene mediante la sumisión a Dios y la aceptación de sus mandamientos, rechazando cualquier pretensión de saber humano que intente reemplazar o desafiar el conocimiento revelado. Esta perspectiva puede parecer restrictiva en un sentido contemporáneo, pero en el contexto medieval y en la filosofía islámica, la idea de la supremacía del conocimiento divino sobre el conocimiento humano es una expresión de humildad y una aceptación de los límites de la razón humana. En este evangelio, el conocimiento más elevado y puro es el conocimiento de Dios, y la sabiduría humana se considera incompleta e insuficiente si no está subordinada a la verdad revelada.

El concepto de justicia es otro tema filosófico presente en el Evangelio de Bernabé, donde se describe a Dios como el juez último y soberano, encargado de castigar el mal y recompensar el bien. Este enfoque teocéntrico de la justicia sugiere una visión en la que el orden moral del universo depende exclusivamente de la autoridad divina, y donde la justicia no puede ser separada de la voluntad de Dios. En el pensamiento medieval, esta concepción de la justicia como emanación de la voluntad divina era común y se reflejaba en las teorías jurídicas y filosóficas de la época, que entendían la ley como una manifestación de la voluntad de Dios en el mundo. En el Evangelio de Bernabé, la justicia se interpreta como el equilibrio necesario entre el castigo y la misericordia, donde Dios, como ser supremo, ejerce su derecho de juzgar a la humanidad. Este énfasis en la justicia como una fuerza reguladora de la conducta humana refleja la creencia en un orden cósmico donde los actos de los individuos tienen consecuencias divinas, y donde la rectitud y la obediencia llevan a la recompensa, mientras que la desobediencia conlleva el castigo.

El Evangelio de Bernabé también plantea una filosofía de la vida como una peregrinación o un viaje hacia Dios. Esta visión del mundo como un lugar transitorio, donde la vida es solo un medio para llegar a la eternidad, es característica tanto de la filosofía cristiana medieval como de la tradición islámica. En este evangelio, la vida terrenal se percibe como un periodo de prueba y aprendizaje, donde el ser humano debe demostrar su lealtad a Dios y prepararse para el juicio final. Esta idea de la vida como un viaje está relacionada con la filosofía platónica, en la que el alma está en constante movimiento hacia una realidad superior, y también con el misticismo, donde la vida espiritual es vista como una peregrinación hacia la unión con lo divino. En el contexto del Evangelio de Bernabé, esta visión fomenta una vida de disciplina y de renuncia a las tentaciones mundanas, promoviendo una existencia donde cada acción está orientada hacia el objetivo final de la salvación.

Por otro lado, el Evangelio de Bernabé presenta un escepticismo hacia las autoridades religiosas y las instituciones, promoviendo una relación directa y personal con Dios, sin necesidad de intermediarios. Este enfoque crítico hacia la mediación religiosa se asemeja a ciertas posturas filosóficas que abogan por una experiencia individual y autónoma de lo divino. Aunque el texto no llega a rechazar la autoridad de los profetas, su énfasis en una relación directa con Dios podría interpretarse como una posición cercana a la filosofía mística, donde la conexión espiritual se alcanza a través de la práctica personal y la meditación, y no exclusivamente a través de ritos o jerarquías. Este rechazo a la mediación institucional sugiere una filosofía en la que la fe y la devoción son los vínculos directos que unen al ser humano con Dios, y donde la autenticidad de la experiencia espiritual es más importante que la observancia formal.

En resumen, el Evangelio de Bernabé contiene una perspectiva filosófica que explora temas universales como la virtud, el conocimiento, la justicia y el propósito de la vida humana, ofreciendo una visión que resuena tanto con la ética religiosa medieval como con principios filosóficos que trascienden el contexto religioso. La moralidad se presenta como una expresión de obediencia a Dios, la humildad como una virtud esencial, el conocimiento como una búsqueda que debe subordinarse a la fe, la justicia como el reflejo del orden divino y la vida como un viaje hacia la salvación. Estos elementos filosóficos convierten al Evangelio de Bernabé en un texto que, más allá de sus implicaciones teológicas, propone una forma de entender la existencia humana en relación con lo sagrado, ofreciendo a sus lectores una reflexión sobre el valor de la fe y la virtud en la búsqueda del sentido y de la paz interior.

Capítulo 34
El Concepto de Profecía

El Evangelio de Bernabé presenta una visión distintiva del concepto de profecía, que difiere tanto de la perspectiva cristiana tradicional como de las doctrinas islámicas, aunque comparte elementos con ambas tradiciones. En este evangelio, la figura de Jesús no solo actúa como profeta y mensajero de Dios, sino también como un portavoz que anticipa la llegada de Muhammad, el último profeta en la tradición islámica. Este capítulo examina cómo el Evangelio de Bernabé utiliza el concepto de profecía para conectar el mensaje de Jesús con la tradición profética del islam, explorar la autoridad divina y consolidar la idea de una continuidad profética. Además, considera cómo el texto manipula este concepto de manera estratégica para crear un puente entre las creencias islámicas y las enseñanzas de Jesús, desafiando al mismo tiempo los principios cristianos ortodoxos.

Uno de los aspectos centrales de la profecía en el Evangelio de Bernabé es la idea de Jesús como un mensajero que no es divino, sino un ser humano escogido para transmitir las enseñanzas de Dios y advertir a la humanidad. A lo largo del texto, Jesús habla constantemente de su misión profética y de la importancia de la obediencia a Dios, enfatizando su papel como guía moral y espiritual, sin pretensiones de divinidad. Este énfasis en Jesús como profeta humano coincide estrechamente con la visión islámica de Jesús (*Isa* en el Corán), donde se lo respeta como un profeta importante, pero sin atributos divinos. En el Evangelio de Bernabé, esta humanidad de Jesús refuerza la idea de una línea de profetas destinados a guiar a la humanidad, cada uno cumpliendo un papel específico en el plan divino. De este modo, la figura de Jesús no es el fin de la revelación, sino parte de una cadena que culminará con la llegada de Muhammad, presentando la profecía como un proceso continuo de revelación.

El Evangelio de Bernabé presenta un concepto de profecía que no solo conecta a Jesús con los profetas anteriores, sino que lo convierte en un precursor de Muhammad. En varias partes del texto, Jesús alude a la llegada de un profeta mayor que él, describiendo a Muhammad como el "Sello de los Profetas", una terminología que coincide con el islam, donde Muhammad es visto como el último y definitivo mensajero de Dios. Esta idea de Jesús como anunciador de la llegada de Muhammad es una característica única del Evangelio de Bernabé, que no aparece en los evangelios canónicos ni en la doctrina cristiana tradicional. Esta referencia directa a Muhammad puede interpretarse como un intento de alinear el mensaje de Jesús con el islam, consolidando la idea de una continuidad en la revelación que se completa con la profecía final. Al enmarcar a Jesús como el precursor de Muhammad, el texto no solo establece una conexión entre ambas religiones, sino que también subordina la misión de Jesús a la de Muhammad, sugiriendo que el mensaje final y completo de Dios es el que se revela en el islam.

Otro elemento significativo de la visión de la profecía en el Evangelio de Bernabé es su insistencia en la autoridad de la ley divina como expresión de la voluntad de Dios. Para el autor de este evangelio, los profetas son mensajeros cuya tarea principal es recordar y reafirmar la importancia de cumplir con la ley de Dios. En el texto, Jesús exhorta constantemente a sus seguidores a la obediencia estricta y advierte sobre las consecuencias de la desobediencia, destacando el papel de los profetas como guías y jueces que buscan mantener el orden moral. Esta interpretación de la profecía como una función de autoridad y corrección moral es consistente con la visión islámica, en la cual los profetas actúan como legisladores y guardianes de la ley, instruyendo a la humanidad sobre cómo vivir en armonía con los mandamientos divinos. Esta perspectiva se aleja de la teología cristiana, donde Jesús es considerado como el salvador que cumple la ley y libera a los creyentes de su carga, y se acerca más a la noción islámica de los profetas como representantes de la justicia y la moralidad de Dios.

El Evangelio de Bernabé también explora la idea de la profecía como un camino de humildad y sumisión a Dios. Jesús, en este texto, se presenta como el ejemplo supremo de obediencia y dependencia total de la voluntad divina. En lugar de asumir una posición de poder o de divinidad, Jesús se muestra en todo momento como un servidor de Dios, reiterando que él mismo no tiene ninguna autoridad salvo la que le es concedida por Dios. Este énfasis en la humildad como una característica esencial de los profetas es fundamental tanto en el islam como en el cristianismo, donde la profecía no es vista como una fuente de poder, sino como una responsabilidad sagrada. La insistencia en la humildad de Jesús refleja una visión en la que la grandeza de un profeta se mide por su lealtad a Dios y su capacidad para renunciar a sí mismo en favor de la misión divina. Así, el Evangelio de Bernabé propone una imagen de la profecía como un acto de servicio y de total entrega, rechazando cualquier intento de exaltación o divinización de los profetas.

El concepto de profecía en el Evangelio de Bernabé también destaca la misión del profeta como aquel que corrige las creencias erróneas y devuelve a la humanidad al verdadero camino de la fe. Jesús, en el texto, se presenta como un maestro cuya misión es corregir los errores que han desviado a la humanidad de la auténtica obediencia a Dios. En este contexto, la profecía no es solo una serie de revelaciones, sino un proceso de reforma espiritual y social. Esta función correctiva de la profecía se encuentra en muchas tradiciones religiosas, pero es especialmente relevante en el islam, donde los profetas son considerados enviados para corregir desviaciones y establecer la adoración pura a Dios. En el Evangelio de Bernabé, Jesús no solo predice la llegada de Muhammad, sino que también actúa como un reformador, instando a sus seguidores a rechazar las prácticas que considera corruptas o equivocadas y a adoptar una vida de virtud y obediencia. Esta visión de la profecía como un agente de reforma y corrección sugiere que el autor del evangelio deseaba proyectar la imagen de Jesús como un profeta de verdad, en sintonía con el papel de Muhammad en el islam como purificador de la fe.

El Evangelio de Bernabé parece utilizar la idea de la profecía como un medio para desafiar la noción cristiana de revelación y para establecer una autoridad alternativa. Al presentar a Jesús como un profeta que niega su divinidad y anuncia la llegada de Muhammad, el texto cuestiona las enseñanzas centrales del cristianismo, como la Trinidad, la redención y la salvación a través de la crucifixión. Al enfatizar que la profecía es un proceso continuo y que la revelación no finaliza con Jesús, el Evangelio de Bernabé sugiere que la interpretación cristiana de la figura de Jesús es incompleta y errónea. Esta idea plantea una visión polémica de la profecía que no solo desafía el dogma cristiano, sino que también reivindica al islam como la culminación de la revelación divina, subrayando que la misión de Muhammad es la conclusión del mensaje de Dios.

En conclusión, el concepto de profecía en el Evangelio de Bernabé está profundamente influido por la tradición islámica, y su interpretación se centra en la humanidad de Jesús, en la continuidad de la revelación y en la llegada de Muhammad como profeta final. Al redefinir la función de los profetas como transmisores de la ley, ejemplos de humildad y reformadores morales, el texto proyecta una visión en la que la profecía es un camino de obediencia absoluta a Dios. Al mismo tiempo, al desafiar las doctrinas cristianas y proponer una línea de continuidad profética que culmina en el islam, el Evangelio de Bernabé establece un mensaje polémico y provocador que busca replantear el papel de Jesús en la historia de la revelación y afirmar la autenticidad del mensaje islámico en un contexto de tensión y diálogo religioso.

Capítulo 35
Representación de los Apóstoles

En el Evangelio de Bernabé, la representación de los apóstoles de Jesús adquiere un carácter particular que difiere notablemente de los evangelios canónicos y otros textos cristianos. Los apóstoles, que en la tradición cristiana ortodoxa son los primeros testigos y seguidores de Jesús, aparecen en este evangelio con una caracterización y un papel ajustados a las necesidades y objetivos teológicos del texto. Este capítulo explora cómo el Evangelio de Bernabé reinterpreta la figura y las funciones de los apóstoles, sus interacciones con Jesús y cómo su representación parece alinearse con los intereses doctrinales y apologéticos del islam, resaltando también su rol en la narrativa como sostenedores de la humanidad y la misión profética de Jesús, en lugar de ser portadores de su divinidad.

Uno de los aspectos más destacados de la representación de los apóstoles en el Evangelio de Bernabé es su papel como testigos de la humanidad de Jesús. A diferencia de los evangelios canónicos, donde los apóstoles son testigos de la revelación divina y la autoridad mesiánica de Jesús, en el Evangelio de Bernabé su función se centra en reforzar la visión de Jesús como un profeta humano. Los apóstoles actúan como un grupo de seguidores leales que respetan y apoyan a Jesús, pero el texto evita presentar cualquier indicio de que perciban a su maestro como un ser divino. Por el contrario, los apóstoles en el Evangelio de Bernabé reconocen en Jesús a un profeta de Dios que insiste constantemente en su propia humanidad y en su sumisión a Dios, promoviendo así una imagen de los apóstoles como seguidores que reafirman la condición humana de Jesús y su papel de mensajero, en lugar de considerarlo objeto de adoración.

El evangelio presenta a los apóstoles como modelos de obediencia y humildad, dispuestos a aprender y a seguir las enseñanzas de Jesús sin cuestionar su papel o elevarlo por encima de su misión profética. La devoción de los apóstoles es, en este sentido, representada como una obediencia total a Dios, una actitud que refleja los ideales de sumisión que el texto valora profundamente y que son consistentes con la ética islámica de respeto a los profetas. El comportamiento de los apóstoles muestra un tipo de fe que es leal y reverente hacia la figura de Jesús, pero siempre subordinada a Dios, lo cual enfatiza el mensaje del evangelio de que Jesús es un modelo a seguir, un guía de la verdad y la moral, pero no una figura de culto. Este enfoque en la humildad de los apóstoles, así como en su rol de sostenedores del mensaje de obediencia y sumisión a Dios, crea un paralelismo con el papel de los compañeros (*sahaba*) de Muhammad en la tradición islámica, quienes también son vistos como ejemplos de lealtad y fidelidad al profeta.

Otro aspecto notable es cómo el Evangelio de Bernabé utiliza a los apóstoles para cuestionar y contrastar sus creencias y reacciones frente a las doctrinas cristianas emergentes, como la divinidad de Jesús y el concepto de la redención a través de la crucifixión. En el texto, los apóstoles reaccionan con rechazo y desconcierto ante cualquier insinuación de que Jesús podría ser considerado el Hijo de Dios o un ser divino. Esta reacción sirve para enfatizar la postura del evangelio en contra de estas doctrinas cristianas, sugiriendo que los propios apóstoles habrían rechazado tales ideas. La representación de los apóstoles como fieles a la unicidad de Dios y contrarios a la idea de una divinidad compartida o de una redención a través del sacrificio de Jesús parece diseñada para apoyar la crítica que el Evangelio de Bernabé hace a las creencias cristianas establecidas. En este sentido, el texto utiliza a los apóstoles como una voz que respalda la perspectiva islámica y se opone a la transformación de Jesús en una figura divina.

El Evangelio de Bernabé también subraya la relación de los apóstoles con Jesús como una relación de aprendizaje y dependencia espiritual. A lo largo del texto, Jesús enseña a sus discípulos sobre la importancia de la fe en Dios, de la obediencia a los mandamientos y del rechazo de los deseos mundanos. Los apóstoles son retratados como discípulos sinceros que buscan constantemente la guía de Jesús y que encuentran en él un maestro que les muestra el camino hacia Dios, no a través de ritos o fórmulas de salvación, sino mediante la práctica de la justicia y la sumisión a la voluntad divina. Esta representación refuerza la idea de que los apóstoles son un ejemplo de fe en acción, que siguen el modelo de Jesús no solo como una figura inspiradora, sino como un líder cuya enseñanza los acerca a Dios. En lugar de ser testigos de un acto redentor o de una revelación trascendental, los apóstoles en el Evangelio de Bernabé son seguidores en un sentido moral y práctico, lo que sitúa la salvación en el ámbito de la ética y la conducta, en lugar de en el sacrificio.

La representación de los apóstoles en el Evangelio de Bernabé no solo refuerza la humanidad de Jesús y la pureza de su misión, sino que también sugiere que estos seguidores son ejemplos a seguir, no por su proximidad a un ser divino, sino por su compromiso con la misión de un profeta. Esta visión es coherente con la creencia islámica en la sucesión de profetas y en la función de sus seguidores como mensajeros de sus enseñanzas, más que como figuras de intercesión o adoración. Los apóstoles de Jesús, según el Evangelio de Bernabé, son guardianes del monoteísmo y representantes de la fe pura en un Dios único, sin intermediarios ni figuras divinizadas, lo cual se refleja en su firme rechazo a cualquier noción de idolatría. Al resaltar la lealtad de los apóstoles hacia este mensaje monoteísta, el texto parece buscar una validación de la doctrina islámica, sugiriendo que los primeros seguidores de Jesús compartían estas mismas creencias antes de que el cristianismo adoptara doctrinas más complejas sobre la naturaleza de Jesús.

Por último, en el Evangelio de Bernabé, la figura de los apóstoles también contribuye a una narrativa que intenta legitimar la sucesión profética y preparar el camino para la llegada de Muhammad. En el texto, Jesús anticipa que después de él vendrá otro profeta, al que los apóstoles deberán reconocer y seguir. Esta previsión de un profeta final, unido al énfasis en la enseñanza y la obediencia, sugiere que los apóstoles no representan la culminación de la revelación, sino un eslabón más en la cadena profética. Este concepto es consistente con la idea islámica de que la revelación culmina con Muhammad, y la estructura narrativa del evangelio parece diseñada para vincular a los apóstoles con el islam, proponiendo que su fe y obediencia a Jesús los preparan para aceptar y seguir la última y definitiva revelación de Dios. Esta representación posiciona a los apóstoles no solo como discípulos de Jesús, sino como precursores de los creyentes que abrazarán el mensaje de Muhammad, estableciendo así una continuidad profética que refuerza la legitimidad del islam.

En conclusión, la representación de los apóstoles en el Evangelio de Bernabé es una construcción teológica y narrativa que apoya la visión islámica de Jesús, en la que él es un profeta humano cuya misión es preparar a sus seguidores para la revelación final. Los apóstoles, presentados como defensores del monoteísmo y modelos de obediencia, son utilizados para reafirmar el mensaje central del texto y para cuestionar las doctrinas cristianas ortodoxas. Al destacar su fe en la humanidad de Jesús y su fidelidad al mensaje de un Dios único, el Evangelio de Bernabé sitúa a los apóstoles en una posición que respalda la crítica del texto a la divinización de Jesús y promueve una conexión simbólica y doctrinal con el islam, haciendo de los apóstoles los primeros en aceptar y reflejar una visión de la profecía alineada con la tradición islámica.

Capítulo 36
Papel de Judas

El papel de Judas en el Evangelio de Bernabé es quizás uno de los aspectos más controvertidos y únicos del texto, debido a su divergencia significativa de la narrativa presentada en los evangelios canónicos y su alineación con ciertas interpretaciones islámicas de la crucifixión de Jesús. En este evangelio, Judas desempeña un rol central en el desarrollo de los eventos que rodean la crucifixión, siendo el instrumento de un destino que altera la comprensión tradicional de la traición y la redención en el cristianismo. Este capítulo explora cómo el Evangelio de Bernabé reinterpreta la figura de Judas, su papel en la historia de Jesús, y las implicaciones teológicas y simbólicas de este cambio, especialmente en relación con la visión islámica de Jesús como profeta humano, cuya crucifixión es cuestionada en este relato.

A diferencia de la versión cristiana tradicional, en la cual Judas traiciona a Jesús y permite su captura y crucifixión, el Evangelio de Bernabé propone una narrativa en la que Judas es castigado de manera irónica por su traición, siendo él mismo crucificado en lugar de Jesús. En este texto, Dios actúa directamente para salvar a Jesús de la crucifixión, transformando milagrosamente la apariencia de Judas para que se asemeje a la de Jesús y, de este modo, los soldados romanos, engañados por esta transformación, arrestan y ejecutan a Judas creyendo que es Jesús. Este intercambio de destinos reconfigura de forma radical la historia tradicional de la crucifixión y sirve para reafirmar la idea central del evangelio de que Jesús es un profeta humano protegido por Dios, cuyo papel no incluye el sacrificio redentor, un concepto esencial en el cristianismo ortodoxo.

La transformación de Judas en el Evangelio de Bernabé no solo altera su rol como traidor, sino que introduce una visión del juicio divino inmediata y directa. La sustitución de Judas en la cruz puede interpretarse como un acto de justicia divina, donde Dios interviene para ajustar el destino de cada personaje según sus acciones, recompensando la inocencia de Jesús y castigando la traición de Judas. Este castigo en vida para Judas tiene implicaciones éticas y teológicas profundas: al hacer que el traidor sufra el destino que él mismo planeó para su maestro, el Evangelio de Bernabé establece un modelo de justicia donde el castigo es proporcional al pecado y refleja el principio de retribución divina. Este enfoque en la justicia inmediata y la intervención de Dios se alinea con la teología islámica, donde la misericordia y la justicia de Dios son conceptos centrales, y donde cada acción es recompensada o castigada según su naturaleza sin necesidad de intermediarios o sacrificios redentores.

La narrativa del Evangelio de Bernabé acerca de Judas y la crucifixión también afecta profundamente la noción cristiana de la redención. Al evitar la crucifixión de Jesús, este evangelio elimina la idea de un sacrificio expiatorio, un acto que, en el cristianismo, es fundamental para la salvación. La crucifixión de Judas en lugar de Jesús convierte el evento en una historia de traición y justicia, en lugar de una historia de sacrificio y redención. Este cambio desafía la doctrina de la salvación a través de la crucifixión y sugiere que la salvación no requiere de un sacrificio humano, sino de una conducta en obediencia a la ley divina. En este sentido, la reinterpretación de Judas en el Evangelio de Bernabé se ajusta a la visión islámica, que niega la necesidad de un sacrificio expiatorio y subraya la importancia de la sumisión a Dios y el cumplimiento de sus mandamientos como el verdadero camino a la salvación.

El relato de Judas también ofrece una perspectiva diferente sobre la figura de Jesús y su relación con el sufrimiento y el sacrificio. En el Evangelio de Bernabé, Jesús expresa en repetidas ocasiones su rechazo a la adoración personal y niega cualquier intención de sacrificarse por los pecados de la humanidad. Esta postura en el texto destaca a Jesús como un profeta íntegro y obediente, pero sin la necesidad de someterse a una muerte violenta para cumplir con su misión. Al reemplazar a Jesús con Judas en la crucifixión, el evangelio enfatiza la protección de Dios hacia sus profetas y su negativa a permitir que sufran injustamente, consolidando la visión de Jesús como un ser humano cuya misión se centra en la enseñanza y en la reforma espiritual, no en el sufrimiento sacrificial. Este enfoque aleja la narrativa de la interpretación cristiana de un Jesús redentor y la aproxima a la concepción islámica, donde la misericordia y la justicia divina excluyen la idea de un sacrificio humano.

Desde una perspectiva simbólica, el papel de Judas en el Evangelio de Bernabé también puede interpretarse como una representación de la traición del mensaje original de Jesús. Algunos estudiosos han argumentado que el evangelio utiliza la figura de Judas para simbolizar aquellos elementos o doctrinas cristianas que, según la visión del autor, distorsionaron las enseñanzas originales de Jesús. Al retratar a Judas como el que sufre la muerte que él mismo había planeado para Jesús, el evangelio insinúa una crítica hacia las interpretaciones cristianas que exaltan a Jesús como una figura divina y redentora, sugiriendo que estas doctrinas son el resultado de una traición al verdadero mensaje monoteísta de Jesús. En este sentido, el destino de Judas podría ser visto como una advertencia y un juicio simbólico contra la corrupción del mensaje profético, reforzando el llamado a retornar a un entendimiento puro y original de la fe que excluye la deificación de los profetas.

Además, la figura de Judas en este evangelio no se limita a una simple narración de traición y castigo, sino que se convierte en un vehículo para transmitir una advertencia moral y religiosa sobre la importancia de la fidelidad y la obediencia a Dios. En lugar de mostrar a Judas como un peón en un plan de redención, el Evangelio de Bernabé lo convierte en el ejemplo de las consecuencias de la traición y el pecado. Esta representación tiene un carácter pedagógico y recuerda las advertencias presentes en el islam acerca de la necesidad de mantenerse en el camino recto y de evitar cualquier tipo de idolatría o corrupción de la fe. Al enfatizar las consecuencias de las acciones de Judas, el evangelio parece insistir en la importancia de la sinceridad y la pureza en la creencia, subrayando que la traición, en todas sus formas, es castigada severamente por Dios.

El papel de Judas en el Evangelio de Bernabé también introduce una perspectiva innovadora sobre el destino y la intervención divina en la vida humana. La idea de que Dios interviene directamente para proteger a su profeta y para castigar al traidor presenta una visión de la historia donde los actos humanos están en armonía con el plan divino y donde cada acción es supervisada por una justicia inminente e inmediata. Este énfasis en el destino y la protección divina se relaciona con la creencia islámica en el poder absoluto de Dios y su control sobre todos los aspectos de la vida. En esta visión, la historia no es un resultado de la casualidad ni de las decisiones humanas aisladas, sino una expresión del designio de Dios, donde la salvación y el castigo están interconectados con la obediencia y la desobediencia a sus mandamientos.

En conclusión, la reinterpretación de Judas en el Evangelio de Bernabé representa una modificación radical de la narrativa cristiana y ofrece una perspectiva teológica que rechaza la idea del sacrificio redentor y enfatiza la justicia y protección divina. Al situar a Judas en el centro de la crucifixión y hacer de él el receptor del castigo divino, el texto redefine la historia de la traición y transforma la crucifixión en un acto de justicia, en lugar de un sacrificio de expiación. Esta representación refuerza la visión del evangelio sobre Jesús como un profeta humano protegido por Dios, cuestiona las doctrinas cristianas tradicionales y presenta una visión alineada con los principios islámicos. A través de Judas, el Evangelio de Bernabé presenta una enseñanza sobre la fidelidad, la justicia divina y el destino, consolidando su mensaje teológico y ofreciendo una versión alternativa de los eventos que marcaron la vida de Jesús.

Capítulo 37
Análisis Lingüístico Detallado

El Evangelio de Bernabé, además de sus particularidades teológicas y narrativas, ofrece un campo fértil para el análisis lingüístico, un aspecto crucial para evaluar su autenticidad y origen histórico. A través del estudio detallado de su lenguaje, estilo y vocabulario, los estudiosos han tratado de rastrear las raíces culturales y temporales de este texto, que resulta único en el panorama de los evangelios apócrifos. Este capítulo examina las características lingüísticas específicas del Evangelio de Bernabé, sus posibles influencias, y cómo estas peculiaridades aportan a la discusión sobre su fecha y lugar de composición, así como su alineación o discrepancias con los contextos cristianos y musulmanes en los que el texto ha sido discutido y utilizado.

Uno de los primeros aspectos que llama la atención en el análisis lingüístico del Evangelio de Bernabé es su uso de arcaísmos y expresiones que recuerdan tanto al estilo de los evangelios canónicos como a ciertas frases de origen coránico. Este estilo híbrido ha llevado a algunos estudiosos a sugerir que el autor buscaba conscientemente imitar la estructura y el tono de los textos sagrados, con el fin de dotar al evangelio de una legitimidad similar a la de los evangelios y el Corán. Sin embargo, esta mezcla de estilos también plantea dudas sobre la autenticidad del texto, ya que ciertos términos parecen anacrónicos o inusuales para el contexto de los primeros siglos del cristianismo. Los anacronismos lingüísticos y estilísticos sugieren que el Evangelio de Bernabé podría haber sido compuesto en una época posterior, posiblemente en la Edad

Media, cuando el islam y el cristianismo ya se encontraban en un contacto más profundo, particularmente en el contexto de las Cruzadas y la Reconquista en la península ibérica.

El vocabulario utilizado en el Evangelio de Bernabé es otra pista fundamental en el análisis lingüístico. El texto contiene numerosos términos que parecen tener raíces en el árabe y en el hebreo, lo cual es inusual en un evangelio y plantea preguntas sobre el conocimiento de lenguas semíticas por parte de su autor. Esto ha llevado a algunos estudiosos a plantear la hipótesis de que el autor del Evangelio de Bernabé pudo haber sido un converso del islam al cristianismo o viceversa, alguien con un conocimiento profundo tanto de los textos cristianos como islámicos. La presencia de palabras y expresiones específicas que reflejan una comprensión del islam y del Corán refuerza la teoría de que el texto pudo haber sido escrito o adaptado para una audiencia musulmana, con el fin de presentar una versión de Jesús que estuviera en sintonía con la teología islámica y los valores musulmanes.

En cuanto a la sintaxis y las estructuras gramaticales, el Evangelio de Bernabé utiliza construcciones que recuerdan más al estilo narrativo del Corán y de ciertos textos religiosos medievales que al estilo de los evangelios canónicos. Las frases son a menudo largas y complejas, con un uso intensivo de subordinadas y cláusulas explicativas, lo cual da al texto un tono solemne y, en ocasiones, repetitivo. Esta estructura lingüística sugiere una intención de imitar la majestuosidad y la gravedad de los textos sagrados, aunque también puede hacer que el texto sea denso y difícil de seguir en comparación con los evangelios del Nuevo Testamento. Además, algunos pasajes del Evangelio de Bernabé contienen fórmulas de repetición que son características de la poesía y la prosa árabe, lo cual podría indicar que el autor estaba influido por la literatura islámica o que tenía una audiencia musulmana en mente.

La presencia de préstamos lingüísticos de origen árabe y términos que parecen adaptados de fuentes islámicas es otro elemento revelador en el Evangelio de Bernabé. Estos préstamos lingüísticos no solo reflejan la influencia del islam, sino que también sugieren que el texto podría haber sido creado en un contexto donde el árabe y el islam eran predominantes, posiblemente en un entorno multicultural como el de Al-Ándalus o Sicilia durante la Edad Media. En este sentido, el Evangelio de Bernabé podría haberse originado en un ambiente donde los autores o copistas estaban expuestos tanto a la tradición cristiana como a la islámica, y donde existía un interés particular por reconciliar las dos religiones o por presentar una versión de la historia de Jesús que fuera aceptable para una audiencia musulmana.

El análisis lingüístico también revela inconsistencias que podrían indicar que el Evangelio de Bernabé fue el resultado de una compilación o adaptación de fuentes previas. Algunos fragmentos del texto parecen estar mejor estructurados y escritos en un estilo más cohesivo, mientras que otros presentan errores gramaticales y giros lingüísticos que sugieren una traducción o una adaptación de otro idioma. Esto ha llevado a algunos estudiosos a sugerir que el evangelio podría haber sido redactado por más de una persona o que fue revisado y editado en diferentes momentos y contextos históricos. Estas variaciones en la calidad y el estilo del lenguaje apuntan a una posible interpolación o adaptación en un contexto posterior, lo cual respaldaría la teoría de una composición medieval en la que el texto fue modificado para ajustarse a las necesidades de una audiencia particular o para reforzar ciertas enseñanzas teológicas.

Además de los préstamos árabes, el Evangelio de Bernabé contiene expresiones y términos que son más comunes en el latín y en el italiano, lo que sugiere que el texto pudo haber circulado en Europa o en una región influenciada por el latín medieval. Algunas de las copias más conocidas del evangelio están escritas en italiano y español, y presentan rastros de dialectos que eran comunes en el Mediterráneo occidental durante la Edad Media. Esta mezcla de elementos lingüísticos árabes y europeos refuerza la teoría de que el Evangelio de Bernabé fue creado en un contexto donde había un contacto cercano entre las culturas islámica y cristiana, y donde la necesidad de un evangelio que hablara a ambas tradiciones podría haber impulsado la producción de un texto con tales características lingüísticas híbridas.

Un aspecto importante en el análisis lingüístico es la ausencia de términos y conceptos clave en el cristianismo temprano, como "gracia" o "Trinidad", los cuales no aparecen en el Evangelio de Bernabé o son redefinidos de maneras que se alinean con la teología islámica. La falta de estos conceptos y su reemplazo por ideas de obediencia y sumisión, tan presentes en el islam, sugiere una intención deliberada de evitar los principios centrales del cristianismo que no son compatibles con la visión islámica. Esta omisión de conceptos cristianos fundamentales, combinada con la terminología que resuena con el islam, apunta a una estrategia del autor para producir un texto que enfatizara una doctrina monoteísta pura, sin las complejidades teológicas propias de la cristiandad.

El análisis lingüístico del Evangelio de Bernabé nos permite ver cómo el texto utiliza el lenguaje para construir una identidad religiosa y cultural específica. La elección de palabras, el tono, y la estructura narrativa reflejan una intención de representar una figura de Jesús coherente con la fe islámica, y de articular una historia en la que los elementos cristianos y musulmanes se entrelacen de manera que el mensaje sea accesible y aceptable para los lectores musulmanes. Este uso del lenguaje como vehículo para comunicar una visión teológica muestra una intención didáctica y apologética en el texto, orientada a consolidar una versión de Jesús que no solo rechace la divinidad y el sacrificio, sino que se alinee con el monoteísmo riguroso del islam.

En conclusión, el análisis lingüístico del Evangelio de Bernabé revela una obra que es lingüísticamente compleja y culturalmente híbrida. A través de sus arcaísmos, préstamos lingüísticos, estructuras gramaticales y omisiones estratégicas, el texto se presenta como un producto de un contexto donde la interacción entre el cristianismo y el islam era intensa, probablemente en la Europa medieval. Estas características lingüísticas no solo cuestionan la autenticidad del texto como un documento apostólico, sino que también sugieren una intención deliberada de crear un evangelio que reforzara los principios islámicos, proporcionando una visión de Jesús que pudiera resonar con el público musulmán.

Capítulo 38
Elementos de Controversia

El Evangelio de Bernabé es un texto que despierta intensas polémicas en el ámbito teológico, académico y religioso debido a los elementos que contradicen las doctrinas cristianas fundamentales y que, al mismo tiempo, parecen alinearse con principios islámicos. Las controversias en torno a este evangelio surgen no solo de su contenido, sino también de su contexto histórico y de la aparente intencionalidad de sus narrativas. Este capítulo examina los principales elementos que han generado controversia en el Evangelio de Bernabé, desde la representación de Jesús y la crucifixión hasta su postura sobre el monoteísmo, y analiza cómo estos factores han influido en su recepción y en las interpretaciones que tanto cristianos como musulmanes han dado al texto.

Uno de los elementos más controvertidos del Evangelio de Bernabé es la figura de Jesús, que se muestra completamente humana y despojada de cualquier carácter divino. En este evangelio, Jesús es un profeta excepcional pero limitado a la humanidad, quien constantemente enfatiza que es un mensajero de Dios y que no debe ser adorado. Esta representación contrasta radicalmente con la doctrina cristiana de la Trinidad, en la cual Jesús es el Hijo de Dios y comparte una esencia divina con el Padre y el Espíritu Santo. La narrativa de Bernabé desafía de manera directa esta creencia al negar la divinidad de Jesús, un acto que no solo cuestiona los evangelios canónicos, sino que además entra en conflicto con una de las enseñanzas más sagradas del cristianismo. Este rechazo de la naturaleza divina de Jesús ha sido interpretado por muchos estudiosos cristianos como una estrategia para adaptar la figura de Jesús a la teología islámica, que considera a Jesús como uno de los profetas más importantes, pero en ningún caso como Dios encarnado.

    Otro aspecto controvertido es el relato de la crucifixión, en el cual el Evangelio de Bernabé presenta una versión completamente diferente de los eventos de la Pasión. Según este texto, Jesús no es crucificado; en su lugar, Dios interviene y lo salva, haciendo que Judas Iscariote, el traidor, sea quien sufre la crucifixión, habiendo sido transformado milagrosamente para parecerse a Jesús. Este relato desafía la base de la soteriología cristiana, que se centra en la crucifixión y resurrección de Jesús como los actos de redención de la humanidad. En el cristianismo, el sacrificio de Jesús es visto como un acto de amor y de salvación universal, mientras que en el Evangelio de Bernabé, la crucifixión se convierte en un acto de justicia divina en el que el traidor recibe el castigo que él mismo había planeado. La visión de una crucifixión sin redención no solo elimina el concepto cristiano de salvación, sino que también acerca el texto a la interpretación islámica, que niega la crucifixión de Jesús y sostiene que Dios lo elevó sin que sufriera tal destino.

    El tratamiento de Jesús como un profeta que predice la llegada de Muhammad añade otra capa de controversia. En varios pasajes, el Evangelio de Bernabé presenta a Jesús anunciando explícitamente a un profeta que vendrá después de él y que completará la revelación divina, identificándolo como Muhammad. Esta afirmación es completamente ajena a los evangelios canónicos y refuerza la idea de que el Evangelio de Bernabé fue compuesto con la intención de legitimar el islam, sugiriendo que el cristianismo, en su forma original, ya contenía indicios sobre el advenimiento de Muhammad. Esta visión de una sucesión profética que culmina en el islam presenta al cristianismo no como un fin en sí mismo, sino como una etapa previa en un proceso revelador que alcanza su plenitud en el islam. Para los cristianos, esta idea es problemáticamente revisionista, ya que sugiere que el mensaje de Jesús no era definitivo, sino provisional, y que el evangelio cristiano ha sido reemplazado por una revelación posterior.

La forma en que el Evangelio de Bernabé aborda el monoteísmo ha sido otro punto de conflicto. En el texto, la idea de un Dios único y absolutamente indivisible es reiterada con una intensidad que parece responder directamente a la doctrina cristiana de la Trinidad. En lugar de presentar una visión de Dios que se manifiesta en tres personas, como lo enseña el cristianismo, el Evangelio de Bernabé promueve una estricta unicidad de Dios que es congruente con el concepto islámico de *tawhid*, el principio de monoteísmo absoluto en el islam. Este énfasis en la unidad de Dios en el Evangelio de Bernabé parece diseñado para corregir o contradecir la interpretación trinitaria, alineándose nuevamente con la perspectiva islámica y, al mismo tiempo, subrayando un punto de fricción doctrinal con el cristianismo. Al cuestionar la Trinidad, el Evangelio de Bernabé no solo desafía la teología cristiana, sino que también sugiere que la comprensión cristiana de Dios está desviada o corrompida en comparación con el monoteísmo puro que el texto promueve.

El Evangelio de Bernabé también ha sido motivo de controversia debido a su contexto histórico y a los posibles anacronismos que se encuentran en su contenido. Muchos estudiosos argumentan que ciertos elementos del texto, como referencias a aspectos culturales y geográficos que no habrían existido en la Palestina del siglo I, indican que el evangelio fue escrito mucho después de los eventos que describe. Estos anacronismos han llevado a la hipótesis de que el texto fue compuesto o modificado durante la Edad Media, en una época en la que el islam y el cristianismo mantenían una relación compleja y a menudo conflictiva. La inclusión de elementos medievales, como el uso de monedas o conceptos culturales posteriores, debilita la autenticidad del Evangelio de Bernabé como un documento apostólico y refuerza la teoría de que fue redactado con un propósito polémico o apologético, posiblemente como un intento de crear una versión de la historia de Jesús que resonara con las enseñanzas del islam.

En términos teológicos, la omisión de temas clave en el Evangelio de Bernabé también es un factor controvertido. A lo largo del texto, no hay referencia alguna a conceptos cristianos fundamentales como la gracia, el perdón de los pecados a través de la cruz o el papel del Espíritu Santo. En cambio, el evangelio enfatiza la obediencia estricta a la ley y la sumisión a la voluntad de Dios, temas que son más compatibles con la ética islámica que con la noción cristiana de salvación por gracia. Esta omisión de ideas esenciales para el cristianismo sugiere un intento de reescribir o reinterpretar la enseñanza de Jesús, eliminando los aspectos que no encajan con el pensamiento islámico y ofreciendo, en su lugar, una ética y una teología que se asemejan a las del islam. Esta reelaboración de la enseñanza de Jesús ha sido vista por los críticos como un acto de distorsión deliberada, lo cual ha llevado al rechazo del texto por parte de la mayoría de las autoridades cristianas.

Por último, el Evangelio de Bernabé también genera controversia en cuanto a su uso en debates interreligiosos y su instrumentalización como herramienta de apologética islámica. A lo largo de los siglos, algunos autores musulmanes han utilizado el evangelio para respaldar argumentos que validan las enseñanzas islámicas, señalando las referencias a Muhammad y la negación de la divinidad de Jesús como pruebas de que el islam es la revelación final de Dios. Este uso del Evangelio de Bernabé en el diálogo islámico-cristiano ha exacerbado las tensiones, ya que algunos cristianos ven en esta práctica un intento de socavar su fe o de cuestionar la legitimidad del Nuevo Testamento. Por otro lado, ciertos sectores dentro del cristianismo también han utilizado el Evangelio de Bernabé para plantear discusiones sobre la autenticidad de las doctrinas, aunque generalmente con una postura crítica hacia el texto. En este contexto, el evangelio no solo es una obra religiosa, sino también una herramienta de debate que simboliza las tensiones doctrinales entre el cristianismo y el islam.

En conclusión, el Evangelio de Bernabé contiene numerosos elementos que han generado controversia, desde su representación de Jesús y su rechazo de la crucifixión hasta sus anacronismos y su alineación con el islam. Estos aspectos hacen del evangelio un texto polémico que plantea desafíos no solo a la teología cristiana, sino también a la comprensión interreligiosa y a los estudios históricos sobre la figura de Jesús. Las divergencias doctrinales, las interpretaciones alternativas y el contexto histórico de su composición sugieren que el Evangelio de Bernabé fue concebido para ofrecer una visión de Jesús que difiere de la tradición cristiana, uniendo elementos del cristianismo primitivo con la teología islámica y dando lugar a un texto que sigue siendo fuente de discusión y análisis en el ámbito de las controversias religiosas.

Capítulo 39
Evidencias de Falsificación

El Evangelio de Bernabé ha suscitado durante siglos debates sobre su autenticidad, y una parte considerable de la crítica se centra en la posibilidad de que este texto sea una falsificación medieval, en lugar de un evangelio antiguo. Los estudiosos han señalado una serie de anacronismos, incoherencias y elementos literarios que cuestionan su legitimidad como un documento del cristianismo primitivo y apuntan a una producción más reciente, posiblemente motivada por intereses teológicos y políticos de reconciliación o polémica interreligiosa. Este capítulo explora las principales evidencias y argumentos que respaldan la teoría de la falsificación, examinando los elementos históricos, lingüísticos y doctrinales que han sido analizados para determinar su origen.

Uno de los principales argumentos que apuntan hacia la falsificación del Evangelio de Bernabé es la presencia de anacronismos. El texto menciona, por ejemplo, conceptos y objetos que no existían en el período en el que vivió Jesús ni en la Palestina del siglo I. Una de las referencias más comentadas es la mención de "barriles de vino", que aparecen en varias escenas del evangelio. La producción y almacenamiento de vino en barriles de madera no se introdujeron en la región mediterránea hasta siglos después, probablemente de la mano de los pueblos europeos. En la Palestina de la época de Jesús, el vino se almacenaba en odres o ánforas de cerámica, lo que sugiere que el autor del Evangelio de Bernabé no era un conocedor de los detalles históricos de ese período y, en cambio, reflejaba prácticas culturales más contemporáneas a su tiempo de redacción.

Otra inconsistencia notable en el texto es la descripción de la moneda, ya que menciona "ducados", una moneda que no existía en el mundo antiguo y que está ligada a los contextos europeos de la Edad Media y el Renacimiento. El ducado fue una moneda empleada ampliamente en Europa, especialmente en Venecia y otras ciudades italianas, durante el siglo XIII en adelante. Esta referencia, claramente anacrónica, no solo debilita la autenticidad del Evangelio de Bernabé como un texto del primer siglo, sino que también sugiere que el autor pudo haber estado escribiendo en un contexto europeo y medieval, donde el ducado era una moneda reconocible. La mención de los ducados ha sido una de las pruebas más fuertes para quienes argumentan que el texto es una creación tardía y no una obra apostólica genuina.

Además de los anacronismos culturales, el lenguaje y estilo literario del Evangelio de Bernabé también apuntan hacia una composición medieval. Los estudiosos que han examinado las versiones existentes en italiano y español han identificado construcciones lingüísticas y formas de expresión que son comunes en la literatura medieval europea, pero que serían inusuales en los textos del siglo I. El uso de ciertos términos y expresiones muestra una mezcla de influencias árabes y latinas, lo que podría indicar un entorno de producción donde las culturas cristiana e islámica interactuaban de manera cercana. Esto ha llevado a muchos a teorizar que el texto pudo haber surgido en un contexto como el de Al-Ándalus o Sicilia, donde las culturas cristiana y musulmana coexistieron y se influyeron mutuamente durante la Edad Media. En estos lugares, un texto que buscara conciliar o reinterpretar elementos de ambas religiones habría tenido un propósito evidente y un público potencialmente receptivo.

En cuanto al contenido teológico, el Evangelio de Bernabé presenta doctrinas y puntos de vista que reflejan claramente la teología islámica y que son incompatibles con las enseñanzas del cristianismo primitivo. En el texto, Jesús niega cualquier pretensión de divinidad, rechaza el concepto de la Trinidad, y predice la llegada de Muhammad como el último y definitivo profeta. Esta alineación con el islam es particularmente sospechosa para los críticos, quienes sugieren que el autor pudo haber estado tratando de crear una versión de la vida de Jesús que fuera aceptable y compatible con la fe islámica, en lugar de reflejar la tradición cristiana. La presencia de conceptos islámicos en el texto, como la insistencia en un monoteísmo estricto y la presentación de Jesús como un profeta humano, ha sido utilizada como evidencia de que el Evangelio de Bernabé podría haber sido escrito por alguien que buscaba reconciliar o promover una narrativa islámica sobre Jesús en un contexto de conflicto o de diálogo interreligioso.

El análisis lingüístico también respalda la teoría de la falsificación, ya que el estilo del Evangelio de Bernabé presenta una mezcla de características que indican una producción mucho más reciente que los evangelios canónicos. La estructura narrativa y el tono de ciertos pasajes recuerdan más a los textos medievales que a la prosa bíblica antigua. Además, algunos pasajes contienen fórmulas retóricas y de repetición que son típicas de la literatura islámica y que parecen diseñadas para enfatizar la unidad de Dios y la condición humana de Jesús, en consonancia con la teología islámica. Estas características sugieren que el autor del Evangelio de Bernabé estaba familiarizado con el Corán y con la tradición islámica, y que adaptó su lenguaje y estructura narrativa para alinearse con estas influencias, lo que refuerza la hipótesis de que el texto es un producto de una época posterior.

La falta de referencias al Evangelio de Bernabé en los primeros siglos del cristianismo es otra evidencia significativa que apoya la teoría de la falsificación. A diferencia de otros evangelios apócrifos, que son mencionados o debatidos por los Padres de la Iglesia y otros escritores cristianos tempranos, no existen registros históricos que mencionen o hagan referencia al Evangelio de Bernabé hasta varios siglos después de los eventos narrados. Esta ausencia en los primeros textos cristianos sugiere que el Evangelio de Bernabé no existía o no era conocido en los primeros siglos del cristianismo, lo cual es inusual para un texto que, supuestamente, habría sido escrito por un apóstol cercano a Jesús. La falta de menciones en la literatura temprana del cristianismo y la falta de manuscritos antiguos que avalen su existencia refuerzan la hipótesis de que este evangelio fue una creación posterior.

La intención del autor también es un tema relevante en la discusión sobre la falsificación del Evangelio de Bernabé. Los elementos claramente alineados con el islam, la adaptación de la narrativa de la vida de Jesús para eliminar conceptos cristianos fundamentales y la introducción de temas polémicos sugieren que el autor podría haber tenido una agenda teológica o apologética. Algunos estudiosos han propuesto que el evangelio fue creado para servir como un instrumento de propaganda que presentara una versión de Jesús aceptable para los musulmanes y que, al mismo tiempo, refutara los principios centrales del cristianismo. Esta intención apologética es evidente en la manera en que el texto desacredita doctrinas cristianas como la redención y la Trinidad, y al mismo tiempo enfatiza elementos del monoteísmo islámico, lo cual sugiere una agenda deliberada de reconciliación con el islam o de legitimación de la religión musulmana en un contexto de confrontación con el cristianismo.

En conclusión, la teoría de la falsificación del Evangelio de Bernabé se basa en un conjunto de evidencias que incluyen anacronismos, inconsistencias lingüísticas, influencias culturales y ausencias históricas. Los elementos medievales en el lenguaje, las referencias a prácticas y objetos fuera de contexto, y la fuerte alineación teológica con el islam apuntan a una composición tardía y cuestionan la autenticidad del texto como un evangelio del cristianismo primitivo. La falta de menciones tempranas en la literatura cristiana y las aparentes intenciones apologéticas del autor refuerzan la idea de que el Evangelio de Bernabé podría haber sido creado o adaptado en la Edad Media, con el propósito de ofrecer una versión de Jesús más acorde con la fe islámica y de desafiar las doctrinas cristianas establecidas. Estas evidencias invitan a considerar el Evangelio de Bernabé no como un documento antiguo, sino como una construcción posterior que busca proponer una perspectiva interreligiosa y polémica en un contexto de interacción entre el islam y el cristianismo.

Capítulo 40
Perspectivas del Cristianismo Moderno

El Evangelio de Bernabé, con su particular interpretación de la vida y mensaje de Jesús, ha generado reacciones diversas dentro del cristianismo moderno, siendo objeto de debates tanto académicos como teológicos. Mientras que algunas denominaciones cristianas lo han rechazado tajantemente, cuestionando su autenticidad y señalando sus inconsistencias, otros estudiosos y pensadores lo han analizado desde una perspectiva histórica y sociocultural, viéndolo como un texto que revela las complejidades del contacto entre el islam y el cristianismo en la historia. Este capítulo explora cómo distintas ramas del cristianismo contemporáneo perciben el Evangelio de Bernabé, así como los debates que su existencia y contenido han provocado, especialmente en el contexto de un diálogo interreligioso en el que la figura de Jesús sigue siendo un puente, pero también un terreno de disenso.

Desde el punto de vista de la Iglesia Católica, el Evangelio de Bernabé ha sido generalmente considerado como una falsificación medieval que busca socavar las doctrinas fundamentales de la fe cristiana. La falta de referencias tempranas y su rechazo del núcleo teológico cristiano —como la divinidad de Jesús, la Trinidad y la crucifixión— han llevado a la Iglesia Católica a considerarlo con desconfianza. Diversos teólogos católicos han estudiado sus orígenes y apuntado a los numerosos anacronismos e influencias islámicas presentes en el texto. Para la mayoría de los estudiosos católicos, el Evangelio de Bernabé no representa una amenaza doctrinal en sí, ya que consideran que su composición refleja más bien una agenda de diálogo o controversia interreligiosa, propia de la Edad Media, que un evangelio apostólico legítimo. Sin embargo, su existencia sigue siendo relevante en los estudios de apócrifos, pues resalta las tensiones históricas y culturales entre las dos religiones abrahámicas.

El cristianismo protestante, con su énfasis en la primacía de las Escrituras, también ha rechazado el Evangelio de Bernabé como parte del canon y lo ha clasificado junto a otros textos apócrifos de dudosa autenticidad. Los estudiosos protestantes, particularmente aquellos dedicados al análisis textual y al estudio de manuscritos, han señalado la falta de manuscritos antiguos y el escaso respaldo histórico que caracteriza al Evangelio de Bernabé. Muchos teólogos protestantes coinciden en que este texto presenta una versión de Jesús que no coincide con el testimonio de los evangelios canónicos y que, por tanto, no puede ser considerado como un documento confiable sobre la vida y obra de Jesús. Algunos grupos protestantes han mostrado interés en el Evangelio de Bernabé desde un punto de vista histórico y crítico, reconociendo que, aunque su valor teológico es limitado, ofrece una perspectiva interesante sobre la evolución de las ideas religiosas y las controversias interreligiosas en el contexto medieval.

Las iglesias ortodoxas orientales y ortodoxas griegas, que han conservado una visión particular de los evangelios y la tradición apostólica, también descartan el Evangelio de Bernabé como una falsificación. Para las comunidades ortodoxas, que poseen una rica historia de estudios patrísticos y un enfoque de la fe basado en la sucesión apostólica y la interpretación patrística de los textos, este evangelio resulta inconsistente con la tradición apostólica y carece del respaldo de los Padres de la Iglesia. Las iglesias ortodoxas han sido enfáticas en que las doctrinas presentadas en el Evangelio de Bernabé no se alinean con el cristianismo ortodoxo y que su contenido refleja una perspectiva teológica extraña a las enseñanzas y tradiciones establecidas en los primeros siglos de la Iglesia. Al igual que otras denominaciones, las iglesias ortodoxas tienden a ver este texto más como un fenómeno literario de origen medieval que como un texto con peso doctrinal o espiritual.

Desde la perspectiva del cristianismo liberal y de ciertos círculos académicos que se inclinan por un análisis histórico-crítico, el Evangelio de Bernabé puede ser interpretado como una obra relevante para entender las relaciones históricas entre el cristianismo y el islam, así como las adaptaciones culturales y religiosas que surgieron en contextos de convivencia e intercambio entre ambas religiones. Estos estudiosos destacan que, aunque el texto no tenga valor doctrinal para el cristianismo, puede ofrecer pistas sobre la percepción que algunas comunidades musulmanas medievales tenían de Jesús, y sobre los intentos de reinterpretar su figura de manera que pudiera ser aceptable y familiar para una audiencia islámica. Desde esta perspectiva, el Evangelio de Bernabé es visto como un texto híbrido que refleja una época en la que las identidades religiosas y culturales estaban en constante diálogo, conflicto y reconfiguración, especialmente en territorios como Al-Ándalus o Sicilia.

Además de las perspectivas teológicas, el Evangelio de Bernabé también ha generado debates en el ámbito del diálogo interreligioso. Para algunos cristianos comprometidos en el diálogo con el islam, el Evangelio de Bernabé plantea tanto oportunidades como desafíos. Por un lado, al presentar a Jesús como un profeta humano y precursor de Muhammad, el texto se alinea con una visión islámica de Jesús que podría facilitar la comprensión entre ambas religiones. Sin embargo, esta misma postura plantea desafíos, ya que contradice aspectos centrales de la fe cristiana y puede ser interpretada como un intento de minimizar o reinterpretar la figura de Jesús para ajustarla a una narrativa islámica. Este texto, aunque ha sido rechazado doctrinalmente, se convierte en una herramienta para el diálogo en contextos donde las comunidades cristianas y musulmanas buscan comprender mejor sus diferencias y puntos de convergencia.

Algunos sectores del cristianismo moderno, sobre todo en el ámbito académico, han sugerido que el Evangelio de Bernabé puede funcionar como un espejo de las complejidades históricas en las que el cristianismo y el islam se encontraron, adaptaron y, en ocasiones, distorsionaron mutuamente sus enseñanzas. Al estudiar este evangelio en un marco comparativo, los académicos han enfatizado que su análisis contribuye a entender mejor el impacto de las diferencias doctrinales sobre la figura de Jesús y cómo estas diferencias fueron utilizadas a lo largo de la historia para legitimar o desafiar diversas corrientes de fe. Este enfoque académico permite ver al Evangelio de Bernabé no solo como un texto religioso, sino también como una pieza de la historia cultural y política que ilustra las interacciones complejas entre las sociedades islámicas y cristianas medievales.

En ciertos contextos ecuménicos, el Evangelio de Bernabé ha sido considerado como un recordatorio de la necesidad de profundizar en el diálogo y en la comprensión mutua entre cristianos y musulmanes. Si bien su contenido es polémico y doctrinalmente inaceptable para la mayoría de las denominaciones cristianas, algunos líderes religiosos han señalado que la mera existencia de un texto que intente reinterpretar la vida de Jesús para un público islámico muestra un deseo de diálogo y de acercamiento que puede ser aprovechado para promover el respeto y la tolerancia interreligiosa. Este enfoque ecuménico sugiere que, aunque el Evangelio de Bernabé no tenga valor doctrinal, su estudio puede inspirar una reflexión sobre los puntos de encuentro y desacuerdo entre ambas religiones, lo cual podría abrir nuevas vías para el entendimiento y la cooperación en temas de ética y espiritualidad.

En conclusión, el cristianismo moderno aborda el Evangelio de Bernabé desde múltiples perspectivas que van desde el rechazo doctrinal hasta el análisis histórico y el uso en el diálogo interreligioso. Las distintas denominaciones cristianas coinciden en su mayoría en cuestionar su autenticidad y en rechazar su valor como documento de fe, pero también reconocen que el texto ofrece una oportunidad para explorar las complejas relaciones entre el cristianismo y el islam en la historia. Para algunos, el Evangelio de Bernabé representa un intento de forjar puentes entre ambas religiones, aunque a costa de distorsionar elementos esenciales de la fe cristiana; para otros, es una falsificación medieval que no merece más que un análisis crítico. En cualquier caso, el Evangelio de Bernabé sigue siendo un documento significativo, no tanto por su valor doctrinal, sino por su capacidad para suscitar preguntas y diálogos sobre la figura de Jesús y el papel que este juega en el acercamiento o la separación entre dos de las religiones más grandes del mundo.

Capítulo 41
Relevancia en el Diálogo Interreligioso

La existencia y el estudio del Evangelio de Bernabé han suscitado interés en el ámbito del diálogo interreligioso entre el cristianismo y el islam, sirviendo tanto como fuente de tensión como de potencial acercamiento entre ambas tradiciones. La figura de Jesús, compartida pero interpretada de maneras fundamentalmente distintas en cada religión, constituye un terreno fértil para el debate teológico y la reflexión sobre la identidad de cada fe. Este capítulo explora cómo el Evangelio de Bernabé se utiliza en el contexto del diálogo entre cristianos y musulmanes, analizando tanto los retos que presenta como las oportunidades para profundizar en el entendimiento mutuo.

Uno de los aspectos que más llama la atención en el diálogo interreligioso es la representación de Jesús en el Evangelio de Bernabé. En el texto, Jesús no es presentado como el Hijo de Dios, sino como un profeta que anuncia la venida de Muhammad. Esta versión se alinea con la visión islámica, donde Jesús es honrado como profeta, pero no como parte de la Trinidad ni como figura redentora. Esta interpretación, que contrasta de manera radical con la visión cristiana de Jesús como el Salvador y Hijo de Dios, ha sido utilizada por algunas voces musulmanas para reforzar una narrativa que señala la continuidad profética entre Jesús y Muhammad. En este sentido, el Evangelio de Bernabé es empleado en ciertos círculos islámicos como evidencia de que el cristianismo original habría reconocido a Muhammad como el "sello de los profetas", un concepto fundamental en la teología islámica.

Sin embargo, esta interpretación plantea desafíos profundos para el cristianismo, ya que pone en tela de juicio las doctrinas centrales que giran en torno a la divinidad de Jesús y la Trinidad. El uso del Evangelio de Bernabé en este contexto a menudo ha generado tensiones, especialmente cuando se percibe como un intento de imponer una narrativa islámica sobre una figura central del cristianismo. Los teólogos y representantes cristianos en el ámbito del diálogo interreligioso suelen señalar que, aunque el Evangelio de Bernabé es un documento interesante desde un punto de vista histórico y cultural, no representa una fuente legítima de la tradición cristiana. La insistencia en la autenticidad de los evangelios canónicos frente al Evangelio de Bernabé se convierte así en un punto de afirmación para muchos cristianos, quienes defienden la historicidad y veracidad de los textos aceptados por la Iglesia desde los primeros siglos.

Algunos líderes religiosos y académicos comprometidos con el diálogo interreligioso han intentado enfocar el Evangelio de Bernabé desde una perspectiva más constructiva. Más allá de los conflictos doctrinales, el evangelio ofrece una oportunidad para que ambas religiones exploren y comprendan mejor sus similitudes y diferencias en torno a la figura de Jesús. Para algunos académicos cristianos, este texto es visto no como una amenaza, sino como un reflejo de la rica historia de intercambio cultural y religioso que se produjo en ciertos períodos de la historia, cuando cristianos y musulmanes convivieron en territorios como Al-Ándalus o Sicilia. En este contexto, el Evangelio de Bernabé simboliza un momento de encuentro e interacción que, aunque conflictivo, permitió una fertilización cruzada de ideas que enriqueció a ambas culturas.

Un tema recurrente en el uso del Evangelio de Bernabé en el diálogo interreligioso es el concepto de monoteísmo. En el texto, Jesús niega tajantemente su divinidad, reafirmando la unicidad de Dios de una manera que se ajusta al concepto islámico de *tawhid*. Esta representación de Jesús como un profeta monoteísta estricto, subordinado a un único Dios, ha sido señalada por ciertos teólogos musulmanes como una validación de la creencia islámica. Por otro lado, los representantes cristianos en el diálogo sostienen que este monoteísmo absoluto contradice la comprensión cristiana de la relación entre el Padre, el Hijo y el Espíritu Santo. La doctrina de la Trinidad, aunque en esencia monoteísta, es vista en el islam como una violación de la unidad de Dios, lo que añade una capa de dificultad en el diálogo cuando el Evangelio de Bernabé se introduce como texto de referencia.

A pesar de estos desafíos, algunos estudiosos de la paz y del diálogo interreligioso han abogado por un enfoque en los valores compartidos que el Evangelio de Bernabé resalta, tales como la importancia de la moralidad, la humildad y la devoción a Dios. La narración de Jesús en este evangelio, aunque diferente a la versión canónica, subraya una ética de vida piadosa y la importancia de la compasión y la justicia, valores que tanto cristianos como musulmanes reconocen y respetan. Este enfoque en las enseñanzas éticas y en el mensaje moral del texto permite una interpretación que puede servir como un puente para ambas religiones, al enfocarse en lo que ambas comparten, en lugar de en sus diferencias. Para los defensores del diálogo interreligioso, este es un punto de partida positivo que permite construir una conversación basada en el respeto y en los valores comunes, aún cuando las diferencias doctrinales persisten.

El uso del Evangelio de Bernabé en el diálogo también plantea preguntas sobre la naturaleza de la autenticidad en los textos religiosos. Los estudiosos cristianos han argumentado que la autenticidad de los evangelios canónicos no solo se basa en su antigüedad, sino también en su coherencia doctrinal y en la aceptación universal que han tenido desde los primeros siglos de la Iglesia. Por su parte, ciertos académicos musulmanes y apologistas han cuestionado si la autenticidad debería ser medida únicamente por criterios de antigüedad y aceptación canónica, proponiendo en cambio que la coherencia con el mensaje monoteísta también es una medida de veracidad. Este tipo de discusiones puede ser beneficioso en un contexto interreligioso, ya que permite a ambas tradiciones exponer sus criterios de autenticidad y legitimidad, fomentando una comprensión más profunda de sus respectivos fundamentos teológicos.

En términos de desafíos, el Evangelio de Bernabé puede ser un tema divisivo, especialmente en aquellos diálogos donde la intención es encontrar una interpretación unificada de Jesús. La representación de Jesús en este texto puede ser vista como un intento de reescribir o reinterpretar su figura de manera que se ajuste a los lineamientos del islam, algo que los cristianos rechazan. Sin embargo, para algunos líderes musulmanes, el Evangelio de Bernabé representa una verdad que fue supuestamente suprimida por la Iglesia, lo que dificulta una reconciliación fácil de estas posturas. La percepción de este texto como una "versión alternativa" de la vida de Jesús es un obstáculo, ya que, en lugar de unificar, subraya las diferencias entre las interpretaciones islámica y cristiana.

En la práctica, algunos defensores del diálogo han propuesto abordar el Evangelio de Bernabé como un ejemplo de los esfuerzos históricos de ambas religiones por entenderse y coexistir. Desde esta perspectiva, el texto no es tanto un evangelio como una obra de naturaleza apologética, destinada a destacar ciertos puntos de conexión y minimizar otros. Los académicos del diálogo interreligioso sugieren que, si se estudia en este contexto, el Evangelio de Bernabé puede ser visto como una invitación a reflexionar sobre las maneras en que ambas religiones se han acercado, influido y, a veces, desafiado mutuamente a lo largo de los siglos.

En conclusión, el Evangelio de Bernabé es un texto con profundas implicaciones para el diálogo interreligioso, ofreciendo tanto oportunidades como retos en la interacción entre cristianismo e islam. Si bien su uso puede generar tensiones debido a las diferencias doctrinales en torno a la figura de Jesús, también abre un espacio para que ambos credos exploren temas comunes como el monoteísmo, la moralidad y el respeto hacia las figuras proféticas. La existencia de este evangelio recuerda la compleja historia compartida por estas religiones y simboliza tanto los puntos de encuentro como los desacuerdos que persisten.

En última instancia, el Evangelio de Bernabé puede servir como un medio para fortalecer el entendimiento y el respeto mutuo, promoviendo un diálogo que valore tanto la unidad como la diversidad en la búsqueda compartida de la verdad y la espiritualidad.

Capítulo 42
Análisis Comparativo con el Corán

El Evangelio de Bernabé es, en muchos aspectos, un texto que parece acercarse deliberadamente a la narrativa islámica de Jesús, al presentar elementos que resuenan con el Corán y con la teología islámica. Este capítulo profundiza en una comparación detallada entre las enseñanzas y eventos descritos en el Evangelio de Bernabé y aquellos contenidos en el Corán, explorando similitudes, diferencias y posibles influencias. A través de esta comparación, es posible observar cómo el Evangelio de Bernabé podría haber sido escrito con la intención de armonizar las doctrinas islámicas y cristianas, ofreciendo una versión de la vida de Jesús que fuera aceptable para el islam y al mismo tiempo pudiera servir de puente con ciertos elementos cristianos.

Uno de los puntos de convergencia más significativos entre el Evangelio de Bernabé y el Corán es la visión de Jesús como un profeta humano, sin pretensiones de divinidad. En el Corán, Jesús (*Isa*) es descrito como un profeta enviado por Dios, pero nunca es considerado como el Hijo de Dios ni como una encarnación divina. Esta perspectiva se refleja de manera clara en el Evangelio de Bernabé, donde Jesús es presentado consistentemente como un mensajero de Dios que niega cualquier relación de filiación divina. En varios pasajes, Jesús enfatiza su condición de siervo de Dios y rechaza de forma explícita las interpretaciones que podrían entender su figura como divina, lo cual encaja estrechamente con la postura islámica de la unicidad de Dios (*tawhid*) y la negación de la Trinidad. Para el lector musulmán, esta postura ofrece una imagen de Jesús que se alinea con la creencia fundamental en la indivisibilidad de Dios.

Otra similitud importante se encuentra en la negación de la crucifixión de Jesús, un evento central en la narrativa de los evangelios canónicos y en la fe cristiana. En el Corán, específicamente en la sura 4:157, se afirma que Jesús no fue crucificado, sino que Dios lo ascendió al cielo y que solo pareció que había sido crucificado. El Evangelio de Bernabé parece eco de esta creencia al describir un relato alternativo de la crucifixión en el cual Judas Iscariote, el traidor de Jesús, es quien toma su lugar en la cruz. En este evangelio apócrifo, Jesús es rescatado de la muerte y elevado al cielo sin experimentar la crucifixión. Esta versión de los eventos es profundamente controversial para la doctrina cristiana, ya que niega el sacrificio redentor de Jesús, pero se alinea de manera sorprendente con la narrativa coránica y refuerza la teoría de que el Evangelio de Bernabé fue influido por, o incluso adaptado para, un contexto islámico.

En cuanto a la descripción de María, madre de Jesús, tanto el Corán como el Evangelio de Bernabé resaltan su pureza y su papel como madre de un profeta. El Corán le dedica una sura completa, la sura 19, que lleva su nombre (*Maryam*) y que describe la concepción milagrosa de Jesús. En el Evangelio de Bernabé, María es tratada con respeto y veneración, y se hace mención de su rol como madre de un hombre excepcional, pero sin atribuirle el estatus de "Madre de Dios", un título que sería incompatible con la visión islámica y que también está ausente en este evangelio. Esta perspectiva de María como una figura santa pero no divinizada se encuentra en consonancia con el respeto mostrado en el islam hacia los profetas y sus familias, sin caer en la idolatría ni en la atribución de características divinas a figuras humanas.

Otro punto de concordancia es la mención en el Evangelio de Bernabé de un "consolador" o profeta que vendrá después de Jesús, que el texto parece identificar como Muhammad. En el Corán, Jesús es considerado el último profeta antes de Muhammad, y se interpreta que él mismo predijo la llegada de un mensajero final. Esta idea está presente en el Evangelio de Bernabé, donde Jesús anuncia la venida de un profeta que completará y sellará la revelación divina. Este aspecto ha sido interpretado como un intento deliberado de construir una continuidad entre Jesús y Muhammad, que es un pilar fundamental de la teología islámica. La mención de este "último profeta" en el Evangelio de Bernabé es una de las características que más lo ha hecho popular entre algunos sectores islámicos, que ven en este pasaje una confirmación de su doctrina.

Además de estas similitudes doctrinales, el lenguaje empleado en el Evangelio de Bernabé recuerda en varios aspectos al del Corán, en particular en su tono de rechazo al politeísmo y en su afirmación del monoteísmo estricto. Tanto el Corán como el Evangelio de Bernabé contienen expresiones que enfatizan la unidad y la exclusividad de Dios y denuncian cualquier forma de idolatría. Este enfoque en el monoteísmo absoluto se refleja en la manera en que Jesús, en el Evangelio de Bernabé, se muestra celoso de la unidad de Dios y rechaza en múltiples ocasiones cualquier interpretación que pueda elevarlo a una condición divina. Esta insistencia en la unidad de Dios y en la negación de la divinidad de Jesús sugiere que el autor del Evangelio de Bernabé tenía una intención clara de hacer que el texto se alineara con la sensibilidad islámica sobre la naturaleza de Dios.

Sin embargo, a pesar de estas similitudes, también existen diferencias entre el Corán y el Evangelio de Bernabé. Aunque ambos textos coinciden en muchos aspectos sobre la figura de Jesús, el Corán nunca menciona que Judas fuera crucificado en lugar de Jesús, limitándose a afirmar que los enemigos de Jesús no lograron matarlo ni crucificarlo y que esto fue una ilusión. En cambio, el Evangelio de Bernabé ofrece una narrativa detallada de cómo Judas fue transformado milagrosamente para parecerse a Jesús y así sufrir la crucifixión en su lugar. Esta diferencia ha sido interpretada como una licencia narrativa por parte del autor del evangelio, posiblemente con la intención de ofrecer una explicación visual y tangible de la crucifixión aparente que menciona el Corán. Algunos académicos sugieren que esta versión dramatizada podría haber sido creada para proporcionar una respuesta clara a los cristianos que no aceptaban la interpretación islámica de la crucifixión.

También es importante señalar que, aunque el Evangelio de Bernabé parece alinearse con ciertas doctrinas islámicas, no es considerado un texto sagrado ni una revelación en el islam. De hecho, en la tradición islámica, el Corán es la única palabra de Dios revelada directamente y preservada sin alteración, por lo que cualquier texto externo es visto como secundario y no inspirador de fe. Por esta razón, aunque el Evangelio de Bernabé pueda ser usado en discusiones apologéticas por algunos musulmanes, no es parte del canon religioso del islam y su uso es más bien estratégico en el diálogo interreligioso o en debates teológicos.

A nivel cultural, el Evangelio de Bernabé también refleja ciertas influencias de la época medieval, mostrando un conocimiento superficial de las enseñanzas islámicas y cristianas, lo cual ha llevado a los estudiosos a teorizar que el autor pudo haber sido un cristiano converso al islam o alguien que vivía en un contexto donde las dos religiones interactuaban intensamente. Esta teoría se basa en el hecho de que, aunque el texto muestra una orientación clara hacia las enseñanzas coránicas, también presenta una mezcla de influencias y errores históricos que sugieren que el autor no tenía una comprensión completa ni de las escrituras cristianas ni de las islámicas. Esto ha llevado a la conclusión de que el Evangelio de Bernabé es probablemente un producto de un tiempo y lugar específicos, donde el cristianismo y el islam coexistían y donde un texto de este tipo podía encontrar una audiencia receptiva.

En conclusión, el Evangelio de Bernabé y el Corán muestran similitudes en sus interpretaciones de Jesús y en la insistencia en el monoteísmo, pero también presentan diferencias en ciertos detalles narrativos y doctrinales. Aunque el Evangelio de Bernabé no es aceptado ni por el cristianismo ni por el islam como una fuente de revelación oficial, su comparación con el Corán permite un análisis profundo de cómo ciertas ideas y conceptos podrían haber sido intercambiados y reinterpretados en contextos de interacción religiosa. Para algunos creyentes, estas similitudes ofrecen un terreno para la reflexión y el diálogo, mientras que para otros, representan un intento fallido de reconciliar doctrinas irreconciliables. La comparación entre ambos textos nos recuerda la complejidad de las relaciones históricas entre el cristianismo y el islam y el papel de la figura de Jesús como un punto de convergencia y divergencia entre ambas tradiciones.

Capítulo 43
Implicaciones Éticas

Las implicaciones éticas del Evangelio de Bernabé constituyen un aspecto fundamental de su mensaje y de las enseñanzas atribuidas a Jesús en este texto apócrifo. Desde un punto de vista ético, el Evangelio de Bernabé presenta una serie de enseñanzas que destacan la importancia de la moralidad, la humildad y la obediencia a Dios, elementos que, aunque también están presentes en los evangelios canónicos, adquieren en este evangelio un tono y una aplicación específicos, a menudo en sintonía con ciertos valores islámicos. Este capítulo examina estas implicaciones, analizando cómo las enseñanzas del Evangelio de Bernabé ofrecen una ética que refleja tanto influencias del cristianismo primitivo como resonancias del pensamiento islámico.

Uno de los temas recurrentes en el Evangelio de Bernabé es el rechazo de la acumulación de riquezas y el énfasis en la humildad y la sencillez de vida. Jesús, en este evangelio, es presentado como un profeta que critica fuertemente el materialismo y alienta a sus seguidores a vivir en la pobreza voluntaria. Este rechazo a las riquezas y la insistencia en una vida austera reflejan una ética que prioriza el desapego material como medio para acercarse a Dios. Para Jesús, según este texto, la verdadera virtud radica en una vida dedicada a Dios y a la justicia, en la cual los bienes materiales son vistos como una distracción que aparta al individuo de su propósito espiritual.

Este énfasis en la humildad y la austeridad coincide en parte con las enseñanzas morales tanto del cristianismo como del islam. En los evangelios canónicos, Jesús también critica a los ricos y alienta a sus seguidores a renunciar a sus bienes materiales. Asimismo, en el islam, existe un fuerte énfasis en la caridad (*zakat*) y en la moderación frente a los bienes mundanos, promoviendo la idea de que la verdadera riqueza se encuentra en el cumplimiento de la voluntad de Dios y en la ayuda a los demás. El Evangelio de Bernabé, al destacar la pobreza voluntaria y el rechazo de la codicia, evoca una ética similar, proponiendo una vida en la que la riqueza material es considerada secundaria frente a la búsqueda de la verdad y la justicia.

La caridad y el servicio a los demás son otros aspectos éticos centrales en el Evangelio de Bernabé. Jesús enseña a sus seguidores que el amor al prójimo es fundamental y que deben ayudar a los necesitados, los enfermos y los marginados, sin esperar recompensa. Este enfoque en la caridad y el servicio al prójimo es compartido tanto en el cristianismo como en el islam, y en ambos casos se considera un mandato divino. En el islam, se espera que cada creyente practique el *zakat*, o limosna obligatoria, como una expresión de solidaridad y cuidado hacia los menos afortunados. En el cristianismo, la caridad es igualmente considerada una virtud esencial, siguiendo el mandamiento de amar al prójimo como a uno mismo. La ética de la compasión y el servicio que se promueve en el Evangelio de Bernabé resalta, de esta forma, un punto de convergencia entre ambas tradiciones, subrayando que la moralidad incluye no solo actos de devoción personal, sino también una responsabilidad hacia los otros.

Además, el Evangelio de Bernabé enfatiza el arrepentimiento y la misericordia divina. Jesús insta a sus seguidores a arrepentirse sinceramente de sus pecados y a buscar el perdón de Dios, destacando la importancia de la humildad ante Dios y de la conciencia de la propia imperfección. En este aspecto, el evangelio refleja una ética de responsabilidad personal y de transformación interior, valores que también son centrales en la teología islámica. En el islam, se enseña que Dios es misericordioso y está siempre dispuesto a perdonar a quienes se arrepienten sinceramente. De manera similar, en el Evangelio de

Bernabé, el arrepentimiento y la confianza en la misericordia de Dios son claves para vivir una vida ética y espiritual, marcando la distinción entre aquellos que reconocen sus errores y buscan enmendarlos, y quienes se dejan llevar por el orgullo y la autosuficiencia.

La integridad y la honestidad aparecen como otras virtudes destacadas en el Evangelio de Bernabé. En varios pasajes, Jesús advierte sobre los peligros de la falsedad, la hipocresía y la manipulación de la verdad, subrayando que los actos deben estar alineados con la palabra y con la conciencia de cada uno. Esta preocupación por la honestidad y la coherencia moral es fundamental tanto en el cristianismo como en el islam, donde la veracidad y la justicia son vistas como pilares del comportamiento ético. En el contexto islámico, la honestidad y la justicia son valores esenciales, y se enseña que cada creyente debe actuar con justicia incluso en las situaciones más difíciles. En el Evangelio de Bernabé, esta integridad se expresa en la exhortación a vivir en la verdad y a rechazar cualquier forma de engaño o doble moral, enfatizando que solo aquellos que son sinceros y justos ante Dios encontrarán favor en Él.

Otro tema ético significativo en el Evangelio de Bernabé es la paciencia y la resistencia ante la adversidad. Jesús, en este evangelio, instruye a sus seguidores a soportar las pruebas y las dificultades de la vida con paciencia y fe, recordándoles que todo sufrimiento tiene un propósito y que la verdadera recompensa está en el más allá. Este mensaje de resistencia ante las dificultades se asemeja a las enseñanzas islámicas sobre la *sabr*, o paciencia, que es considerada una virtud fundamental. En el islam, se alienta a los creyentes a soportar las pruebas con dignidad y a confiar en la justicia divina, sabiendo que todo sufrimiento tiene un valor redentor y que Dios es consciente de cada acción y cada sacrificio. En el Evangelio de Bernabé, la paciencia es presentada como una prueba de fe, una manera de demostrar devoción y de buscar la recompensa de Dios en el más allá.

La justicia es otro aspecto central en la ética del Evangelio de Bernabé. Jesús enfatiza que la verdadera piedad no se limita a la observancia de rituales religiosos, sino que también incluye la justicia hacia los demás y el respeto por los derechos de todos. La justicia es entendida no solo como una virtud personal, sino como una responsabilidad social que involucra actuar de manera equitativa y respetuosa con todos, independientemente de su posición social. En este sentido, el Evangelio de Bernabé refleja una ética que trasciende el ámbito individual y que se proyecta hacia la construcción de una sociedad justa, en la cual cada persona es tratada con dignidad. Este enfoque ético hacia la justicia y la igualdad coincide con los principios de justicia social presentes tanto en el cristianismo como en el islam, donde el cuidado de los demás y la defensa de los derechos de los más débiles se consideran actos de devoción.

Por último, el Evangelio de Bernabé plantea una visión ética de la vida y del propósito humano que se centra en la obediencia a Dios y en la renuncia al egoísmo y a las tentaciones mundanas. Para Jesús, en este evangelio, la vida en la Tierra es una preparación para la vida eterna, y solo aquellos que viven con devoción, humildad y justicia alcanzarán la paz eterna. Esta enseñanza ética se basa en la idea de que el ser humano debe subordinar sus deseos personales a la voluntad de Dios y vivir en constante recuerdo de su responsabilidad ante Él. Esta concepción de la vida y de la ética tiene paralelos con la doctrina islámica de *ibadah* (adoración y sumisión a Dios), que aboga por una vida dedicada a cumplir los mandatos divinos y a renunciar a los excesos y tentaciones del mundo material.

En conclusión, el Evangelio de Bernabé presenta una serie de enseñanzas éticas que destacan la humildad, la caridad, la honestidad, la paciencia y la justicia como virtudes esenciales para alcanzar la cercanía a Dios y la paz interior. Aunque algunas de estas enseñanzas también están presentes en los evangelios canónicos y en las enseñanzas cristianas tradicionales, su formulación en el Evangelio de Bernabé muestra una inclinación hacia una ética compatible con ciertos valores islámicos. Para aquellos interesados en el diálogo interreligioso, las implicaciones éticas de este evangelio representan un área de convergencia, donde cristianos y musulmanes pueden encontrar principios compartidos que promuevan la comprensión y el respeto mutuo. Este enfoque ético, centrado en la justicia, la caridad y la devoción, permite que el Evangelio de Bernabé se perciba como un texto que, independientemente de su autenticidad, contiene valores morales universales que pueden ser apreciados y aplicados por personas de distintas tradiciones religiosas.

Capítulo 44
Influencia en la Cultura Islámica

La influencia del Evangelio de Bernabé en la cultura islámica es un fenómeno que, aunque en apariencia menor, revela una profunda interconexión entre las narrativas religiosas y las necesidades culturales e ideológicas de distintas épocas en el mundo islámico. Este capítulo analiza cómo, a lo largo de los siglos, el Evangelio de Bernabé ha encontrado resonancia en contextos islámicos, su impacto en la literatura, su uso en la apologética islámica y su incorporación en debates teológicos y filosóficos. La popularidad del Evangelio de Bernabé entre ciertos sectores del islam responde no solo a su contenido, que parece alinear algunas enseñanzas con el Corán, sino también a un deseo de algunos académicos y líderes religiosos islámicos de validar la figura de Jesús de una manera que coincida con la perspectiva islámica.

Desde su reaparición en la historia, el Evangelio de Bernabé ha sido interpretado por algunos sectores islámicos como un evangelio perdido que confirma ciertos aspectos de la doctrina islámica sobre Jesús (*Isa* en el Corán). Este texto presenta a Jesús como un profeta humano y no como el Hijo de Dios, un aspecto que resuena en el islam, donde Jesús es considerado un importante mensajero, pero sin atributos divinos. En ciertos círculos islámicos, el Evangelio de Bernabé ha sido promovido y traducido como una herramienta que, según sus defensores, ofrece un puente entre la figura de Jesús en el cristianismo y el islam, sugiriendo que el cristianismo original podría haber compartido algunos de estos puntos de vista antes de su evolución hacia el dogma trinitario. Así, el Evangelio de Bernabé ha sido utilizado en contextos islámicos como un testimonio de autenticidad para la figura de Jesús que presenta el Corán.

A nivel literario, el Evangelio de Bernabé ha influido en la producción de ciertas obras apologéticas islámicas y en discursos académicos que intentan legitimar su uso como un recurso para el diálogo interreligioso. Durante los siglos XIX y XX, especialmente en momentos de colonización y en el contexto del renacimiento islámico, algunas figuras intelectuales y teológicas comenzaron a ver en este evangelio un recurso para cuestionar la dominación cultural europea y las creencias cristianas traídas por los colonizadores. El texto fue promovido en círculos islámicos como evidencia de que el islam contenía una verdad revelada que el cristianismo, en algún momento de su historia, había reconocido. En este sentido, el Evangelio de Bernabé no solo se convirtió en un instrumento de afirmación de la identidad islámica frente a la influencia cristiana, sino también en una herramienta de resistencia cultural y religiosa.

Esta perspectiva apologética continúa en algunos sectores islámicos hasta la actualidad, donde el Evangelio de Bernabé se cita en discusiones sobre la validez de las doctrinas cristianas, especialmente en temas relacionados con la Trinidad y la crucifixión. Para los apologistas islámicos, el Evangelio de Bernabé ofrece una versión de la vida de Jesús que parece más coherente con la visión coránica, y por ello ha sido promovido como una prueba de que el mensaje de Jesús fue distorsionado a lo largo de la historia. En contextos académicos musulmanes, el Evangelio de Bernabé ha sido estudiado y publicado en diversas lenguas, fomentando su difusión entre musulmanes interesados en conocer una versión de los evangelios que esté más en sintonía con sus propias creencias religiosas. Este texto apócrifo ha llegado incluso a formar parte de los estudios en algunas instituciones islámicas de educación superior, donde es presentado como una herramienta para comprender los posibles puntos de convergencia y divergencia entre el islam y el cristianismo.

La influencia del Evangelio de Bernabé en la filosofía islámica ha sido menos explícita, pero es posible rastrear ciertos conceptos éticos y teológicos que han sido reinterpretados en el marco de la tradición islámica. La narrativa del Evangelio de Bernabé, que enfatiza la humildad de Jesús y la importancia de la sumisión a la voluntad divina, se asemeja a los principios del islam en relación con la obediencia y la devoción a Dios. Algunos pensadores islámicos han aprovechado esta alineación para destacar que el mensaje de Jesús en el Evangelio de Bernabé refleja una ética de humildad y renuncia al materialismo que se asemeja a la enseñanza de los profetas en el Corán. Así, el evangelio ha sido interpretado en ciertos círculos como una fuente de confirmación de valores islámicos, proyectando una visión de Jesús que actúa no solo como profeta, sino como modelo de un ideal ético que anticipa el comportamiento recomendado en el islam.

En cuanto a su impacto en la exégesis islámica, aunque no es una fuente de referencia canónica, el Evangelio de Bernabé ha sido mencionado en algunos comentarios coránicos contemporáneos. En estos comentarios, los exegetas no consideran el texto como parte de la revelación, pero algunos lo citan para subrayar que existen testimonios en la tradición judeocristiana que coinciden con ciertas enseñanzas coránicas. En particular, la negación de la crucifixión y la promesa de la venida de un último profeta después de Jesús han sido elementos citados en la exégesis islámica como argumentos secundarios que, para algunos musulmanes, apoyan las enseñanzas del Corán y sirven para cuestionar la autenticidad de la narrativa cristiana tradicional. Esta perspectiva ha sido criticada por estudiosos cristianos, quienes consideran que la interpretación islámica del Evangelio de Bernabé es un intento de crear una versión alternativa de los evangelios que apoye su visión doctrinal.

Un aspecto notable de la influencia del Evangelio de Bernabé en la cultura islámica es su popularidad en ciertos círculos religiosos no académicos, especialmente entre quienes buscan recursos para profundizar en el diálogo interreligioso o para explorar las similitudes entre las enseñanzas de Jesús y Muhammad. Entre algunos sectores de la población musulmana, el Evangelio de Bernabé es visto como un texto accesible que, aunque no es canónico, ofrece una representación familiar de Jesús, alejada de los dogmas cristianos que suelen generar desacuerdo en los diálogos interreligiosos. Su representación de Jesús como profeta y su énfasis en la sumisión a Dios han llevado a que este evangelio sea percibido por algunos musulmanes como un punto de referencia en el cual las enseñanzas de Jesús y del islam convergen de manera armoniosa.

No obstante, el uso del Evangelio de Bernabé en la cultura islámica ha generado un amplio debate y una diversidad de opiniones. Mientras que algunos ven el texto como un aliado útil en la comprensión y reafirmación de ciertas doctrinas, otros lo consideran una obra de origen dudoso que no debería ser parte de la práctica o la enseñanza islámica. Los académicos musulmanes más conservadores y críticos señalan que el Corán es la única fuente de revelación divina en el islam y que cualquier otro texto, especialmente uno de origen apócrifo, no tiene lugar en la interpretación de la doctrina islámica. Según esta visión, aunque el Evangelio de Bernabé puede servir como referencia cultural o histórica, no debe ser utilizado como herramienta teológica en la enseñanza islámica.

En conclusión, el Evangelio de Bernabé ha ejercido una influencia notable en ciertos sectores de la cultura islámica, actuando tanto como una herramienta apologética y un recurso de identidad cultural frente al cristianismo como un medio de exploración y diálogo interreligioso. La representación de Jesús que presenta, su enfoque ético y su alineación con ciertos principios islámicos han permitido que el texto encuentre una audiencia interesada en él como una versión alternativa de la vida de Jesús. A pesar de que no es un texto sagrado ni reconocido en la tradición islámica formal, su influencia en la cultura islámica continúa siendo un reflejo de la compleja relación entre islam y cristianismo, y del deseo de ciertos sectores musulmanes de validar y legitimar su propia interpretación de la figura de Jesús.

La persistencia del Evangelio de Bernabé en el imaginario islámico muestra que, aunque cuestionado, sigue siendo un símbolo de la convergencia cultural y religiosa y una herramienta que invita a la reflexión sobre la historia compartida y las diferencias teológicas entre estas dos grandes religiones.

Capítulo 45
Relevancia Contemporánea

En el mundo contemporáneo, el Evangelio de Bernabé se ha convertido en un tema de creciente interés en debates religiosos, académicos y culturales. Aunque históricamente considerado apócrifo y cuestionado en cuanto a su autenticidad, en las últimas décadas su estudio ha encontrado un renovado espacio en discusiones interreligiosas y en círculos académicos que buscan explorar los límites y las interpretaciones del cristianismo primitivo y el islam. Este capítulo examina la relevancia del Evangelio de Bernabé en la actualidad, considerando su uso en contextos religiosos, su presencia en estudios académicos recientes, su impacto en la relación entre cristianos y musulmanes, y su significado en el marco de un mundo cada vez más globalizado y marcado por el diálogo interreligioso.

En el ámbito religioso, el Evangelio de Bernabé es frecuentemente visto por algunos musulmanes como una fuente que confirma ciertos principios del islam sobre Jesús, su misión y su relación con Dios. Esta perspectiva ha hecho que el evangelio gane popularidad entre aquellos interesados en una visión de Jesús que esté en línea con la doctrina islámica. Para ciertos sectores de la comunidad musulmana, el Evangelio de Bernabé representa una oportunidad para sostener un diálogo interreligioso, especialmente en temas sensibles como la divinidad de Jesús y la crucifixión, donde las interpretaciones cristiana y musulmana tradicionalmente difieren. En debates y conferencias interreligiosas, el evangelio ha sido utilizado como una herramienta para promover la idea de que, en algún momento de la historia, existió una interpretación de la vida de Jesús que coincidía más con la postura islámica, lo que algunos consideran una posible prueba de la "continuidad profética" entre Jesús y Muhammad.

Esta creciente atención en el ámbito religioso ha llevado a que el Evangelio de Bernabé sea estudiado en instituciones académicas islámicas, donde es visto tanto desde una perspectiva histórica como teológica. Aunque la mayoría de los estudiosos musulmanes reconocen que no es un texto canónico, algunos académicos han promovido su estudio para entender mejor las convergencias y divergencias entre las creencias cristianas e islámicas en los primeros siglos de la era cristiana. En el contexto de la enseñanza académica, el Evangelio de Bernabé proporciona un recurso interesante para el análisis comparativo y ha permitido que académicos tanto musulmanes como no musulmanes exploren temas como la influencia de la cultura islámica en los textos cristianos medievales, el desarrollo de doctrinas religiosas y la evolución de las figuras proféticas en ambas tradiciones.

Desde la perspectiva del cristianismo, la relevancia contemporánea del Evangelio de Bernabé ha sido recibida con escepticismo, especialmente entre aquellos que lo consideran un intento de tergiversación de las enseñanzas cristianas. Los académicos cristianos tienden a ubicar el Evangelio de Bernabé dentro del contexto de los escritos medievales y a cuestionar su valor como documento histórico de la época de los apóstoles. Sin embargo, algunos teólogos progresistas han propuesto su análisis como una manera de comprender cómo ciertos grupos o autores del pasado pudieron haber interpretado a Jesús desde una óptica crítica de las enseñanzas oficiales de la iglesia. Aunque esta perspectiva es minoritaria, resalta cómo el Evangelio de Bernabé continúa siendo un punto de reflexión en el cristianismo contemporáneo, al inspirar debates sobre la diversidad de creencias en el cristianismo primitivo y sobre cómo los textos apócrifos pueden ofrecer una visión alternativa de las enseñanzas atribuidas a Jesús.

En el contexto académico más amplio, el Evangelio de Bernabé ha ganado un interés renovado como objeto de investigación histórica y literaria. Las universidades y centros de estudio especializados en religiones abrahámicas han promovido estudios comparativos entre el Evangelio de Bernabé y otros textos apócrifos, como el Evangelio de Tomás o el Evangelio de Judas, para comprender mejor la diversidad de narrativas cristianas que circularon durante la antigüedad y la Edad Media. En este marco, el Evangelio de Bernabé es analizado no solo por su contenido, sino también como reflejo de la influencia del pensamiento islámico en ciertos textos cristianos y viceversa. Los historiadores especializados en literatura medieval consideran que el estudio de este evangelio contribuye a comprender mejor la interacción entre el islam y el cristianismo en el Mediterráneo medieval, así como la evolución de las doctrinas y de la apologética religiosa.

Un aspecto interesante en el estudio del Evangelio de Bernabé es la atención que ha despertado entre investigadores de estudios decoloniales. Para algunos estudiosos, el evangelio representa una voz alternativa dentro de la historia de las interpretaciones religiosas, cuestionando el dominio de una sola narrativa sobre Jesús y sugiriendo que las versiones alternativas de los eventos pueden haber sido suprimidas o ignoradas. Desde esta perspectiva, el Evangelio de Bernabé es considerado un recurso para repensar la historia religiosa desde un enfoque pluralista, que considere también los textos marginalizados o condenados como heréticos. Este interés por el evangelio en estudios decoloniales se relaciona con la crítica al poder y a la centralización doctrinal de las instituciones religiosas que consolidaron un canon en detrimento de otros textos.

En cuanto a su impacto en la relación entre cristianos y musulmanes, el Evangelio de Bernabé ha sido percibido tanto como un puente como una barrera. Para quienes buscan puntos en común entre ambas religiones, el evangelio ofrece una versión de Jesús que puede ser reconocida y valorada en ambas tradiciones, al enfatizar la humanidad y el carácter profético de Jesús sin atribuirle divinidad. Sin embargo, para otros, el uso del Evangelio de Bernabé en diálogos interreligiosos representa un intento de invalidar las creencias cristianas tradicionales, lo que ha generado tensiones en algunos debates. Este contraste refleja la ambigüedad con la que el Evangelio de Bernabé es recibido en el contexto actual, donde su valor como punto de convergencia depende en gran medida de la interpretación y de las intenciones de quienes lo citan.

Además, el Evangelio de Bernabé ha ganado relevancia en el ámbito cultural, especialmente en un contexto donde la narrativa sobre la coexistencia de las religiones abrahámicas es cada vez más valorada. Para algunos escritores y cineastas, el evangelio representa una herramienta para explorar temas de convivencia y diversidad religiosa, y ha aparecido en novelas y documentales como un símbolo de las conexiones entre el cristianismo y el islam. Aunque este tipo de uso cultural del Evangelio de Bernabé no es común, refleja un interés creciente en el potencial de este texto como una representación de la historia compartida entre cristianos y musulmanes, un aspecto que suele resonar en las audiencias modernas interesadas en la reconciliación y en la convivencia pacífica entre religiones.

En el ámbito de las redes sociales y de la divulgación digital, el Evangelio de Bernabé ha encontrado un espacio de difusión que lo ha hecho accesible a una audiencia global. Videos, artículos y debates en línea sobre el evangelio han sido compartidos ampliamente, presentando sus enseñanzas a personas que quizás de otra manera no habrían tenido acceso a él. Este fenómeno de difusión digital ha permitido que el Evangelio de Bernabé se convierta en un tema de conversación en foros, sitios web y plataformas de redes sociales, donde se debaten sus méritos, su autenticidad y su relevancia en un mundo cada vez más conectado. Sin embargo, esta visibilidad en las redes también ha generado confusión y controversia, ya que algunos usuarios interpretan el texto como parte de la tradición cristiana original, mientras que otros lo critican como una falsificación histórica. En este sentido, el Evangelio de Bernabé se enfrenta a una reinterpretación constante, en la que su verdadero valor depende de la forma en que se contextualiza y se estudia críticamente.

En conclusión, la relevancia contemporánea del Evangelio de Bernabé reside en su capacidad para generar diálogo y reflexión en múltiples contextos, desde el académico hasta el religioso y cultural. Aunque sigue siendo un texto controvertido, su estudio y discusión permiten cuestionar la historia de las interpretaciones religiosas y explorar cómo diferentes visiones sobre Jesús han coexistido y han sido redescubiertas en el tiempo. En un mundo en el que el diálogo interreligioso es cada vez más necesario, el Evangelio de Bernabé representa tanto una oportunidad como un desafío, al recordar que la historia de la religión está llena de voces diversas y, a menudo, en competencia. Este texto apócrifo sigue siendo un recurso útil para quienes buscan una comprensión más profunda de las complejas relaciones entre el cristianismo y el islam y para aquellos interesados en descubrir cómo las narrativas alternativas pueden enriquecer nuestro entendimiento de la fe, la historia y la cultura en la era contemporánea.

Capítulo 46
Perspectivas Seculares

El análisis secular del Evangelio de Bernabé aporta una visión que se distancia de la fe o las doctrinas religiosas y se centra en su valor como documento histórico, literario y cultural. Esta perspectiva considera el texto como un fenómeno literario sujeto a las influencias ideológicas y sociales de su tiempo, ofreciendo una mirada crítica que explora sus características lingüísticas, su contexto de producción, su estilo y los posibles propósitos detrás de su redacción. Al observar el Evangelio de Bernabé sin las limitaciones doctrinales de la fe, los estudiosos se concentran en aspectos objetivos del texto que pueden arrojar luz sobre los conflictos religiosos, las estrategias apologéticas y las dinámicas de poder que podrían haber influido en su creación y circulación.

Desde el punto de vista histórico, el Evangelio de Bernabé es analizado como un documento que refleja tensiones ideológicas y religiosas. Para muchos estudiosos, el evangelio probablemente fue escrito en algún momento entre los siglos XIV y XVI, una época en la que los contactos y conflictos entre el islam y el cristianismo estaban marcados por las cruzadas, la reconquista de la península ibérica y el intercambio cultural entre Europa y el mundo islámico. Este contexto histórico ha llevado a los académicos seculares a considerar que el Evangelio de Bernabé pudo haber sido creado como una herramienta para fomentar el diálogo interreligioso o, más probablemente, como un texto propagandístico que buscaba influir en los debates religiosos de la época. En este sentido, el evangelio es visto como una obra producida para apoyar ciertos puntos de vista, más que como un registro histórico de la vida de Jesús.

Uno de los enfoques clave en el estudio secular del Evangelio de Bernabé es el análisis lingüístico. Al estudiar el lenguaje del texto, los académicos han identificado numerosas particularidades que sugieren una creación posterior a los primeros siglos del cristianismo. Entre estos elementos destacan anacronismos lingüísticos, términos específicos que pertenecen a dialectos medievales y una mezcla de vocabularios que parece reflejar un entorno de contacto cultural entre el islam y el cristianismo, como el que se vivía en la península ibérica. Estas observaciones lingüísticas han llevado a la conclusión de que el evangelio fue compuesto en un contexto de mezcla cultural y religiosa, posiblemente en una región influenciada tanto por el latín y las lenguas romances, como por el árabe. Esta perspectiva sugiere que el Evangelio de Bernabé no es un texto original de la época apostólica, sino un documento influenciado por las necesidades y preocupaciones ideológicas de su tiempo.

El estudio de las motivaciones que podrían haber guiado la creación del Evangelio de Bernabé es otro aspecto importante en la perspectiva secular. Los académicos que se han acercado a este texto con un enfoque crítico han planteado la posibilidad de que el evangelio haya sido redactado como una herramienta de apoyo a la expansión del islam en un contexto cristiano. Al presentar una versión de la vida de Jesús que coincide en ciertos aspectos con la visión islámica, el evangelio habría tenido la intención de atraer a los cristianos a una visión de Jesús más cercana a la islámica, facilitando así un cambio ideológico o promoviendo una narrativa de convergencia entre ambas religiones. Aunque esta teoría es especulativa, el análisis de sus elementos doctrinales y teológicos permite entender cómo el texto podría haber servido a una estrategia de proselitismo en regiones en las que ambos sistemas de creencias coexistían.

La crítica secular también examina los anacronismos presentes en el Evangelio de Bernabé, que han sido interpretados como indicadores de su origen posterior. Entre estos anacronismos se encuentran referencias a prácticas y conocimientos medievales que no habrían existido en la Palestina del siglo I. Por ejemplo, el evangelio menciona conceptos y herramientas que reflejan un conocimiento de la geografía europea y del mundo islámico medieval, pero que no habrían estado disponibles para los judíos de la época de Jesús. Para los estudiosos seculares, estos detalles son fundamentales para argumentar que el evangelio es una obra de ficción o un texto construido con el propósito de presentar una versión específica de la historia, adaptada a las circunstancias ideológicas y culturales de su época de redacción.

Desde una perspectiva literaria, el Evangelio de Bernabé es considerado una obra que muestra una notable habilidad en el uso de las tradiciones narrativas tanto cristianas como islámicas, logrando construir un relato que, aunque divergente de los evangelios canónicos, conserva elementos estilísticos y temáticos reconocibles. Los académicos han señalado que el autor del evangelio parece tener un conocimiento básico de las tradiciones cristianas y de los relatos evangélicos, pero que introduce modificaciones importantes para alinear la historia con ideas que resuenan en el islam. Así, el Evangelio de Bernabé se convierte en un ejemplo de literatura apologética, un género en el cual el autor adapta elementos de una tradición para reforzar o validar su propia visión. Esta adaptación es de particular interés en el análisis secular, ya que permite observar cómo las creencias religiosas pueden ser moldeadas y reinterpretadas según los contextos y los objetivos de quienes las redactan.

La perspectiva secular también explora la influencia que el Evangelio de Bernabé ha tenido en la percepción moderna de las relaciones entre el islam y el cristianismo. El texto, al presentar una versión de Jesús compatible con la visión islámica, ha sido utilizado en el discurso contemporáneo como una herramienta para cuestionar la autenticidad de las narrativas cristianas oficiales y para proponer una lectura alternativa de la figura de Jesús que favorece la interpretación islámica. Este uso del evangelio ha generado debates sobre la importancia de los textos apócrifos y sobre cómo estos documentos pueden ser interpretados de manera diversa por distintos grupos. En el análisis secular, el Evangelio de Bernabé representa un fenómeno interesante en el que un texto apócrifo ha sido reutilizado y resignificado por diferentes comunidades para servir a sus propios intereses religiosos e ideológicos.

Un aspecto relevante en la interpretación secular es el análisis del Evangelio de Bernabé como un reflejo de las dinámicas de poder entre las tradiciones cristiana e islámica en la época medieval. Para algunos historiadores, el evangelio puede entenderse como un intento de contrarrestar la influencia de la narrativa cristiana y de ofrecer una alternativa que, al presentarse como "el evangelio auténtico", cuestiona la legitimidad de los evangelios canónicos. Este uso estratégico del texto sugiere que el Evangelio de Bernabé fue posiblemente empleado en un contexto de rivalidad religiosa y que su popularidad entre algunos sectores islámicos responde a un interés en promover una versión de Jesús que se aleje de la teología cristiana y que se acerque a la narrativa coránica.

El análisis secular del Evangelio de Bernabé también ha considerado su valor como documento histórico para estudiar las percepciones medievales de Jesús y del islam. Como texto que fusiona elementos cristianos e islámicos, el evangelio es un testimonio de cómo algunos grupos pudieron haber entendido y reinterpretado la figura de Jesús en función de sus propias creencias y necesidades. Esta perspectiva histórica permite ver al Evangelio de Bernabé no solo como un texto religioso, sino como una ventana a la mentalidad de las sociedades medievales, sus conflictos teológicos y su búsqueda de una síntesis cultural en un mundo en el que la convivencia y el conflicto entre religiones eran una constante.

En conclusión, el enfoque secular del Evangelio de Bernabé aporta una comprensión amplia y crítica de este texto, destacando su valor como obra literaria y como reflejo de las interacciones culturales y religiosas de su época. Este enfoque permite entender el evangelio más allá de sus implicaciones doctrinales, y lo presenta como un producto de su contexto histórico, un documento que ofrece una visión particular de Jesús adaptada a un escenario de intercambio y confrontación entre el islam y el cristianismo. La perspectiva secular, al apartarse de las interpretaciones teológicas, revela cómo el Evangelio de Bernabé es un ejemplo de la complejidad de los textos religiosos y de cómo estos pueden ser reinterpretados para responder a las necesidades y aspiraciones de distintas épocas y comunidades. En un mundo en el que el diálogo interreligioso y la comprensión cultural son cada vez más valorados, el estudio secular del Evangelio de Bernabé invita a repensar los límites de la historia religiosa y a considerar la riqueza de la diversidad interpretativa en las tradiciones religiosas.

Capítulo 47
Críticas al Evangelio

Las críticas hacia el Evangelio de Bernabé han sido intensas y variadas, desde cuestionamientos sobre su autenticidad hasta rechazos a nivel teológico y académico. Este capítulo examina las críticas más influyentes y los argumentos de especialistas que, a lo largo del tiempo, han planteado objeciones sobre el origen, la estructura y el propósito del Evangelio de Bernabé. La mayoría de las críticas surgen desde el cristianismo y el islam, las dos religiones más directamente afectadas por las afirmaciones y características del texto; sin embargo, estudiosos seculares y expertos en historia de la literatura también han contribuido con perspectivas que desconfían de la autenticidad y veracidad del evangelio.

Para los eruditos cristianos, una de las primeras críticas al Evangelio de Bernabé es su evidente discordancia con los evangelios canónicos. Este texto presenta una versión de Jesús que contradice los principios fundamentales del cristianismo, como la creencia en la Trinidad, la divinidad de Jesús y la redención a través de su crucifixión y resurrección. Los evangelios de Mateo, Marcos, Lucas y Juan muestran una narrativa coherente en la cual Jesús es el Hijo de Dios, una figura central en la redención de la humanidad mediante su sacrificio en la cruz. En cambio, el Evangelio de Bernabé describe a Jesús solo como un profeta y niega su crucifixión, alineando su perspectiva con la teología islámica en lugar de con la cristiana. Esta discrepancia ha llevado a los estudiosos cristianos a descartar el Evangelio de Bernabé como una fuente fiable y a considerarlo más como un intento de adaptar la narrativa cristiana a una interpretación musulmana.

Además de las discrepancias teológicas, los historiadores y críticos literarios han señalado numerosas inconsistencias históricas y lingüísticas que ponen en duda la autenticidad del Evangelio de Bernabé. Una de las críticas más recurrentes es la presencia de anacronismos, es decir, de elementos en el texto que no corresponden con el período histórico en el que supuestamente habría sido escrito. Por ejemplo, el evangelio menciona el uso de barriles de vino, una tecnología de almacenamiento que no existía en la Palestina del siglo I, y describe paisajes geográficos que sugieren un conocimiento del mundo medieval europeo, en lugar de la región mediterránea de la época de Jesús. Estos detalles han sido interpretados como evidencias de que el Evangelio de Bernabé no es un texto antiguo, sino una creación de un autor medieval que, probablemente, desconocía ciertos aspectos históricos y geográficos del contexto original en el cual se sitúa la vida de Jesús.

Por otra parte, expertos en estudios islámicos han expresado dudas y críticas sobre el uso del Evangelio de Bernabé en contextos religiosos musulmanes. Aunque el evangelio coincide en ciertos puntos con la doctrina islámica, muchos eruditos musulmanes reconocen que no forma parte del canon islámico ni tiene la misma autoridad que el Corán y los hadices. Para ellos, el Evangelio de Bernabé no es más que un texto apócrifo que, si bien resulta interesante desde una perspectiva histórica, no debe ser considerado una fuente de autoridad o un reflejo de la fe islámica. Esta visión crítica también cuestiona el uso del evangelio como herramienta apologética, señalando que los valores islámicos no deberían basarse en un texto que, de acuerdo con el consenso académico, no proviene de la época de los apóstoles y cuyo autor probablemente tenía motivos de carácter político o ideológico más que religiosos.

En cuanto a los estudiosos seculares, las críticas se centran en el contexto histórico y la probable motivación del autor del Evangelio de Bernabé. Investigaciones en torno al texto sugieren que su redacción puede haber estado motivada por un intento de reconciliar o, al menos, acercar las enseñanzas de Jesús a los principios del islam, un esfuerzo que podría haber sido útil en el marco de las tensiones interreligiosas en la península ibérica y en otros territorios bajo influencia islámica. Este enfoque implica que el texto no fue escrito con el propósito de documentar la vida de Jesús, sino como una herramienta de proselitismo o propaganda, destinada a convencer a los cristianos de la "verdadera" naturaleza de Jesús desde una perspectiva musulmana. Para estos académicos, el Evangelio de Bernabé es más una obra de literatura apologética que un evangelio histórico, lo cual cuestiona su valor como documento de fe.

Otro aspecto crítico se encuentra en el análisis estilístico y lingüístico del texto. Estudios han demostrado que el estilo literario del Evangelio de Bernabé no se corresponde con el de los textos cristianos antiguos. A diferencia de los evangelios canónicos y otros escritos apócrifos del siglo I, el Evangelio de Bernabé emplea un lenguaje que muestra influencias medievales europeas, con estructuras gramaticales y giros idiomáticos característicos de las lenguas romances. Para los filólogos y especialistas en lingüística, este hecho representa una fuerte indicación de que el texto fue compuesto en una época mucho más tardía, posiblemente en el período medieval, y no en la época de los apóstoles, como algunos han querido argumentar. Estos hallazgos refuerzan la hipótesis de que el texto no es un evangelio auténtico, sino una composición posterior que utiliza a Bernabé como un recurso literario para ganar autoridad y credibilidad.

Dentro del ámbito teológico, se ha planteado la crítica de que el Evangelio de Bernabé no sigue una narrativa coherente ni una estructura que sea consistente con la tradición evangélica. Los estudiosos han señalado que el texto parece improvisado en ciertos pasajes y que incluye episodios que no encajan con la teología cristiana o islámica, sugiriendo una falta de precisión doctrinal. Esto ha llevado a algunos a argumentar que el evangelio fue compuesto sin una profunda comprensión teológica, lo que le resta credibilidad y refuerza la idea de que fue escrito con fines apologéticos más que con la intención de ofrecer una enseñanza religiosa clara y coherente. La falta de uniformidad en la narrativa y las inconsistencias en los temas tratados indican que el autor, lejos de ser un testigo de la vida de Jesús, probablemente fue alguien que deseaba comunicar un mensaje ideológico mediante una reinterpretación creativa de las enseñanzas de Cristo.

El análisis comparativo con otros textos apócrifos también destaca aspectos críticos hacia el Evangelio de Bernabé. A diferencia de otros evangelios gnósticos o apócrifos, que contienen elementos simbólicos y místicos propios de corrientes alternativas del cristianismo primitivo, el Evangelio de Bernabé carece de una teología o filosofía original y se limita a contradecir las doctrinas cristianas tradicionales. Esto ha llevado a algunos investigadores a concluir que, en comparación con otros textos no canónicos que sí ofrecen visiones innovadoras, el Evangelio de Bernabé carece de la profundidad que se encuentra en textos como el Evangelio de Tomás o el Evangelio de Felipe. Esta falta de originalidad teológica sugiere que el texto no pertenece a la misma categoría de los evangelios apócrifos genuinamente antiguos y que, en lugar de ello, es un intento tardío de intervenir en las creencias religiosas de su tiempo.

Otra crítica significativa al Evangelio de Bernabé radica en su impacto en el diálogo interreligioso. Mientras que algunos lo ven como una oportunidad para promover puntos de vista comunes entre el islam y el cristianismo, otros consideran que su uso en debates y diálogos interreligiosos puede entorpecer la comprensión y el respeto mutuos. La adopción del Evangelio de Bernabé como herramienta apologética por parte de ciertos grupos ha generado tensiones con el cristianismo, que percibe este uso como una distorsión de sus enseñanzas fundamentales. En este sentido, muchos críticos argumentan que el Evangelio de Bernabé no facilita el diálogo, sino que refuerza posiciones conflictivas al presentar una versión de Jesús que desafía abiertamente las doctrinas cristianas. Esta controversia plantea una reflexión sobre la utilidad de textos como el Evangelio de

Bernabé en un contexto de diálogo en el que las tradiciones buscan puntos de encuentro más que de divergencia.

En conclusión, las críticas al Evangelio de Bernabé abarcan diversos aspectos: desde su contenido teológico y su falta de coherencia doctrinal hasta sus errores históricos y lingüísticos. Los especialistas que se han acercado a este texto desde múltiples disciplinas coinciden en que el evangelio no es un relato fiel de la vida de Jesús ni un documento antiguo de origen apostólico, sino una obra compuesta con fines específicos que probablemente respondían a los intereses religiosos y culturales de la época en que fue escrito. A pesar de estos cuestionamientos, el Evangelio de Bernabé continúa siendo un tema de estudio y debate, no solo por su contenido y su estructura, sino por la influencia que ha tenido en el diálogo entre el islam y el cristianismo y en el entendimiento de las tradiciones religiosas. La persistencia de este texto en la discusión académica y teológica refleja el interés que despiertan las interpretaciones alternativas de la historia religiosa y las complejidades que surgen cuando las creencias de dos grandes religiones confluyen en un solo relato.

Capítulo 48
Defensores y Adversarios

En el amplio y controvertido panorama en torno al Evangelio de Bernabé, tanto defensores como adversarios han dejado sentir sus posturas, contribuyendo a una diversidad de interpretaciones y visiones en torno a este texto enigmático. Para algunos, el Evangelio de Bernabé representa una revelación oculta o una verdad silenciada por la historia, mientras que, para otros, es una falsificación ideada para satisfacer intereses doctrinales y proselitistas específicos. A lo largo de este capítulo, exploramos las perspectivas de quienes defienden la autenticidad del evangelio y las posiciones de aquellos que lo critican, así como los argumentos que ambos grupos han utilizado para respaldar sus puntos de vista.

Entre los defensores del Evangelio de Bernabé, encontramos principalmente a sectores dentro de la comunidad islámica que ven en el texto una confirmación de la narrativa islámica sobre Jesús. Desde esta óptica, el evangelio ofrece una versión de Jesús que se alinea con la creencia de que Jesús fue un profeta de Dios, no el Hijo de Dios, y que no fue crucificado ni resucitó, como afirma el cristianismo. Para estos defensores, el Evangelio de Bernabé constituye una prueba de que los primeros cristianos tenían una visión de Jesús más próxima a la doctrina islámica que a la versión posterior canonizada por la iglesia. En esta línea, algunos apologistas musulmanes han sostenido que el Evangelio de Bernabé es un documento auténtico que refleja fielmente las enseñanzas de Jesús y que su exclusión del canon cristiano obedece a una supuesta manipulación de los textos para imponer la divinidad de Jesús y la doctrina trinitaria.

Los defensores argumentan que, debido a que el Evangelio de Bernabé respalda principios fundamentales del islam, es razonable considerar que los primeros seguidores de Jesús tenían una visión semejante de su papel como profeta. Esta posición sostiene que las enseñanzas de Jesús pudieron haberse perdido o modificado a medida que el cristianismo se institucionalizaba y se alejaba de sus raíces semíticas. Para aquellos que apoyan esta perspectiva, el Evangelio de Bernabé representa un vínculo entre el cristianismo primitivo y el islam, siendo una especie de testimonio de la fe original que, más tarde, fue transformada por influencias grecorromanas y por la teología de la iglesia. Los defensores sugieren que la iglesia, al consolidar su poder, habría suprimido cualquier texto que contradijera la versión oficial de la divinidad de Jesús y la redención a través de su sacrificio.

Los defensores del Evangelio de Bernabé también apuntan a ciertos elementos del texto que, según ellos, sugieren autenticidad. Un argumento común es que el evangelio ofrece enseñanzas de Jesús que enfatizan la humildad, la justicia y la obediencia a Dios, valores que concuerdan con los principios de las religiones abrahámicas y que podrían reflejar una continuidad entre las enseñanzas de los profetas anteriores y las de Jesús. Para estos defensores, la figura de Jesús en el Evangelio de Bernabé se presenta como un profeta íntegro y modesto, cualidades que consideran más consistentes con la tradición profética del Antiguo Testamento que con las doctrinas elaboradas en el cristianismo posterior. Este argumento refuerza la idea de que el texto preserva una versión auténtica de Jesús, que las doctrinas de la iglesia han desvirtuado o eclipsado con el paso de los siglos.

Por otro lado, los adversarios del Evangelio de Bernabé provienen en su mayoría de la academia y de las instituciones cristianas, que ven en el evangelio una falsificación creada con intenciones proselitistas. Estos críticos señalan que el Evangelio de Bernabé contiene múltiples anacronismos y elementos geográficos e históricos que no corresponden con el tiempo y el lugar en que Jesús vivió. Los estudiosos de la historia y de la teología señalan que ciertos detalles, como la referencia a la existencia de barriles para el vino y el uso de términos típicos de Europa medieval, sugieren que el texto fue escrito mucho después de la época de los apóstoles, probablemente entre los siglos XIV y XVI. Estos anacronismos son considerados por los adversarios como indicios irrefutables de que el Evangelio de Bernabé es una obra tardía y no un testimonio auténtico de la vida de Jesús.

Otro argumento clave de los adversarios es la similitud entre el contenido del Evangelio de Bernabé y ciertas enseñanzas del islam, lo cual lleva a los críticos a pensar que el texto fue escrito con la intención de apoyar la fe islámica en un contexto de rivalidad religiosa con el cristianismo. Para estos críticos, la versión de Jesús que ofrece el Evangelio de Bernabé parece haber sido diseñada para hacer coincidir sus enseñanzas con las del Corán, en lugar de ofrecer un relato independiente de los hechos. Este enfoque, según los adversarios, sugiere que el texto fue compuesto en un entorno cultural influenciado por el islam, posiblemente en la península ibérica o en algún territorio islámico de la época medieval. Para estos adversarios, el evangelio no es más que una herramienta apologética creada para cuestionar la autoridad de los evangelios canónicos y promover una narrativa de Jesús compatible con las enseñanzas islámicas.

Además de los académicos cristianos, existen también estudiosos seculares que han criticado el Evangelio de Bernabé desde una perspectiva histórica y literaria. Estos estudiosos consideran que el evangelio pertenece al género de la literatura polémica y apologética, un tipo de escritura común en la Edad Media que buscaba persuadir a los lectores mediante argumentos religiosos y filosóficos. En este sentido, el Evangelio de Bernabé es interpretado como un texto elaborado para servir a una causa ideológica, más que como una fuente histórica confiable. Los críticos seculares señalan que, debido a las características del texto, es probable que haya sido creado por un autor que deseaba promover el islam en una sociedad cristiana, y que adaptó las enseñanzas de Jesús para que coincidieran con esta intención.

Entre los adversarios, también se encuentran ciertos críticos musulmanes que, aunque aprecian algunos aspectos del Evangelio de Bernabé, consideran que su valor es limitado y que su contenido no puede ser equiparado a la autoridad del Corán. Para estos críticos, el evangelio debe ser analizado con cautela, pues su autenticidad es cuestionable y, al no estar incluido en el canon islámico, no tiene la misma validez que los textos sagrados aceptados en el islam. Esta postura refleja una perspectiva más equilibrada que, si bien encuentra ciertos aspectos valiosos en el evangelio, reconoce que no se le puede otorgar un estatus de verdad absoluta.

Un argumento adicional de los adversarios se basa en la estructura narrativa del Evangelio de Bernabé y en las inconsistencias internas que presenta el texto. A diferencia de los evangelios canónicos, que siguen una estructura coherente y un desarrollo lógico de los acontecimientos, el Evangelio de Bernabé incluye episodios y enseñanzas que, a juicio de los críticos, carecen de cohesión y parecen insertados para satisfacer determinadas doctrinas o principios. Este tipo de incongruencias ha llevado a los adversarios a concluir que el texto no es el resultado de una tradición continua y legítima de enseñanza apostólica, sino una construcción artificial que buscaba presentar a Jesús de manera conveniente para los propósitos del autor.

La división entre defensores y adversarios del Evangelio de Bernabé pone de relieve las complejas interpretaciones que pueden surgir en torno a los textos religiosos y a sus significados. Mientras algunos ven en este evangelio una voz olvidada o marginada que merece ser recuperada, otros consideran que se trata de una obra apócrifa sin bases históricas firmes. En el fondo, el debate en torno al Evangelio de Bernabé refleja la tensión entre las diferentes tradiciones religiosas y las interpretaciones de Jesús que cada una de ellas sostiene. Para los defensores, el evangelio ofrece una alternativa que merece consideración; para los adversarios, es un texto fabricado que no debería ser tomado en serio.

La presencia de defensores y adversarios en el debate sobre el Evangelio de Bernabé es un recordatorio de la influencia que los textos religiosos tienen en las interpretaciones de la historia y en la construcción de identidades religiosas. La pasión que ambos lados invierten en sus argumentos revela cómo, incluso en tiempos modernos, los relatos antiguos pueden suscitar profundas emociones y divisiones. Este debate, lejos de quedar relegado al pasado, sigue vivo en el diálogo interreligioso y en la búsqueda de una comprensión más completa y pluralista de las tradiciones que rodean a figuras religiosas como Jesús.

Capítulo 49
Textos Apócrifos Comparables

El Evangelio de Bernabé, pese a su singularidad, no es el único evangelio apócrifo que ha generado controversias. Existen otros textos fuera del canon bíblico que presentan variaciones sobre la vida y enseñanzas de Jesús y que, como el Evangelio de Bernabé, plantean diferentes visiones de su mensaje. Algunos de los textos apócrifos más relevantes incluyen el Evangelio de Tomás, el Evangelio de Judas y el Evangelio de Felipe, los cuales, a lo largo de los siglos, han sido objeto de estudio y especulación, tanto por su contenido místico y simbólico como por las interpretaciones alternativas que ofrecen de la figura de Jesús.

El Evangelio de Tomás es, quizás, uno de los textos apócrifos más conocidos y aceptados por su antigüedad y por el carácter directo de sus enseñanzas. Este evangelio no presenta una narrativa de los eventos de la vida de Jesús, sino que consiste en una serie de dichos atribuidos a Jesús. Los estudiosos consideran que este evangelio es uno de los textos gnósticos más importantes, ya que representa una visión del cristianismo primitivo que pone énfasis en la autocomprensión y en el conocimiento interno como camino hacia la iluminación. A diferencia del Evangelio de Bernabé, el de Tomás no busca alinear su contenido con una ideología externa, sino que se centra en ofrecer una perspectiva mística de las enseñanzas de Jesús. Aunque el cristianismo oficial rechazó este texto, su influencia y su mensaje simbólico han atraído el interés de investigadores que buscan entender mejor las diversas corrientes dentro del cristianismo primitivo.

En comparación con el Evangelio de Bernabé, el Evangelio de Tomás posee una simplicidad y una pureza en sus dichos que lo acercan al mensaje central de los evangelios canónicos, aunque desde un enfoque más introspectivo. Los dichos de Tomás invitan al lector a una búsqueda personal y espiritual, y su estilo directo ha llevado a algunos estudiosos a considerarlo un evangelio que podría contener vestigios de las auténticas palabras de Jesús, aunque interpretadas bajo una luz gnóstica. Por otro lado, el Evangelio de Bernabé es más narrativo y doctrinal, y busca afirmar una serie de dogmas específicos, lo que refleja una intencionalidad más proselitista que espiritual. Mientras que el Evangelio de Tomás se centra en el conocimiento interior y el autodescubrimiento, el Evangelio de Bernabé parece orientado a apoyar la perspectiva islámica sobre Jesús y a desafiar directamente la doctrina cristiana establecida.

El Evangelio de Judas es otro texto apócrifo que ha suscitado considerable atención por su carácter provocador y su reinterpretación de personajes clave en la vida de Jesús. Este evangelio, descubierto en una copia copta en el siglo XX, presenta a Judas Iscariote no como el traidor que entrega a Jesús, sino como el discípulo más cercano y fiel, quien, al traicionar a Jesús, cumple un papel esencial en la revelación divina. Este texto adopta una perspectiva gnóstica que cuestiona la imagen tradicional de Judas y propone una visión en la que el aparente acto de traición es en realidad un acto de obediencia espiritual. La naturaleza transgresora del Evangelio de Judas lo distingue de otros textos apócrifos, y, aunque no es aceptado por el cristianismo ortodoxo, ha contribuido al debate sobre la naturaleza de los roles y la narrativa de la pasión de Jesús.

La relación entre el Evangelio de Judas y el Evangelio de Bernabé se hace evidente en su intención de subvertir aspectos fundamentales de la narrativa cristiana convencional, aunque lo hacen con objetivos diferentes. El Evangelio de Judas utiliza una perspectiva gnóstica para ofrecer una versión de los eventos de la vida de Jesús que desafía las interpretaciones moralistas y dualistas del cristianismo primitivo, mientras que el Evangelio de

Bernabé se dedica a cuestionar la teología cristiana en aspectos que se alinean más con la doctrina islámica. Ambos textos plantean una visión alternativa de las figuras y de los hechos, aunque el Evangelio de Bernabé está más enfocado en la alineación doctrinal que en la introspección filosófica o espiritual.

El Evangelio de Felipe es otro texto apócrifo relevante, conocido por su contenido místico y su énfasis en la relación entre Jesús y María Magdalena. Este evangelio sugiere un vínculo cercano entre ambos personajes y ofrece enseñanzas sobre la unión espiritual y el amor divino, conceptos que, en el contexto de su época, eran interpretados como metáforas de la conexión entre el alma y el conocimiento divino. A diferencia del Evangelio de Bernabé, que se dedica a una narrativa amplia y detallada, el Evangelio de Felipe es un texto más poético y simbólico, que utiliza imágenes para expresar ideas complejas sobre la naturaleza de la divinidad y la relación entre el cuerpo y el espíritu.

La comparación entre el Evangelio de Bernabé y el de Felipe permite observar cómo los textos apócrifos pueden diferir radicalmente en cuanto a tono y propósito. Mientras el Evangelio de Felipe está interesado en comunicar una experiencia mística y en la interpretación esotérica del amor y la divinidad, el Evangelio de Bernabé se estructura como una crónica que abarca aspectos históricos y doctrinales con una intencionalidad más explícita. La falta de simbolismo y profundidad mística en el Evangelio de Bernabé ha llevado a algunos críticos a cuestionar su relevancia como texto espiritual y a interpretarlo más como una obra apologética que como un verdadero evangelio con enseñanzas trascendentes.

Además de estos evangelios, otros textos apócrifos también presentan puntos de vista alternativos sobre los acontecimientos de la vida de Jesús y el significado de sus enseñanzas, como el Evangelio de María y el Evangelio de la Verdad. Estos textos suelen adoptar una postura más introspectiva, y muchos de ellos pertenecen a corrientes gnósticas que buscan un conocimiento directo de lo divino, en contraste con la institucionalización de la fe. La presencia de estos textos dentro del cristianismo primitivo refleja la diversidad de pensamientos y las múltiples interpretaciones que existieron antes de que la iglesia estableciera una doctrina oficial y un canon definitivo.

A través de la comparación de estos textos, el Evangelio de Bernabé emerge como un documento singular en su enfoque, uno que se diferencia de los otros evangelios apócrifos por su rechazo directo a las doctrinas cristianas y su aparente alineación con la teología islámica. En lugar de ofrecer una visión mística o gnóstica de Jesús, el Evangelio de Bernabé adopta una narrativa con tintes de conflicto doctrinal, en la que la figura de Jesús es presentada como un profeta que se desmarca de las doctrinas clave del cristianismo tradicional. Esto sugiere que el Evangelio de Bernabé fue compuesto en un contexto donde era necesario o ventajoso proponer una visión de Jesús compatible con las enseñanzas del islam, una particularidad que lo distingue de los evangelios gnósticos y de otros textos apócrifos.

A pesar de las diferencias de enfoque y de contenido entre el Evangelio de Bernabé y otros textos apócrifos, todos ellos comparten una característica común: su exclusión del canon y la controversia que han generado en torno a la figura de Jesús y la interpretación de sus enseñanzas. Estos evangelios apócrifos, en su conjunto, representan la diversidad de creencias y perspectivas que existían en los primeros siglos de la era cristiana y que, en gran parte, fueron suprimidas o marginadas cuando la iglesia estableció una doctrina uniforme.

En conclusión, la comparación del Evangelio de Bernabé con otros evangelios apócrifos destaca sus particularidades y sus objetivos. Mientras que otros textos apócrifos, como los de Tomás, Judas y Felipe, ofrecen perspectivas místicas, gnósticas o filosóficas, el Evangelio de Bernabé tiene una orientación más doctrinal y apologética, buscando una reinterpretación que se ajuste a principios del islam. Este evangelio, con su narrativa extensiva y su enfoque en desacreditar las doctrinas cristianas centrales, ocupa un lugar único entre los textos no canónicos, reflejando tanto las tensiones religiosas de la época en que probablemente fue escrito como los desafíos de interpretar y preservar la diversidad de pensamientos en torno a la figura de Jesús.

Capítulo 50
Implicaciones Históricas

El Evangelio de Bernabé ha desafiado los límites de la interpretación religiosa y ha generado implicaciones históricas que repercuten en la comprensión tanto del cristianismo como del islam. Este capítulo explora cómo la narrativa del Evangelio de Bernabé, al ofrecer una versión alternativa de la vida y enseñanzas de Jesús, podría haber influido en la evolución de ciertas creencias y en el desarrollo de tradiciones religiosas en ambas religiones abrahámicas, así como su impacto en la forma en que se perciben mutuamente.

Para comprender las implicaciones históricas del Evangelio de Bernabé, es esencial contextualizarlo dentro de los cambios culturales y políticos de la Edad Media, período en el cual numerosos historiadores sitúan su posible origen. La expansión islámica y las cruzadas influyeron en la relación entre el cristianismo y el islam, generando un intercambio cultural y religioso que, aunque conflictivo, también propició la integración de ideas y una reinterpretación de las doctrinas religiosas. Es en este entorno donde, de acuerdo con algunos estudiosos, habría surgido la necesidad de un texto como el Evangelio de Bernabé, que presentara una figura de Jesús más cercana a la concepción islámica. Esto sugiere que el evangelio podría haber sido creado para servir de puente o herramienta apologética en un contexto donde las creencias cristianas y musulmanas se encontraban en un diálogo, a veces tenso, a veces colaborativo.

Uno de los aspectos más relevantes del Evangelio de Bernabé en este contexto histórico es su representación de Jesús como un profeta humano que, aunque importante, no es divino ni el hijo de Dios, una visión que resuena con la doctrina islámica, que considera a Jesús (Isa) como uno de los grandes profetas anteriores a Muhammad. Esta caracterización de Jesús como profeta y no como figura divina plantea una crítica a la doctrina de la divinidad de Jesús y a la Trinidad, un concepto que fue desarrollado y adoptado por el cristianismo a lo largo de los primeros siglos. Así, el Evangelio de Bernabé podría haber contribuido a cuestionar las bases de la ortodoxia cristiana y ofrecer una alternativa teológica que permitiera un terreno común entre ambas religiones en su visión de Jesús.

En un análisis más profundo, el impacto histórico del Evangelio de Bernabé puede apreciarse también en la posibilidad de que el texto fuera utilizado como herramienta de reforma o de disidencia dentro del cristianismo. Existen indicios de que ciertos movimientos cristianos, particularmente en los primeros siglos, resistieron la incorporación de la doctrina de la Trinidad y defendieron una visión de Jesús más humana y menos divina. Aunque no se ha demostrado una relación directa entre estos movimientos y el Evangelio de Bernabé, es posible que el texto haya sido empleado por disidentes cristianos que rechazaban los dogmas oficiales de la iglesia, similar a como ocurrió con otros textos apócrifos.

Además, el Evangelio de Bernabé tiene implicaciones importantes para la historiografía islámica, ya que, desde una perspectiva islámica, podría considerarse como un eslabón perdido entre las enseñanzas de Jesús y la revelación de Muhammad. Para algunos creyentes musulmanes, el evangelio ofrece una validación histórica de los principios del islam en el mensaje de Jesús y una prueba de que el mensaje divino se mantuvo coherente a través de diferentes profetas. La narrativa del Evangelio de Bernabé, que señala a Muhammad como el último y verdadero profeta, proporciona una especie de continuidad profética que encaja en la estructura doctrinal del islam. Esta visión, sin embargo, ha sido motivo de controversia entre los estudiosos musulmanes, quienes debaten si el Evangelio de Bernabé debe considerarse un texto legítimo o una creación que refleja las tensiones ideológicas de su época.

Desde el punto de vista de las implicaciones teológicas, el Evangelio de Bernabé plantea una serie de desafíos a la doctrina cristiana y al proceso de canonización de los evangelios. La exclusión de textos como el de Bernabé, junto a otros evangelios apócrifos, fue un proceso que definió y unificó las enseñanzas del cristianismo primitivo, cerrando el canon y limitando la diversidad teológica en torno a la figura de Jesús. El surgimiento de estos textos apócrifos —y su exclusión— sugiere una historia de conflictos y debates internos dentro del cristianismo, que afectaron la forma en que el cristianismo primitivo construyó su identidad. Al presentar una versión alternativa, el Evangelio de Bernabé parece cuestionar la validez de ese proceso y ofrece a los lectores modernos una visión de lo que podría haber sido una historia religiosa diferente si se hubiera incluido en el canon.

Una implicación histórica crucial del Evangelio de Bernabé es su papel en los diálogos interreligiosos. La existencia del evangelio y su contenido han sido utilizados por apologistas de ambas religiones, en algunos casos, para resaltar similitudes entre el cristianismo y el islam, pero también para subrayar sus diferencias. En un sentido más amplio, el texto destaca las complejidades de las interpretaciones religiosas y plantea una reflexión sobre cómo las diferencias en la figura de Jesús han influido en las relaciones entre ambas tradiciones a lo largo de los siglos. Esta intersección entre la narrativa de Bernabé y las interpretaciones tradicionales de Jesús subraya la importancia de los textos religiosos como elementos clave en la construcción de identidades religiosas y en la relación entre las distintas confesiones abrahámicas.

La influencia del Evangelio de Bernabé también puede observarse en contextos más recientes. En la modernidad, cuando los debates sobre autenticidad y las investigaciones históricas en torno a los textos antiguos se han intensificado, el Evangelio de Bernabé ha suscitado interés en círculos académicos y ha sido objeto de análisis tanto histórico como literario. Algunos estudiosos contemporáneos lo ven como un reflejo de los conflictos teológicos y culturales de su tiempo, un testimonio de cómo las sociedades medievales intentaron reconciliar creencias distintas y encontraron maneras de reinterpretar figuras clave de la historia religiosa. En este sentido, el Evangelio de Bernabé no solo arroja luz sobre el pasado, sino que también nos invita a reconsiderar cómo los textos religiosos pueden influir en el diálogo interreligioso y en la construcción de puentes de entendimiento.

Una implicación histórica relevante radica en cómo el Evangelio de Bernabé desafía las nociones modernas de autenticidad y verdad en los textos sagrados. Al ofrecer una narrativa de Jesús distinta de la que se encuentra en los evangelios canónicos, plantea preguntas sobre la multiplicidad de relatos y sobre la manera en que las religiones construyen sus identidades en función de los textos que eligen como base de sus enseñanzas. En un mundo donde los estudios históricos y críticos sobre los textos religiosos han cobrado gran importancia, el Evangelio de Bernabé sirve como recordatorio de que la historia de las religiones está llena de alternativas y perspectivas que fueron suprimidas o marginalizadas.

En conclusión, el Evangelio de Bernabé tiene implicaciones históricas profundas tanto para el cristianismo como para el islam. Desde sus potenciales usos como herramienta apologética en la Edad Media hasta su rol en los debates académicos y teológicos contemporáneos, este evangelio ha sido un factor de tensión, cuestionamiento y reflexión en torno a la figura de Jesús y la interacción entre las dos religiones. El texto plantea preguntas que abarcan desde la autenticidad histórica hasta la legitimidad doctrinal y el rol de las escrituras en la construcción de identidades religiosas. Su impacto va más allá de la época en que posiblemente fue escrito y persiste en la manera en que los lectores contemporáneos interpretan y valoran los diversos relatos sobre la vida y el mensaje de Jesús. En última instancia, el Evangelio de Bernabé no solo ilumina las creencias de su tiempo, sino que continúa provocando preguntas sobre la naturaleza de la historia y la verdad en la fe, desafiando tanto a estudiosos como a creyentes a repensar las bases sobre las cuales se construyen las tradiciones religiosas.

Capítulo 51
Teorías Conspirativas

A lo largo de la historia, el Evangelio de Bernabé ha sido envuelto en un misterio profundo, uno que ha generado una serie de teorías conspirativas sobre su supuesta ocultación, manipulación, y censura por parte de la Iglesia. Para algunos sectores, la ausencia de este evangelio en el canon oficial de textos cristianos no es una mera coincidencia o decisión editorial, sino el resultado de un esfuerzo deliberado por suprimir un mensaje que podría desafiar pilares fundamentales de la doctrina cristiana. Este capítulo explora la naturaleza de estas teorías, sus argumentos centrales, las bases documentales —o la ausencia de ellas—, y el impacto que tales ideas tienen sobre la percepción pública y la legitimidad de los textos religiosos.

Las teorías conspirativas que rodean al Evangelio de Bernabé generalmente parten de la idea de que su contenido presenta una versión de la vida y enseñanzas de Jesús que podría apoyar interpretaciones islámicas y poner en duda doctrinas cristianas clave. Uno de los argumentos más comunes es que el evangelio habría sido silenciado por la Iglesia porque en él se profetiza la llegada de Muhammad como el último y verdadero mensajero de Dios. En efecto, se afirma que esta referencia a Muhammad constituiría una amenaza a la ortodoxia cristiana, que defiende la exclusividad de Jesús como la última revelación divina y el único camino hacia la salvación. Algunos teóricos sostienen que si el Evangelio de Bernabé hubiera sido aceptado como canónico, podría haber dado lugar a una fusión teológica o a un acercamiento más profundo entre el cristianismo y el islam en la Edad Media. Esta idea sugiere que el evangelio fue deliberadamente marginado para evitar el surgimiento de una reinterpretación de las Escrituras que cuestionara la divinidad de Jesús o desafiara la autoridad de la Iglesia.

Desde esta perspectiva conspirativa, se alega que la Iglesia tomó medidas drásticas para asegurar que el Evangelio de Bernabé no llegara a la luz pública o que no fuera ampliamente accesible. Los defensores de esta teoría sugieren que ciertos documentos, posiblemente respaldados por el poder de la jerarquía eclesiástica, fueron destruidos, mientras que otros fueron modificados o archivados en secreto. Aunque existen registros de textos apócrifos que fueron objeto de censura o destrucción, no hay pruebas contundentes que demuestren que el Evangelio de Bernabé haya sido específicamente perseguido de esta manera. La teoría, sin embargo, se mantiene en el imaginario de algunos grupos religiosos y académicos que creen que el evangelio contiene conocimientos que fueron considerados demasiado peligrosos para la autoridad eclesiástica de la época.

Otra teoría conspira sobre el descubrimiento mismo del Evangelio de Bernabé, en especial en torno a los manuscritos hallados en el siglo XVIII. Los documentos sobrevivientes del Evangelio de Bernabé están redactados en italiano y español, lo cual sugiere un origen medieval o incluso renacentista. Algunos teóricos, sin embargo, especulan que estos manuscritos son copias de un texto anterior, mucho más antiguo, que habría sido suprimido en tiempos tempranos del cristianismo. De acuerdo con esta teoría, los manuscritos medievales representan solo una fracción de un evangelio que podría haberse redactado en épocas apostólicas y que, con el tiempo, fue suprimido o relegado por la Iglesia para mantener el monopolio doctrinal sobre los textos cristianos.

Dentro de las teorías conspirativas también surgen preguntas sobre la autoría y la procedencia del Evangelio de Bernabé. Para algunos, el hecho de que el evangelio contradiga narrativas bíblicas establecidas y cuente con elementos característicos de la tradición islámica, como la negación de la crucifixión de Jesús, es una señal de que el texto pudo haber sido manipulado. Según esta línea de pensamiento, la autoría de Bernabé pudo haber sido utilizada como un ardid para dar autoridad a un texto que en realidad fue compuesto por autores islámicos o proislámicos en tiempos posteriores. Esta teoría subraya la idea de que el texto habría sido alterado para reflejar mejor las enseñanzas islámicas, de modo que pudiera utilizarse como un instrumento apologético contra la doctrina cristiana. Los defensores de esta teoría apuntan a las menciones a Muhammad en el texto y al rechazo explícito de la Trinidad como indicadores de una manipulación o interpolación posterior.

Otra teoría que surge en el contexto de las conspiraciones en torno al Evangelio de Bernabé se centra en su interpretación simbólica. Esta teoría sostiene que el evangelio podría haber sido ocultado, no por sus afirmaciones literales sobre Jesús o Muhammad, sino por los significados simbólicos y místicos que encierra. Para algunos, el texto presenta una serie de alegorías que, al interpretarse adecuadamente, ofrecerían una versión diferente de la misión de Jesús y de su papel como líder espiritual. Los defensores de esta idea sugieren que estos significados ocultos podrían haber sido considerados heréticos o potencialmente subversivos, lo cual habría llevado a la Iglesia a evitar su difusión.

En un nivel más sociopolítico, algunas teorías conspirativas sugieren que la ocultación del Evangelio de Bernabé responde a un intento de la Iglesia por mantener su autoridad y su rol en el control social y político de las comunidades cristianas. De acuerdo con esta perspectiva, el cristianismo medieval habría encontrado en la doctrina de la divinidad de Jesús y en la exclusividad de la redención a través de él una herramienta poderosa para ejercer dominio espiritual sobre sus seguidores. La aceptación de un texto como el Evangelio de Bernabé, con su énfasis en Jesús como profeta humano, podría haber debilitado la estructura de poder de la Iglesia, permitiendo a los fieles desarrollar una relación más directa con Dios, sin intermediarios. Esta pérdida de poder habría sido inaceptable para las autoridades eclesiásticas, quienes, según esta teoría, habrían tomado todas las medidas necesarias para relegar el Evangelio de Bernabé y otros textos apócrifos similares.

Otra interpretación conspira sobre los esfuerzos modernos para suprimir o desacreditar el evangelio. En la actualidad, las investigaciones sobre textos apócrifos son tema de interés en instituciones académicas y teológicas, pero ciertos estudiosos que abordan el Evangelio de Bernabé desde una perspectiva proislámica o crítica del cristianismo afirman que sus trabajos son objeto de censura o que sus conclusiones no son debidamente aceptadas por la comunidad académica. Esta teoría, que ve en el mundo académico contemporáneo una extensión de la censura eclesiástica, apunta a la idea de que ciertos sectores aún intentan evitar una difusión amplia del Evangelio de Bernabé o del debate en torno a su contenido.

A pesar de estas teorías, los hechos concretos en torno al Evangelio de Bernabé siguen siendo limitados y, en gran medida, especulativos. Aunque es evidente que el texto presenta una visión alternativa de Jesús que ha generado controversias y escepticismo, no existen evidencias documentales que confirmen que el evangelio fue deliberadamente censurado o alterado por la Iglesia. Muchas de las ideas conspirativas se basan en lagunas históricas, ambigüedades en la datación del texto y en la falta de fuentes que respalden sus orígenes o que permitan rastrear su historia de una manera concluyente.

Al mismo tiempo, el Evangelio de Bernabé continúa alimentando un terreno fértil para teorías que exploran los conflictos entre poder y fe, así como las tensiones entre diferentes interpretaciones religiosas. En este sentido, el evangelio trasciende su papel de documento religioso para convertirse en un símbolo de las divisiones y disputas que han moldeado la historia de las doctrinas religiosas. La persistencia de teorías conspirativas en torno a su contenido y su origen revela no solo el impacto que ha tenido en el imaginario religioso, sino también las complejidades de la historia de los textos sagrados y las luchas por establecer qué relatos merecen ser considerados como verdaderos.

En conclusión, el Evangelio de Bernabé no ha escapado a las teorías conspirativas que rodean su historia, su contenido y su exclusión del canon bíblico. Aunque no existen pruebas irrefutables de que el texto haya sido objeto de una conspiración para suprimirlo, las lagunas en su origen y las divergencias que presenta en comparación con los evangelios canónicos continúan alimentando especulaciones. La naturaleza controvertida del evangelio y el misterio de sus orígenes representan, en última instancia, un reflejo de las luchas por el poder y la verdad en la historia de las religiones, y sirven como recordatorio de las múltiples voces que han quedado en los márgenes del canon.

Capítulo 52
Síntesis de los Análisis

El Evangelio de Bernabé, en su complejidad y misterio, plantea un desafío intelectual, teológico y cultural que persiste a lo largo de los siglos. Su contenido ha despertado debates apasionados y ha motivado estudios que van desde la teología hasta la lingüística, pasando por la historia y la crítica textual. Al sintetizar los análisis, observaciones y reflexiones de los capítulos anteriores, se perfila una imagen de este evangelio que nos revela tanto sobre el texto mismo como sobre las interpretaciones y controversias que ha generado.

A lo largo de este recorrido, exploramos a Bernabé en su faceta histórica y en su papel de apóstol y compañero de figuras centrales del cristianismo primitivo. La vida de Bernabé, sus interacciones con Pablo y Pedro, y su influjo en las primeras comunidades cristianas fueron elementos cruciales en la expansión del mensaje cristiano. Al perfilarlo, comprendimos cómo su identidad cultural y su rol en Antioquía y otras regiones extendieron su influencia en las doctrinas iniciales. Sin embargo, con la aparición del Evangelio de Bernabé, surge una nueva visión, una narrativa que difiere de los relatos canónicos y que propone interpretaciones teológicas que han generado siglos de debate.

El contexto histórico en el que surgió el cristianismo fue un factor esencial para comprender el marco en el cual se concibieron tanto los textos canónicos como los apócrifos. En los primeros siglos del cristianismo, el Imperio Romano y las tensiones culturales y religiosas influyeron profundamente en el desarrollo de las creencias y prácticas cristianas. Estas circunstancias facilitaron la aparición de textos diversos, reflejando un mosaico de perspectivas que competían por establecer una versión autorizada de la vida y las enseñanzas de Jesús. Dentro de este ámbito emergen los textos apócrifos, entre ellos el Evangelio de Bernabé, cuya naturaleza y propósito se mantienen en discusión. A través del análisis de estos textos, queda en evidencia cómo la diversidad teológica y doctrinal del cristianismo primitivo era mucho más amplia de lo que el canon posterior permitiría.

El Evangelio de Bernabé se destaca como un documento intrigante y enigmático que presenta una visión particular de Jesús y sus enseñanzas. Su estructura y estilo literario, aunque reconocibles, muestran influencias culturales y lingüísticas que desafían la autenticidad apostólica que algunos le atribuyen. En este sentido, los estudios lingüísticos revelan el uso de ciertos términos, construcciones y arcaísmos que parecen situarlo en un contexto medieval o incluso renacentista. A pesar de esta datación posterior, el evangelio articula mensajes y temas que resuenan con ciertas doctrinas y prácticas islámicas, lo cual ha suscitado la hipótesis de un origen o influencia islámica en su redacción.

Uno de los aspectos más debatidos en torno al Evangelio de Bernabé es su retrato de Jesús, que difiere considerablemente de las representaciones encontradas en los evangelios canónicos. En lugar de presentarlo como el hijo de Dios o como una figura divina, el Evangelio de Bernabé lo describe como un profeta humano que transmite las enseñanzas de Dios y profetiza la llegada de un futuro mensajero, identificado en algunos pasajes con Muhammad. Esta visión de Jesús resuena de manera notable con la perspectiva islámica y plantea un cuestionamiento directo a doctrinas centrales del cristianismo, como la Trinidad y la divinidad de Jesús. Esta divergencia teológica ha sido una de las razones principales de su exclusión del canon y ha generado una vasta gama de interpretaciones y reacciones, tanto en el ámbito cristiano como en el islámico.

Las descripciones de figuras como María y el Espíritu Santo también son diferentes en el Evangelio de Bernabé, lo cual contribuye a que el texto se perciba como un documento que se desvía de las doctrinas tradicionales. Estos aspectos, junto con la falta de mención a la crucifixión de Jesús, son elementos fundamentales que separan al Evangelio de Bernabé de los evangelios canónicos y que han llevado a muchos estudiosos a cuestionar su autenticidad y origen. La visión que el texto ofrece sobre la crucifixión, en la que Jesús es reemplazado por Judas en la cruz, está más alineada con ciertas interpretaciones islámicas y representa una de las características que más controversia ha suscitado entre teólogos y académicos.

La inclusión de elementos judíos, así como de tradiciones de la época, sugiere que el autor de este evangelio no solo conocía las escrituras judías, sino que intentaba integrar esas tradiciones en un marco cristiano alternativo. Esta síntesis entre el judaísmo y el cristianismo, unida a la perspectiva profética atribuida a Jesús en el evangelio, revela la complejidad de las creencias religiosas en la época en que el texto pudo haber sido redactado o adaptado. La presencia de referencias al Profeta Muhammad en el Evangelio de Bernabé también ha sido un tema de gran debate y es uno de los factores que ha conducido a ciertos estudiosos musulmanes a ver el texto como una confirmación de su fe. Esta interpretación ha contribuido a la aceptación del evangelio en algunos círculos islámicos, mientras que en otros se ha visto con escepticismo, considerándolo una obra apócrifa sin bases históricas firmes.

A lo largo de los análisis lingüísticos y estilísticos, se observó cómo el lenguaje y las características de los manuscritos indican una posible datación medieval, lo cual refuerza la idea de que el evangelio podría no ser una obra apostólica. La presencia de italianismos y hispanismos en los manuscritos y la forma en que el texto emplea términos específicos parecen apuntar hacia un autor o copista influido por el ambiente cultural de la Europa medieval. Sin embargo, la falta de certeza en la datación y la ausencia de otros manuscritos anteriores han dejado esta cuestión en el terreno de la especulación, lo que ha dado pie a teorías sobre una supuesta manipulación del texto en tiempos posteriores.

Las teorías de la autenticidad y posible falsificación del Evangelio de Bernabé han sido objeto de arduos debates en el ámbito académico. Algunos estudiosos sostienen que el texto pudo haber sido falsificado para promover una ideología particular o para brindar legitimidad a ciertos argumentos teológicos. Otros sugieren que, si bien el evangelio puede no tener bases apostólicas, podría reflejar tradiciones orales o interpretaciones alternativas de la vida de Jesús que estuvieron presentes en ciertos grupos disidentes. La autenticidad de este texto, por tanto, continúa siendo objeto de controversia y especulación, ya que ninguna teoría ha logrado resolver de manera concluyente las preguntas sobre su origen y propósito.

Al evaluar las implicaciones del Evangelio de Bernabé para el cristianismo y el islam, se observa que su influencia ha trascendido las fronteras de estas religiones. El evangelio ha servido como un punto de diálogo interreligioso, así como de confrontación, al ofrecer una versión de Jesús que desafía algunas creencias centrales del cristianismo y refuerza ciertas doctrinas islámicas. En este sentido, el Evangelio de Bernabé ha tenido un impacto cultural que va más allá de su validez histórica y teológica, al convertirse en un símbolo de las múltiples interpretaciones y luchas por la autenticidad que han caracterizado la historia de las religiones abrahámicas.

La síntesis de estos análisis no proporciona una respuesta definitiva a la naturaleza y propósito del Evangelio de Bernabé. Sin embargo, ofrece una visión comprensiva de los desafíos, interpretaciones y controversias que el texto ha suscitado a lo largo de los siglos. Al estudiar este evangelio y su compleja historia, se pone de relieve la riqueza y la diversidad de las tradiciones religiosas, y se recuerda que las preguntas sobre la verdad y la autenticidad en el ámbito espiritual son, a menudo, cuestiones de fe tanto como de evidencia histórica.

El Evangelio de Bernabé, con su fascinante contenido y sus inusuales perspectivas sobre la vida y enseñanzas de Jesús, ha perdurado como una fuente inagotable de debates y reflexiones. A lo largo de estos capítulos, se ha realizado un recorrido exhaustivo por las diversas facetas de este texto, explorando su contexto histórico, el rol de Bernabé, las estructuras y enseñanzas presentes en el evangelio, y las múltiples interpretaciones que ha suscitado en diferentes tradiciones religiosas y académicas.

Una de las reflexiones más profundas que emanan de este análisis es la manera en que el Evangelio de Bernabé desafía las concepciones tradicionales de la historia cristiana. Nos ha llevado a interrogar los límites del canon bíblico y a comprender cómo el proceso de selección y exclusión de textos sagrados reflejó tanto preocupaciones espirituales como luchas de poder, tensiones culturales y visiones teológicas específicas. En ese sentido, este evangelio no solo es relevante por su contenido específico, sino también por lo que representa en cuanto a la dinámica de la historia de las ideas religiosas. En él resuenan ecos de antiguas disputas, algunas de las cuales siguen vigentes hoy, como la relación entre Jesús y Muhammad, las visiones de la divinidad y los enfoques éticos y morales que proponen caminos diferentes hacia la comprensión de lo sagrado.

El contexto histórico en el que se sitúa y el análisis de su probable datación medieval arrojan luz sobre su propósito y su uso a lo largo de los siglos. Si bien el Evangelio de Bernabé no encaja de manera clara dentro del canon cristiano ni islámico, su presencia en ambos ámbitos religiosos y su ambigüedad en cuanto a su origen confieren al texto un estatus singular. Representa una especie de puente, aunque problemático, entre ambas tradiciones, al ofrecer una narrativa de Jesús que se aproxima más a la concepción islámica de un profeta humano que rechaza la divinidad atribuida por el cristianismo. Esto nos lleva a reflexionar sobre cómo las narrativas religiosas, en sus variaciones y puntos de convergencia, pueden servir como un espacio de encuentro y diálogo, en lugar de división.

La figura de Bernabé, tal como se explora en los capítulos iniciales, se presenta no solo como un apóstol fiel, sino también como un hombre situado en la encrucijada de dos grandes tradiciones, el judaísmo y el cristianismo naciente. La transformación de su imagen en este evangelio, donde pasa de ser un seguidor a ser el supuesto autor de un relato alternativo de Jesús, simboliza de algún modo el desafío de la ortodoxia y el intento de ciertos grupos por establecer un relato que rescate los valores y creencias que, según ellos, fueron silenciados o distorsionados en el proceso de institucionalización del cristianismo. A través de este evangelio, Bernabé representa tanto la fidelidad al mensaje original de Jesús como la tensión inevitable que surge cuando el poder y la fe colisionan en la configuración de una doctrina.

El análisis de la estructura y estilo literario del Evangelio de Bernabé nos ha permitido observar cómo su autor emplea un lenguaje que parece responder más a un contexto medieval que a uno apostólico. Sin embargo, es esta misma estructura la que ha hecho que el texto se mantenga vigente, pues su narrativa lineal y detallada resulta accesible y atrayente para los lectores modernos. Los estudios de su lenguaje, de sus influencias literarias y de sus posibles intenciones han aportado claridad, aunque también han dejado abiertas muchas preguntas sobre quién escribió realmente este evangelio y cuáles eran sus verdaderas motivaciones. La presencia de italianismos, hispanismos y de ciertos anacronismos en la terminología sugieren que, más que un testimonio directo de los primeros tiempos del cristianismo, se trata de una obra compuesta en una época posterior, posiblemente para fomentar un diálogo o controversia teológica específica.

Los temas centrales del Evangelio de Bernabé, como su énfasis en la humanidad de Jesús, su rechazo de la crucifixión y su anticipación de un nuevo profeta, reflejan inquietudes y conceptos teológicos que son fundamentales para la teología islámica. A pesar de esto, no debemos ignorar que en el cristianismo primitivo también hubo corrientes y grupos que compartían algunas de estas ideas. Este evangelio actúa entonces como un recordatorio de las muchas voces que se alzaron en los primeros siglos, algunas de las cuales fueron absorbidas por la corriente principal, mientras que otras fueron marginadas o condenadas. Al final, lo que emerge es una imagen del cristianismo primitivo como un terreno en disputa, lleno de diversidad y de visiones diferentes sobre el mensaje de Jesús.

La recepción del Evangelio de Bernabé en el mundo islámico ha sido, en su mayoría, favorable, especialmente entre los pensadores que lo ven como una validación de ciertos aspectos de la teología islámica. Sin embargo, esta recepción no ha sido homogénea ni universalmente aceptada. La ambigüedad de su origen y las dudas sobre su autenticidad han llevado a algunos estudiosos musulmanes a abordarlo con cautela. Para el cristianismo, por otro lado, el Evangelio de Bernabé representa una fuente de conflicto y de desafío, ya que cuestiona doctrinas fundamentales como la Trinidad, la crucifixión y la resurrección, reinterpretándolas a la luz de una teología alternativa. El rechazo por parte de la Iglesia a lo largo de la historia refleja la amenaza que este evangelio suponía para la ortodoxia establecida y cómo esta institución se esforzó por mantener una narrativa coherente y doctrinalmente sólida.

Al concluir este recorrido analítico y reflexivo, es evidente que el Evangelio de Bernabé, independientemente de su autenticidad histórica, ha tenido un impacto significativo en el diálogo interreligioso. Nos ofrece una oportunidad para examinar cómo se interpretan y reinterpretan las figuras y enseñanzas sagradas a través del tiempo, dependiendo de los contextos culturales, religiosos y políticos. La visión que propone sobre Jesús y la perspectiva islámica que integra hacen del Evangelio de Bernabé una herramienta para explorar la posibilidad de un entendimiento común, aunque sus divisiones doctrinales persistan.

Es en esta compleja mezcla de conflicto y potencial de diálogo donde reside el verdadero legado del Evangelio de Bernabé. Más que un simple texto apócrifo, se convierte en un recordatorio de la capacidad humana para revisar y cuestionar lo sagrado, de la lucha por el control de las narrativas religiosas y de la búsqueda interminable de la verdad. Nos invita, en última instancia, a reconsiderar nuestra relación con lo divino y a reconocer que el camino hacia la fe puede tomar formas inesperadas y, en ocasiones, incluso contradictorias.

En el cierre de esta obra, quedan abiertas muchas preguntas sobre la historia, la fe y el espíritu humano, pero quizás es en esta apertura donde reside el poder y la vigencia de textos como el Evangelio de Bernabé. Nos enseñan que, en el ámbito de lo sagrado, no existen respuestas finales, sino una búsqueda constante por comprender lo incomprensible y por acercarnos, aunque sea un poco, a los misterios de lo divino. Así, este evangelio, polémico y complejo, sigue siendo una ventana al pasado y un espejo para el presente, recordándonos que la espiritualidad y la verdad son caminos que cada generación debe recorrer por sí misma.

Epílogo

Al llegar a estas últimas palabras, has completado una travesía que va más allá de una simple lectura. Cada página de este libro no solo ha sumado conocimiento, sino que ha incitado una transformación, despertando ecos de una fe antigua y de una historia vivida en la búsqueda de la verdad. Bernabé, con su presencia discreta, quizás casi marginal, se reveló como un guía sutil para una reflexión sobre lo que significa ser, creer y buscar.

A lo largo de esta lectura, te has encontrado con temas que trascienden los límites del tiempo y de las doctrinas. En un mundo que con frecuencia se ve dividido entre lo sagrado y lo secular, entre lo antiguo y lo moderno, Bernabé propuso una visión de unidad, un recordatorio de que las verdades espirituales no pueden ser confinadas por etiquetas o períodos históricos. Nos muestra que la fe, cuando es verdadera, es un camino que no termina, un viaje en el que cada paso nos acerca más a una comprensión plena, aunque nunca alcancemos todas las respuestas.

El testimonio de Bernabé, como ha quedado claro, no es solo una narrativa. Nos ofrece una oportunidad de reflexionar sobre la complejidad de la fe cristiana en sus orígenes, sus tensiones, sus armonizaciones y sus rupturas. El cristianismo que emerge de las líneas de este libro es un cristianismo multifacético, tan plural como la propia naturaleza humana. En un contexto donde la verdad se enredaba en disputas e interpretaciones divergentes, Bernabé surge como alguien que, quizás sin saberlo, arrojó luz sobre las posibilidades de una comprensión más amplia e inclusiva.

Ahora, al cerrar este libro, llévate la certeza de que la búsqueda espiritual no se cierra con una única lectura ni con una respuesta sencilla. Cada paso en este camino es una oportunidad de abrirse a nuevos entendimientos, de cuestionar lo que se ha enseñado y de encontrar, en la riqueza de la tradición, los medios para una experiencia espiritual más auténtica. Bernabé, con sus palabras y su vida, nos recuerda que la fe es una vivencia que se construye a partir de la curiosidad, del respeto por la diversidad de pensamiento y del valor de recorrer lo desconocido.

Cada generación renueva su fe y encuentra sentido en nuevas interpretaciones y en nuevos cuestionamientos. Que esta lectura sea solo un punto de partida para que continúes explorando, reflexionando y permitiéndote ser guiado por lo que realmente transforma – no las certezas estáticas, sino las preguntas que desvelan capas de verdad. Que, como Bernabé, tu búsqueda por la verdad te conduzca siempre a una vivencia más profunda y plena.

www.ingramcontent.com/pod-product-compliance
Lightning Source LLC
LaVergne TN
LVHW040044080526
838202LV00045B/3484